Bewertung

Detlef Pietsch

Bewertung

Die verborgene Macht unserer
ökonomischen Weltbilder

 Springer

Detlef Pietsch
München, Bayern, Deutschland

ISBN 978-3-658-49200-7   ISBN 978-3-658-49201-4   (eBook)
https://doi.org/10.1007/978-3-658-49201-4

Die Deutsche Nationalbibliothek verzeichnet diese Publikation in der Deutschen Nationalbibliografie; detaillierte bibliografische Daten sind im Internet über https://portal.dnb.de abrufbar.

Springer ist ein Imprint der eingetragenen Gesellschaft Springer Fachmedien Wiesbaden GmbH und ist ein Teil von Springer Nature.
Die Anschrift der Gesellschaft ist: Abraham-Lincoln-Str. 46, 65189 Wiesbaden, Germany

Wenn Sie dieses Produkt entsorgen, geben Sie das Papier bitte zum Recycling.

Dank

Wie immer geht mein Dank an das wunderbare Team des Springer Gabler Verlages, stellvertretend dafür an Frau Dr. Isabella Hanser und Frau Dr. Veronika Schuchter. Ohne die jederzeit konstruktive und motivierende Zusammenarbeit wäre ein solches Buch niemals zustande gekommen. Danke auch an dich, liebe Isabella, für deine immerwährende Motivation! Darüber hinaus möchte ich zahlreichen Freunden und Freundinnen danken, die mir mit Rat und Tat, aber auch mit dem einen oder anderen Gedanken weitergeholfen haben. Mein Sohn unterstützte mich auch dieses Mal wieder, nicht nur die Sicht meiner Generation, sondern auch seiner einzufangen.

Aktuell wird in Deutschland darüber diskutiert, wie wir aus der wirtschaftlichen Rezession herauskommen können. Neben den Themen der unterschiedlichen Sondervermögen und des Aufweichens der Schuldenbremse werden vor allem Fragen der Besteuerung, der sozialen Absicherung und der adäquaten Reaktion auf die Zollpolitik der

USA diskutiert. Viele dieser Fragen hängen von unserer Bewertung ökonomischer Vorgänge ab. Unsere ökonomischen Weltbilder, die wir im Laufe unseres Lebens erworben haben, definieren unsere Sicht auf die Wirtschaft. Manche wollen dem Spiel der Marktkräfte freien Lauf lassen. Andere sehen nur in einem starken Staat mit seinem umfangreichen Sozial- und Investitionsprogramm den entscheidenden Schlüssel zum Wohlstand. Wieder andere setzen ausschließlich auf das Leistungsprinzip und wollen diejenigen, die sich einer zumutbaren Arbeit verweigern und fit sind, härter sanktionieren. Schließlich scheiden sich auch bei der Klimapolitik die Geister. Das Spektrum an möglichen Maßnahmen ist groß zwischen einem CO_2-Emissionshandel und einer CO_2-Besteuerung, zwischen Verboten klimaschädigender Aktivitäten bis hin zu marktbezogenen Anreizen. Dies alles und noch vieles mehr ist eine Frage der unterschiedlichen individuellen Bewertung. Folglich steht dieses Grundprinzip moderner Ökonomie im Zentrum dieses Buches, das unsere Sicht auf die Wirtschaft verändern wird.

Zum Schluss möchte ich wie immer an dieser Stelle meiner Familie danken, die mich immer unterstützt hat, meine Gedanken in Buchform niederzulegen.

München, im Juni 2025

Inhaltsverzeichnis

Über den Autor

Dr. Detlef Pietsch, geboren 1964 in Trier, studierte Betriebswirtschaft an der Universität Mannheim mit den Schwerpunkten Marketing und Organisation. Anschließend promovierte er dort am Lehrstuhl für Internationales Management zu Fragen des internationalen Personalmanagements. Nach Stationen als Assistent des Sprechers der Geschäftsführung eines internationalen Logistikdienstleisters und als Unternehmensberater wechselte er zu einem internationalen Großkonzern. Dort durchlief er in mehr als 28 Jahren Managementstationen in den Bereichen Vertrieb und Finanzen. Aktuell ist er in einer Managementfunktion im Finanzressort tätig.

Dr. Detlef Pietsch beschäftigt sich in seiner Freizeit seit über dreißig Jahren mit den wesentlichen Ideen der Ökonomie, der Geistes- und Sozialwissenschaften. Seine jahrzehntelange Praxiserfahrung gepaart mit seinem theoretischen Hintergrund lässt ihn immer wieder zu den aktuellen Themen der Wirtschaft Stellung nehmen, seien sie wirtschaftsethischer, -politischer oder -historischer Natur. Zuletzt sind im Springer Verlag die Bücher *Ende eines Wirtschaftssystems? Warum der Kapitalismus dennoch überleben wird* (2025), *Das Ende des Wohlstands? Über ökologische und ökonomische Krisen* (2. Auflage, 2025) und *Die kapitalismuskritische Gesellschaft. Warum ein erfolgreiches Wirtschaftsmodell infrage gestellt wird* (2024) erschienen. Der Autor lebt mit seiner Familie in München.

1

Auf der Suche nach dem Grundprinzip moderner Ökonomie

Kaum etwas bewegt die Welt des 21. Jahrhunderts stärker als die Ökonomie. Die Krisen der letzten Jahre waren zwar nicht alle ursächlich wirtschaftliche, doch strahlten sie alle mit Wucht auf die Ökonomie aus. Die Corona-Pandemie brachte zeitweise ganze Wirtschaftszweige wie die Tourismus- und Luftfahrtindustrie zum Stillstand und zerstörte im Handumdrehen Millionen von Jobs. Von heute auf morgen. Kriege und internationale Konflikte brachten nicht nur unsägliches Leid mit sich, sondern zerstörten ebenso die komplette Infrastruktur wie Häuser, Straßen, Bahnhöfe und Brücken. Der Wiederaufbau der Ukraine wird Jahrzehnte dauern und Stand Ende Februar 2025 etwa 524 Mrd. US-Dollar kosten (vgl. Welt online, 2025). Ein Ende ist leider nicht in Sicht. Konflikte zwischen China und Taiwan beeinträchtigen neben der humanitären Dimension, die natürlich im Fokus steht, auch immer die wirtschaftlichen Beziehungen beider Länder (vgl. Pietsch, 2023, S. 58 ff.). Da Taiwan einer der Hauptlieferanten von

© Der/die Autor(en), exklusiv lizenziert an Springer Fachmedien Wiesbaden GmbH, ein Teil von Springer Nature 2025
D. Pietsch, *Bewertung*,
https://doi.org/10.1007/978-3-658-49201-4_1

Mikrochips auf der Welt ist, betrifft dieser Konflikt auch die meisten Länder und er belastet sie vor allem ökonomisch. Auch der Krieg zwischen Israel und Palästina zeitigt neben dem humanitären Desaster vor allem wirtschaftliche Dimensionen. Die Region wird instabil, die umliegenden Länder wie Ägypten fürchten Einbußen auf Tourismus, Auslandsinvestitionen, Personal- und Wohnungsmarkt (vgl. Lebedew, 2023). Darüber hinaus gefährdet die neue US-Administration mit ihrer exzessiven Zollpolitik auf geraume Zeit den freien Welthandel.

Deutschland, so scheint es, bewegt sich innerhalb der EU abgeschlagen im unteren Wachstumskorridor. Die schwächelnde Ökonomie bedroht unseren Wohlstand und das Gemeinwohl (vgl. vertiefend Pietsch, 2023). Zumal über den richtigen Ausweg aus dieser Krise aktuell, im Frühjahr 2025, in der Regierung intensiv und teils kontrovers gerungen wird (vgl. Zimmermann, 2025). Im Vorfeld der vorgezogenen Bundestagswahl 2025 beherrscht die Wirtschaftspolitik die Programme führender Parteien. Die Ökonomie steht im Zentrum des Denkens und Handelns. Es ist an der Zeit, sich etwas näher mit ihr zu beschäftigen, über sie nachzudenken. Wenn Sie so wollen, über die Ökonomie zu philosophieren. Dieses Buch möchte sich zwei Zielen verschreiben. *Erstens* möchte ich mit der Vorstellung gründlich aufräumen, dass Ökonomie vor allem eine Frage der Effizienz und Optimierung ist, die sich u. a. mithilfe der Mathematik beherrschen lässt. Ich will im Gegenteil aufzeigen, dass *Menschen im Zentrum wirtschaftlichen Handelns stehen* und das Grundprinzip der Ökonomie weniger in der Optimierung als in der *individuellen Bewertung* besteht. Als Menschen denken, fühlen und handeln wir nach unserem eigenen Bewertungsraster, das sich als sehr komplex und vielschichtig darstellt und nicht rein mathematisch abgebildet werden kann. Alles folgt einer individuellen und subjektiven Bewertung, von der ökonomischen Situation über die soziale Klasse bis hin zu Glück und Zufriedenheit. Selbst wirtschaftspolitische Konzepte unterliegen der unterschiedlichen subjektiven Bewertung.

Was sich als selbstverständlich und nahezu trivial anhört, wird im Detail betrachtet doch deutlich komplizierter. Warum setzen sich manche für die Armen, Kranken und Schwächeren in dieser Gesellschaft ein? Nicht die Leistung, sondern die Hilfsbedürftigkeit zählt in erster Linie für diese Menschen. Andere wiederum setzen auf die Leistungsbereitschaft und -fähigkeit der Menschen. Manche fordern einen konsequenten und bedingungslosen Klimaschutz. Andere wiederum lehnen dies ab, da sie das Thema für überbewertet halten. Manche macht der Konsum und ein Maximum an Geld glücklich, andere sind mit weniger zufrieden und setzen auf Modelle des Teilens von Besitz oder genossenschaftliche Gemeinschaften. Schließlich fordern einzelne in einer langen Tradition, dass der Markt alles regeln solle und der Staat sich maximal aus den wirtschaftlichen Aktivitäten heraushalten solle. Andere sehen ihr Heil eher in einem paternalistischen Staat, der nicht nur umfangreiche Investitionsprogramme anschiebt und Subventionen gewährt, sondern darüber hinaus regelmäßig in die Speichen der Wirtschaft eingreift. Alles zum Wohl der Gesellschaft. Die dadurch entstehenden Schulden müssen ebenfalls in Kauf genommen werden, Stichwort Schuldenbremse. Andere wiederum lehnen das kategorisch ab. Daran sind neuerdings ganze Regierungen zerbrochen. Alles eine Frage der individuellen Bewertung. Immer noch trivial? Ich denke nicht. Dies aufzuzeigen, ist *erstens* das Ziel dieses Buches.

Hinter den verschiedenen Bewertungen stecken im Wesentlichen unterschiedliche *Weltbilder*. Der Sozialpsychologe Pradeep Chakkarath definiert Weltbilder sehr prägnant (Chakkarath, 2015):

„Weltbilder sind für den Menschen ein Modell, durch das er die Dinge und Ereignisse der Welt betrachten, deuten und erklären kann. Damit erfüllen sie eine wichtige soziale Funktion: Denn der Mensch hat das Bedürfnis, seinem Dasein, dem Nicht-Alltäglichen sowie der Welt als Ganzem einen Sinn zu geben."

Max Weber, einer der bedeutendsten deutschen Soziologen hat ebenfalls die Bedeutung von Weltbildern für den Menschen erkannt. Weltbilder sind für ihn „kohärente Wertesysteme", die „Antworten auf die umfassenderen Fragen nach Sinn, Zweck, Leid und Ungerechtigkeit" geben. Sie stiften dem Einzelnen Sinn für die Organisation seines Lebens (vgl. Philosophie Lexikon der Argumente, 2025). Max Weber selbst hat die implizite Wirkung von Weltbildern anhand seines Werkes über den Zusammenhang zwischen der protestantischen Ethik, ihrem Weltbild und dem Geist des Kapitalismus glänzend aufgezeigt (vgl. Weber, 2013).

Ökonomische Weltbilder vermitteln ebenfalls genau das: Sie versuchen in den ökonomischen Aktivitäten Sinn zu stiften, indem sie einfache Erklärungen liefern anhand bestimmter Vorstellungen über die Wirtschaft. So glaubte man jahrelang fälschlicherweise, dass die Wirtschaft selbstständig zu einem stabilen Gleichgewicht zurückfinde, so man den Markt nur wirken lasse. Dazu passte ein schwacher Staat mit möglichst viel Eigentum in privaten Händen, niedrigen Steuern und deregulierten Finanzmärkten. In diesem Weltbild geisterte der *Homo oeconomicus* herum, ein rational-analytischer Akteur, ausgestattet mit vollkommener Information und klaren Präferenzen (vgl. im Folgenden Kaufmann, 2019). Spätestens die Finanzkrise hat dieses ökonomische Weltbild ins Wanken gebracht. Erste Risse zeigen sich bereits. Mein Argument ist: Ökonomische Weltbilder erzeugen unsere Realität und bestimmen, wie wir auf bestimmte wirtschaftliche Handlungen und Fakten sehen und sie bewerten. Damit definieren sie unsere ökonomische Agenda mehr als alles andere, geschweige denn der Optimierungslogik der Mathematik. Ich werde dies im Laufe des Buches mit verschiedenen Beispielen zu unterlegen versuchen.

Zweitens möchte ich deutlich herausstellen, dass wir beim Nachdenken über die heutige Zeit an Wirtschaftsthemen nicht mehr vorbeikommen. *Philosophische Fragen der Zeit sind in aller erster Linie ökonomische Fragen*! Dafür sind die ökonomischen Herausforderungen des 21. Jahrhunderts zu groß und unübersehbar. Folgt man dem Gedankengang der abendländischen Philosophie, dann kristallisieren sich im Laufe der Zeit unterschiedliche Themenschwerpunkt heraus. Die abendländische Philosophie (vgl. zur folgenden Darstellung die vierbändige Geschichte der Philosophie von Precht, 2015, 2017, 2019, 2023 und Pietsch, 2021, S. 51 ff. am Beispiel der Ethik) hat sich seit ihren Anfängen bei den Vorsokratikern zunächst mit den Naturphänomenen beschäftigt. Das Staunen *(thaumazein)* über die Welt um sie herum hat die ersten Denker des Abendlandes nach dem Urgrund der Erde forschen lassen. Mal bestand es im Wasser (Thales von Milet), dann in der Luft (Anaximenes), dann im Unbegrenzten (*apeiron,* Anaximander) oder schlicht im Sein (Parmenides). Pythagoras und seine Schule lebten in sektenähnlichen Gemeinschaften zusammen und beschäftigten sich u. a. mit der Musik, den Zahlenverhältnissen und der Seelenwanderung. Später rückten der Mensch und seine Tugenden stärker in den Fokus. Sokrates, der Lehrer Platons und Suchender der Weisheit und der Tugenden, wurde nicht müde, sein Gegenüber, den er zufällig auf Athens Marktplatz traf, in ein Gespräch zu verwickeln. Er fragte sie aus nach ihrem Wissen über die Gerechtigkeit, die Tugenden generell, die Liebe und vieles mehr. Die vermeintlich Wissenden streckten schnell die

Waffen und mussten bekennen, in Wahrheit nichts zu wissen. Sokrates war wie eine Hebamme, der gemeinsam im Dialog mit seinen Mitstreitern um die wahre Erkenntnis rang. Platon berichtete von dessen Taten und Erkenntnissen und schuf seine glanzvollen Dialoge und die Ideenlehre für die Ewigkeit. Aristoteles strukturierte erstmalig die Wissenschaften und schuf in seiner Schule eine Enzyklopädie der Erkenntnisse. Stoiker, Epikureer aber auch Skeptiker und Kyniker lehrten die Seelenruhe, die Weisheit und Tugenden im Leben, Enthaltsamkeit oder predigten Genügsamkeit. Sie zeigten allen auf, wie ein gutes Leben zu führen sei.

Im Mittelalter schob sich Gott und sein Verhältnis zur Welt stärker in den Vordergrund des Denkens. Augustinus und die Kirchenväter breiteten die christliche Theologie in allen Facetten aus. Thomas von Aquin und seine Nachfolger versuchten, die antiken Wissenschaften und rationalen Erkenntnisse des Aristoteles mit der Theologie zu verbinden. Vor allem die Humanisten der Renaissance entstaubten die Antike und vertieften sich in die lateinischen und griechischen Klassiker. Spätestens seit dem Auftauchen und Erstarken der Naturwissenschaften wurden sukzessive göttliche Erkenntnisse und theologische Erklärungsmuster durch naturwissenschaftliche Gesetzmäßigkeiten ersetzt. Rationale Erklärungsmuster der Welt, nach René Descartes vor allem Immanuel Kant, standen den empirischen, emotional akzentuierten, etwa von Hume, Smith und Schopenhauer diametral gegenüber. Theologische Erklärungen der Welt von Kierkegaard, den deutschen Idealisten Fichte, Schelling und Hegel trafen auf atheistische wie beispielsweise von Nietzsche. Neue Wissenschaften entstanden aus der Philosophie wie die Soziologie, die Psychologie und viele mehr. Die Naturphilosophie, die Betrachtung der Natur als Ganzes, wurde zunehmend durch die Naturwissenschaften in ihren einzelnen Disziplinen und Erkenntnismethoden ersetzt.

Das 20. Jahrhundert schließlich umfasste ein Sammelsurium an unterschiedlichen Strömungen (vgl. Precht, 2023). Existentialistische, sich mit dem Menschen und seinem Leben beschäftigenden Strömungen, wechselten sich ab mit naturwissenschaftlich-philosophischen Sichtweisen des Wiener Kreises um Moritz Schlick (vgl. Edmonds, 2021) oder auch US-amerikanisch-pragmatischen Sichtweisen der Welt (James, Dewey et al.) bzw. sprachanalytischen rund um Ludwig Wittgenstein. Natürlich gab es auch bereits im 19. Jahrhundert weltberühmte Persönlichkeiten, die gesellschaftliche Fragestellungen mit den ökonomischen Verhältnissen ihrer Zeit verbanden. So bleiben der Trierer Sozialphilosoph Karl Marx und sein kongenialer Mitstreiter, der Unternehmersohn Friedrich Engels, auf ewig mit der zeitlosen Kapitalismuskritik verbunden (vgl. Pietsch, 2024, S. 57 ff.). Sie wiederum setzten auf dem Gedankengut der frühen Sozialisten auf, die viele Ideen bereits vorweggenommen hatten (zum Überblick vgl. Euchner, 1991). Die Kritische Theorie der Frankfurter Schule führte die Kapitalismuskritik mit zahlreichen neuen Akzenten weiter. Doch blieben vor allem die gesellschaftskritischen Diagnosen haften. Zu den zahlreichen Disziplinen der Philosophie (vgl. Brandt, 2014) gesellte sich dann folgerichtig die Sozialphilosophie.

Heute, im Jahr 2025, steht meiner Meinung nach kaum eine philosophische Diskussion so im Zentrum wie die ökonomisch-philosophische. Man möchte gar von einem neuen Zeitalter der Philosophie sprechen, wäre dies nicht zu pathetisch! Zahlreiche Philosoph*innen haben bereits darauf reagiert und ihre Duftmarken gesetzt. Vom bedingungslosen Grundeinkommen (vgl. etwa Precht, 2022) über die zahlreiche Kapitalismuskritik (vgl. Pietsch, 2024 und die darin angegebene kapitalismuskritische Literatur) weltbekannter Sozialphilosoph*innen bis hin zu Ökonom*innen, die sich philosophisch in einer wirtschaftlichen Gesellschaftsanalyse versuchten (etwa Piketty, 2014). Stand heute wird zwar das Wirtschaftssystem des Kapitalismus angeprangert und es werden die Schwächen herausgearbeitet, etwa die Umweltzerstörung, die zunehmende Ungleichheit und die Verschiebung der Werte hin zum Egoismus anstelle von mehr Solidarität und weniger Profitorientierung (vgl. vertiefend Pietsch, 2024). Eine eingehende *philosophische Beschäftigung mit der Ökonomie* als wesentlicher Bestandteil des menschlichen Lebens hat aus meiner Sicht so noch nicht ausreichend stattgefunden.

Dieses Buch versucht, zumindest einen Teil dieser Lücke zu schließen. Vor allem will es den Grundprinzipien und Grenzen moderner Ökonomie nachspüren, wie ich es bereits mit meinen früheren Publikationen versucht habe (vgl. Pietsch, 2020, 2017). Im Kern geht es mir darum, die *Bedeutung gerade der philosophischen Diskussion für die Ökonomie* herauszustellen. Dabei wird hierzulande die Schnittstelle zwischen Ökonomie und Philosophie zwar gesehen, zumeist aber auf die Wirtschaftsethik verkürzt (vgl. Hoffmann, 2009 und Gabriel, 2024). Das ist aus meiner Sicht nur eine kleine, zwar wichtige, aber nicht allumfassende Perspektive. Akademisch gesprochen benötigen wir, unterstellt, die herausragende Bedeutung der Ökonomie für die philosophische Diskussion wird allgemein akzeptiert, einen holistischen Ansatz einer Verbindung philosophisch-ökonomischer Fragestellungen, Methoden und Erklärungsansätze. Konkret, wie können wir die heutigen ökonomischen Aktivitäten der Menschen, ihre Ursache und Wirkungen aber auch die Folgen auf Gesellschaft und Politik erkennen, verstehen und einer zureichenden Erklärung zuführen? Warum setzen die meisten Industrieländer auf den Kapitalismus als einziges heilbringendes Wirtschaftssystem? Warum ist ökonomisches Wachstum Pflicht, zerstört aber gleichzeitig die für die Menschheit notwendigen ökologischen Grundlagen? Wie gehen wir mit der zunehmenden Ungleichheit der Menschheit in Einkommen, Vermögen und Lebensbedingungen um? Manche leben im Überfluss und koppeln sich vom Rest der Menschheit ab, während andere nicht genügend zu essen, zu trinken oder gar ein Dach über den Kopf haben, so scheint es zumindest? Warum soll nur das Ansammeln von immer mehr Vermögen, (Luxus-) Waren, Geld und teuren Spielzeugen glücklich machen, wenn es mit weniger auch geht?

Dies sind nur ausgewählte Fragen, die verdeutlichen, dass es hier um das Ganze geht. Nicht um die ethischen Aspekte der Ökonomie alleine, sondern um nahezu alle wirtschaftlichen Aktivitäten und deren Wirkung auf die Weltgemeinschaft, auf uns alle, geht es: *It's the economy, stupid!* (vgl. Harnack, 2022). Gemäß diesem Wahlkampfmantra von Bill Clinton von 1992 steht die Ökonomie im Vordergrund der drängenden Menschheitsfragen. Was Bill Clinton auf das politischen Handlungsspektrum bezog, verstehe ich als Kernfrage künftiger philosophischer Überlegungen. Um es noch einmal in aller Deutlichkeit hervorzuheben: Es reicht nicht, sich mit wirtschaftsethischen Fragestellungen zu beschäftigen, etwa aus Unternehmens-Management- oder staatlicher Sicht. Ebenso wenig ist es zielführend, permanente Giftpfeile auf das Wirtschaftssystem des Kapitalismus abzuschießen. Viel wichtiger ist es, das gesamte Spektrum der ökonomischen Aktivitäten der Menschen, also von uns allen, zu überdenken und kritisch zu hinterfragen. Von ihren Anfängen her hat sich die Philosophie dieser Frage gestellt und versucht, Antworten zu finden.

Um es auf eine einfache Fragestellung zu bringen, was ist Wirtschaft im 21. Jahrhundert, welches ist ihr Kernprinzip und welche Bedeutung hat sie im Leben der Menschen? Dies bedeutet in allererster Linie, die Wirtschaft aus interdisziplinärer Perspektive in den Blick zu nehmen. Ökonomie ist eine Sozialwissenschaft. Sie hat mit dem Menschen zu tun, der nicht nur rational, sondern ebenfalls emotional und unberechenbar handelt. Er ist geprägt von Genetik, Sozialisation, kultureller, traditioneller und religiöser Umgebung und einschneidenden Ereignissen. Das Leben besteht aus einer Vielzahl von zufälligen Begegnungen, subjektiv empfundenen Erlebnissen und vor allem Menschen, die einem emotional mehr oder minder vertraut sind und unser Leben bewusst oder unbewusst prägen. Das können Eltern, Geschwister, Großeltern aber auch Freund*innen, Kolleg*innen, die Gruppe der Gleichaltrigen und viel mehr sein, die zufällig in unser Leben treten. Unser gesamtes Leben ist von ökonomischen Faktoren umgeben. Das beginnt mit unserer Geburt, die bereits bestimmt in welcher Familie, welchem Milieu, und in welcher sozialen Schicht wir aufwachsen. Welche Ideen, Weltbilder und Erziehungsideale prägten uns? Wie wachsen wir auf? Materiell mehr oder minder abgesichert oder im überbordenden Reichtum? Wurden wir in Deutschland geboren oder sind wir eingewandert? Haben wir die gleiche Hautfarbe wie die Mehrheitsgesellschaft? Welche Ausbildung dürfen wir genießen, welchen Beruf später ergreifen und unseren Lebensunterhalt bestreiten. Alles dreht sich um das tägliche wirtschaftliche Überleben, den Job, den Unterhalt für mich und meine Familie über den gesamten Lebenszyklus vom Kind bis zum alten Menschen.

Wenn die Wirtschaft in unserem Leben zwangsweise eine so große Rolle spielt, warum wird weniger aus philosophischer Sicht darüber nachgedacht? Oder umgekehrt, warum machen sich Ökonom*innen so wenig Gedanken über philosophische, sprich normative Fragestellungen des Lebens? Was bedeutet Wohlstand für uns? Nur Materielles in Form des Bruttoinlandsprodukts, ewigen Wachstumsszenarien oder gibt es darüber noch mehr zu wissen?

Was bedeutet etwa Zeit, Muße, Familie, Umwelt und viele qualitative Faktoren mehr für unser einziges Leben auf dieser Erde, die wir nicht immer quantifizieren können. Wohlstand ist mehr als nur eine materielle Komponente (vgl. die exzellente Darstellung des Wohlstandsbegriffs aus ideengeschichtlicher Perspektive bei Thieme, 2024). Die philosophische Beschäftigung mit dem Thema Ökonomie ist mehr als nur eine ethische Fragestellung nach dem richtigen Wirtschaftssystem und der ethisch-normativen Fragestellung nach der gerechten Verteilung des Wohlstands und der nach dem adäquaten Schutz der Umwelt. Philosophische Fragestellungen müssen tiefer gehen, weiter bohren bis zur Frage, was die Wirtschaft im 21. Jahrhundert ausmacht und welches wesentliche Prinzip ihr zugrunde liegt. Die fundamentale Frage nach Kern einer jeden Ökonomie für den Menschen.

Als wissenschaftlich geschulter Ökonom und jahrzehntelanger Praktiker der Wirtschaft hat mich immer gestört, dass die ökonomische Theorie sich vor allem mathematischen Modellen bedient, um in zum Teil unrealistischen Modellen menschliches Verhalten zu simulieren und dadurch meint, Gesetzmäßigkeiten zu entdecken. Optimierung unter Nebenbedingungen hieß das dann. Bei allem Respekt vor diesen theoretisch anspruchsvollen und mathematisch interessanten Modellen und Berechnungen, dem Menschen und seinem Verhalten kommen wir so nicht bei (vgl. Pietsch, 2017, vor allem S. 6 ff.). Es herrscht die Maxime eines zutiefst rationalen Verhaltens eines *Homo oeconomicus* vor, der mit vollständigen Informationen ausgestattet, jederzeit eine überlegte Wahl trifft, welches Gut er erwerben möchte und was er oder sie bereit ist, dafür auszugeben. Stattdessen haben spätestens die Verhaltensökonomie und ihre wesentlichen Erkenntnisse gezeigt (vgl. Kahneman, 2012), dass 80 % der Wirtschaft Psychologie darstellt, wie man landläufig so sagt.

Wir leiden unter Verlustängsten, haben bestimmte Ankerwerte im Kopf und beantworten Fragen je nach Kontext vollkommen unterschiedlich. Der Mensch ist schlicht menschlich und die Ökonomie eine Sozialwissenschaft. Eine philosophische Analyse der Ökonomie in seiner Gesamtheit muss sich also mit dem Menschen und seinen Grundprinzipien beschäftigen, nicht nur mit Zahlen, mathematischen Gleichungen und Graphen.

Dabei ist vor allem entscheidend, welches Grundprinzip allen ökonomischen Handlungen zugrunde liegt. Denn nur so kann ich hinter die wesentlichen Ideen der Ökonomie blicken, die Ursachen und Wirkungen bestimmter Verhaltensweisen erkennen. Ich kann das empirisch über Experimente vornehmen, wie es etwa die Verhaltensökonomie mit unzähligen Experimenten durchgeführt hat. Oder ich kann versuchen, dem Grundprinzip durch eine rationale Analyse und Prüfung an der Realität auf den Grund zu gehen. Letzteres möchte ich im Folgenden versuchen. Ich möchte eine Antwort auf die Frage geben, auf welches *Grundprinzip* sich alles innerhalb der Ökonomie als Wissenschaft zurückführen lassen kann. Dabei muss dieses Grundprinzip den Menschen in seinen verschiedenen Facetten wiedergeben und die unterschiedlichen ökonomischen Verhaltensmuster erklären helfen. Warum etwa lehnen viele Menschen den Kapitalismus strikt ab, während andere ihn nicht nur befürworten, sondern ihn auch für ihre Zwecke maximal möglich nutzen? Wieso überbieten sich viele Menschen im Kauf von Luxusgütern, je teurer, desto höher die Nachfrage, während andere wiederum sich der frugalen Bewegung anschließen und nur das Nötigste konsumieren und idealerweise ab Mitte 40 aufhören wollen zu arbeiten. Warum existieren häufig zehn verschiedene Lösungsvorschläge zur Lösung von unterschiedlichen ökonomischen Krisen, wenn man zehn Wirtschaftswissenschaftler befragt? Die Antwort darauf ist schlicht, weil sie die ökonomische Situation unterschiedlich *bewerten*. Dies geschieht auf Basis unterschiedlicher Weltbilder, die jeder von uns im Kopf hat.

Viel war in der Vergangenheit von Effizienz, Rationalität aber auch Optimierung, zumeist mithilfe mathematischer Methoden und Statistiken, die Rede. Dies alles folgt aber meiner Meinung nach eher naturwissenschaftlich-technischen Vorgehensweisen und Prinzipien. Mir fehlt hierbei der Mensch. Gemäß dem berühmten Diktum von Wilhelm Dilthey, dass die Naturwissenschaften erklären, die Geisteswissenschaften verstehen (vgl. Dilthey zitiert nach Lück, 2016, S. 50), muss das oberste ökonomische Prinzip den Menschen einschließen in seine Gleichung. Wie ich bereits in meinem Buch „Die Grenzen des ökonomischen Denkens. Wo bleibt der Mensch in der Ökonomie?" (vgl. Pietsch, 2017) ausführlich beschrieben habe, kann das Zerrbild des *Homo oeconomicus* nicht ernsthaft den Menschen aus Fleisch und Blut abbilden. Der immer rational handelnde Mensch, der in jeder Lage des Lebens mit vollkommener Information ausgestattet hundertprozentig eine optimale Lösung findet und sich dafür entscheidet.

Wenn der Mensch also im Zentrum ökonomischer Aktivitäten und Entscheidungen steht mit allen seinen Unzulänglichkeiten, dann passen auch die schematischen, mathematischen Entscheidungs- und Handlungsmuster nicht mehr zu dem tatsächlichen Verhalten der Menschen. Optimierungen unter Nebenbedingungen wie die Mathematik suggeriert, bilden ebenso wenig die ökonomischen Prinzipien ab wie Effizienz oder Effektivität im Mitteleinsatz bezogen auf ein Ziel. Stattdessen steht aus meiner Sicht eine subjektive Komponente im Mittelpunkt der ökonomischen Überlegungen: *Die individuelle Bewertung*. Meine ökonomischen Handlungen sind dadurch definiert, wie ich bestimmte Dinge bewerte. Welchen Preis bin ich für eine Ware oder eine Dienstleistung bereit zu zahlen? Welche Rolle spielen dabei die Knappheit, die Begehrlichkeit, der soziale Status der Ware oder schlicht mein individuelles Budget? Wie wichtig ist mir, nicht nur mehr zu haben von einem Gut oder Geld, sondern vor allem mehr als mein Nachbar und meine Nachbarin?

Im Kern steht vor allem, wie ich die individuelle, subjektive Bedeutung der Ware *für mich bewerte*. Allerdings kann auch das, was für meine Nachbar*innen, Freund*innen und Bekannte keine große Bedeutung hat, etwa ein bestimmtes modisches Luxusprodukt, für mich individuell sehr bedeutsam sein. Gleichermaßen ist die Frage zu stellen, welche Bedeutung Geld oder generell Kapital im Leben eines Menschen hat. Manche folgen den Spuren der antiken Kyniker und leben sehr selbstgenügsam wie die Frugalisten (vgl. Wagner, 2019), um bereits früher aufzuhören zu arbeiten. Manche sehen Geldverdienen und die Kapitalakkumulation als Selbstzweck zur gesellschaftlichen Differenzierung. Andere wiederum wollen ein ausgewogenes Arbeits- und Freizeitmodell sicherstellen und arbeiten gerade so viel, dass das Geld und die Ersparnisse für ein auskömmliches Leben reichen, aber die Familie und Freizeitaktivitäten nicht zu kurz kommen. Alles eine Frage der Bewertung.

Die Kurse ausländischer Währungen sind nicht nur eine Frage von Angebot und Nachfrage, sondern auch der individuellen Bewertung. Aktienspekulationen basieren genauso auf der Bewertung von zukünftigen zu erwartenden Erträgen wie Manager die zukünftige Entwicklung ihres Unternehmens und der relevanten Märkte einschätzen, sprich: bewerten. Schon allein die Überlegung, ob ich am Aktienmarkt teilnehme und spekuliere, ist nicht nur eine Frage des Geldes, sondern auch eine hinsichtlich meiner individuellen Kompetenz. Selbst die Frage des Wirtschaftssystems, in dem ein Land tätig ist, ob kapitalistisch oder nicht, unterliegt einer individuellen Bewertung. Manche Marktbeobachter*innen können sich nicht mit einem kapitalistischen System anfreunden, das aus ihrer Sicht die Menschen ausbeutet, die soziale Ungleichheit verschärft, die Umwelt zerstört und die Gier und den Konkurrenzkampf untereinander verstärkt. Andere wiederum bewerten ihre Chancen, in einem solchen kapitalistischen System im Wettbewerb siegreich zu sein, eine Topposition in der Gesellschaft zu erringen und viel Geld zu verdienen als verlockend und bejahen dieses System uneingeschränkt. Sie treten für eine ausgewiesene Leistungskultur ein (vgl. Friedrich Merz in CDU, 2023). Gleiches gilt für die Sicht auf die Ökonomie. Marktliberale Positionen dominieren hierzulande die Zunft der Ökonom*innen, während gegenteilige, etwa keynesianische Positionen mit höherem Staatsanteil eher weniger im Fokus stehen (vgl. die exzellenten und gut recherchierten Ausführungen des Mannheimer Wirtschaftspolitikers Tom Krebs, vgl. Krebs, 2024). Wieder andere stehen diesem System eher gleichgültig gegenüber und hoffen nur darauf, einigermaßen durchzukommen. Alles dies ist letztlich eine Frage der individuellen Bewertung.

Ich denke, anhand der vorhergehenden Beispiele ist klar geworden, dass das wesentliche Grundprinzip moderner Ökonomie das Prinzip der individuellen *Bewertung* ist. Entsprechend baut sich dieses Buch auf. Nach diesem einleitenden *Kap. 1* zur generellen Ausgangssituation und Problemstellung wird sich *Kap. 2* ausführlicher mit dem Begriff und dem Konzept der Bewertung beschäftigen. Wir werden uns dem Begriff an sich nähern und seine subjektiven und kontextualen Rahmenbedingungen analysieren. *Kap. 3* wird sich der Bewertung von Waren und Dienstleistungen widmen und etwa die Frage beantworten, warum wir bei steigenden Preisen umso mehr von bestimmten Waren und Dienstleistungen einkaufen, was nach dem rationalen *Homo oeconomicus*-Modell absolut unsinnig wäre. Warum wir immer mehr kaufen als wir benötigen und uns das Marketing teilweise eine künstliche Begehrlichkeit von Waren und Dienstleistungen suggeriert, die so eigentlich gar nicht gegeben ist. *Kap. 4* betrachtet die Bewertung auf dem Geld- und Kapitalmarkt. Für manche sind Aktienkäufe und -verkäufe reine Spekulation, die keinen Wert an sich stiften und nur dazu dienen, manche Menschen reicher zu machen. Andere wiederum betrachten Aktien als das, was es ist, eine Geldanlage mit dem Ziel, den Wert zu steigern, für das Alter vorzusorgen und Miteigentümer eines Unternehmens zu werden. Der Unterschied zwischen beiden Betrachtungsweisen ist schlicht die jeweilige Bewertung.

Kap. 5 steht im Zentrum der Bewertung der Arbeit für den*die Einzelne*n. Wie viel möchte ich arbeiten und dafür auf Freizeit verzichten? Empfinde ich meinen Lohn bzw. mein Gehalt als gerecht, vor allem im Hinblick auf andere Personen. Wie bewerte ich die Gehälter von Top Manager*innen im Verhältnis zum einfachen Arbeiter, der Arbeiterin? Verdienen sie das, was sie verdienen? Erhalten die Kapitaleigentümer*innen ausreichende Rendite oder mehr als sie verdienen? Inwiefern spielen Geld, Arbeit und meine berufliche Position in meinem Leben eine Rolle? Wieviel Arbeit und Geld machen mich glücklich und ist damit der Sinn meines Lebens erfüllt? Darf ein*e Einzelne*r so viele Millionen oder gar Milliarden anhäufen oder sollten wir begrenzen bzw. umverteilen? Schließlich lässt sich das gesamte Leben auch anhand ökonomischer Erfolgsfaktoren messen. Wie bewerte ich mein Leben, wenn ich mich nur an diesen harten ökonomischen Faktoren ausrichte?

Kap. 6 greift den Aspekt der Bewertung unterschiedlicher wirtschaftspolitischer Konzeptionen auf. Der spektakuläre und nahezu unvermeidliche Bruch der Ampelregierung im Herbst 2024 war ein Ergebnis divergierender wirtschaftspolitischer Ideen und Maßnahmen. Wir erinnern uns, dass der Anfang vom Ende der in manchen Punkten durchaus verdienstvollen Regierung ein 18-seitiges „Scheidungspapier" der FDP zur Wirtschaftspolitik war (vgl. Fokuhl et al., 2024). Folglich werden in diesem Kapitel die beiden gegensätzlichen Extrempositionen einer freien Marktwirtschaft im Sinne des Liberalismus denen einer sozialistischen Idee der Planwirtschaft entgegengestellt. Als Quintessenz wird ein Mix aus liberalen und sozial-ökologischen Elementen dargestellt und deren Bewertung aus unterschiedlichen Blickwinkeln analysiert.

Kap. 7 schließlich will aufzeigen, dass einerseits das Prinzip der individuellen, subjektiven Bewertung das ökonomische Prinzip schlechthin darstellt. Andererseits lässt sich eine solche Bewertung nie objektivieren und ist ein zutiefst menschlicher Faktor, dem mit mathematischen Gleichungen der ökonomischen Wissenschaft nicht beizukommen ist. Die Ökonomie ist und bleibt eine Sozialwissenschaft. Am Ende werden wir gemeinsam überlegen, inwieweit wir der ökonomischen Bewertungsfalle entgehen können, der Gier nach immer mehr, ohne schließlich eine individuelle Befriedigung zu erfahren. Letztlich ist auch das Leben selbst und unsere Zufriedenheit mit ihm eine Frage der Bewertung. Doch beginnen wir im Folgenden zunächst mit dem Begriff der Bewertung.

2

Bewertung als Grundprinzip ökonomischen Denkens und Handelns

2.1 Warum Bewertung wichtig ist

Das Internetwörterbuch Wiktionary definiert den Begriff Bewertung als „Vorgang, der den Wert von etwas einschätzt, festlegt." Dabei scheint es sich um einen relativ einfachen, nachvollziehbaren menschlichen Vorgang zu handeln. Ich messe einem Gegenstand, einer Sache, einem Sachverhalt oder einer bestimmten Situation einen bestimmten Wert zu. Das kann ein Wirtschaftsgut oder eine Dienstleistung sein, die ich kaufen will, etwa eine Autoreparatur, eine Aktie, ein Designermantel oder schlicht Butter für mein tägliches Frühstück. Wert ist dabei zunächst einmal nichts, was vom Preis des Gutes abhängt, sondern eine zutiefst individuelle, subjektive Größe. Der Wert eines Gutes ist dabei mit Specht (2024) „Ausdruck der Wichtigkeit eines Gutes, die es für die Befriedigung der subjektiven Bedürfnisse besitzt, wie sie sich etwa in

© Der/die Autor(en), exklusiv lizenziert an Springer Fachmedien Wiesbaden GmbH, ein Teil von Springer Nature 2025
D. Pietsch, *Bewertung,*
https://doi.org/10.1007/978-3-658-49201-4_2

seinem Nutzen und in der betreffenden Präferenzordnung des Wirtschaftssubjektes widerspiegelt."

Was sich so sperrig anhört, ist nichts anderes als der Kern der ökonomischen Theorie. Der Kauf und Konsum eines Gutes oder einer Dienstleistung und damit der potenzielle Gewinn eines Unternehmens, das dieses Gut oder Dienstleistung herstellt, ist von meiner individuellen Bewertung abhängig. Dabei muss diese Art der Bewertung von der betriebswirtschaftlichen Bewertung unterschieden werden, wie sie in der betriebswirtschaftlichen Unternehmensbewertung stattfindet. Dort existieren klare und detaillierte Vorgaben u. a. im Handelsgesetzbuch (HGB), wie in der Unternehmensbilanz, in der Kostenrechnung bewertet wird oder wie ganze Unternehmen zu bewerten sind (vgl. Pfitzer, 2024). Während der erste Teil der Definition von Specht die individuelle Bedeutung eines Gutes unterstreicht, bezieht sich der zweite Teil auf die subjektiv empfundene Bedürfnisbefriedigung, den individuellen Nutzen eines Gutes. Intuitiv ist schnell nachvollziehbar, was ein Nutzen für eine Person darstellt und inwiefern das Gut die subjektiven Bedürfnisse befriedigt. Schließlich beruhigt es auch an dieser Stelle zu wissen, dass sich die Bedeutung des angestrebten Gutes an der individuellen Präferenzordnung messen lässt. Was sich als Fachjargon anhört und schnell in die theoretische Diskussion abgeschoben wird, ist aus meiner Sicht der Kern der ökonomischen Handlungen. Subjektivität, individuelle Bewertung des Nutzens im Einklang mit einer inneren Ordnung, die bestimmte Güter anderen Gütern vorziehen lässt.

Nehmen wir an, ich möchte meinen Freund*innen, Bekannten und Nachbar*innen zeigen, wie erfolgreich ich im Leben bin, dann versuche ich, Produkte auszuwählen, die meinen Erfolg im Leben und Beruf auch materiell dokumentieren. Dazu gehören Luxusartikel aller Art, angefangen von einem Auto mindestens der Premiumklasse über entsprechende Markenkleidung, eine Luxusuhr, eleganter Lifestyle mit schicken Restaurants, angesagten Bars oder auch elitären Clubs. Was sich im Fachjargon „Präferenzordnung" nennt, spielt auf meine Einstellungen, Werte und Prinzipien an, die ich mir im Laufe des Lebens erworben habe und sowohl meine Sozialisation als auch meine Persönlichkeit widerspiegeln. Und davon gibt es genauso viele unterschiedliche, wie es Menschen auf der Welt gibt. Der Nutzen dieser Luxusartikel passend zu meinem Lebensstil, meinen Ambitionen, Einstellungen, aber auch Werten wird von mir individuell berechnet. Je höher der Nutzen dieser Luxusartikel für mich, desto mehr bin ich bereit dafür auszugeben. Ich bin, was ich kaufe. In Abwandlung eines berühmten Spruchs von René Descartes, dem französischen Philosophen und Begründer der modernen Philosophie, der gesagt hatte, ich denke, also bin ich *(cogito ergo sum)* hier, ich kaufe, also bin ich oder ich kaufe das, was ich bin oder gerne wäre.

Ein*e andere*r Konsument*in könnte zu einer gegenteiligen Bewertung kommen. Der Kapitalismus zerstört die Umwelt, Wirtschaftswachstum zahlt auf das Ende des Planeten ein, ich halte mich mit dem Konsum zurück. Im Gegenteil, ich verwende die Dinge des täglichen Lebens wie Kleidung, Schuhe, Auto, elektrische Geräte so lange wie möglich, repariere anstelle zu kaufen und kaufe möglichst nur lokal. Mir ist es egal, was meine Umgebung sagt, ob ich immer wieder die gleiche Kleidung trage, so sie sauber ist, oder ob ich jeder Modewelle nachjage oder mit meinem Kauf angeben möchte. Bewertung hat nicht nur etwas mit dem monetären Wert von Gütern und Dienstleistungen zu tun, sondern auch mit dem, was mir im Leben lieb und teuer ist, meinen individuellen Werten. Und danach bewerte ich auch den Nutzen eines Gutes. Meine sogenannte Präferenzordnung, d. h. welches Gut ich welchem aus bestimmten Gründen vorziehe, wird durch ein komplexes Beziehungsgeflecht an Werten, Einstellungen und Vorstellungen im Laufe des Lebens erstellt und ist einem ständigen Wandel unterworfen.

Bewertungen sind komplexe, vielschichtige Konstrukte. Entwicklungsgeschichtlich hat der Mensch zum Überleben permanent seine Umwelt wahrgenommen und auf Basis seines Erfahrungsschatzes bewertet (vgl. im Folgend Brandes, 2024). Um zu überleben hat sich der Mensch bereits von seinen Anfängen an seine Umwelt anpassen müssen. Spätestens seit Charles Darwin und der Entdeckung der Evolutionsbiologie ist klar geworden, dass nur dasjenige Lebewesen überlebt, das sich seiner Umgebung am besten anpasst. Folglich hat sich auch der Mensch diesem Selektionsprozess unterwerfen müssen. Zunächst hat der *Homo sapiens* seine Umgebung mit allen Sinnen wahrgenommen und hat auf entsprechende Gefahren reagiert. Wie entkomme ich gefährlichen Tieren? Welche Pflanzen und Tiere kann ich essen? Welche Früchte der Erde schmecken wie? Daraus entwickelten sich im Laufe der Zeit sogenannte Vermeidungs- und Begehrlichkeitsstrategien (vgl. Brandes, 2024). Der Mensch wusste bald sehr genau, was ihm bekömmlich war und was nicht. Was sich zu jagen lohnte und was nicht. Daraus reifte über viele Generationen die Erkenntnis, wo die Gefahren lauern, was tunlichst zu vermieden ist und was sich eher anzustreben lohnt.

Diese Erkenntnis wurde dann als Lernstoff von Generation zu Generation weitergegeben. Einmal erlebte Erfahrungen wurden wie selbstverständlich an die nachfolgenden Generationen weitergegeben und zum Teil als Tradition gesichert wie etwa nach erfolgreicher Jagd Opfer zu bringen (vgl. Maylein, 2006, S. 121). Dies ging einher mit einer auch physischen Entwicklung des Gehirns, etwa in Form der Weiterentwicklung des Großhirns (vgl. Brandes, 2024). Das entstehende Bewusstsein für die den

Menschen umgebende Welt und die Gefahren, die darin lauern, ermöglichten die schnelle und teilweise auch überlebensnotwendige Bewertung einer Situation. Man denke etwa an die rasche Entscheidung darüber, was zu tun ist, wenn sich ein gefährliches Raubtier nähert und die Fluchtwege begrenzt sind. Die richtige Bewertung der Situation auf Basis der Erfahrungen und des gespeicherten Vorwissens der Elterngeneration kann in diesem Fall Leben retten. Die Bewertung ist allerdings nicht nur eine Frage der Wahrnehmung, der Erfahrung und des nötigen Vorwissens – ein Tourist wird sicher zunächst mit der Begegnung eines Gorillas in freier Wildbahn überfordert sein, ein erfahrener Führer oder auch Gorillaexperte eher nicht –, sondern auch weiterer Faktoren.

So spielt die individuelle Persönlichkeit eine große Rolle. Bin ich eher ein ängstlicher Typ oder eher ein mutiger. Verfüge ich über einen richtigen Instinkt auf Basis eines guten Bauchgefühls oder bin ich zutiefst rational und muss einen Entscheidungsbaum erstellen, um die gefährliche Situation für mich zu bewerten und entschärfen zu können? Bin ich eher spontan und impulsiv unterwegs und verfüge ich über eine ausreichende Ausdauer und Überlegung im Gefahrenfall? Alle diese Persönlichkeitsmerkmale spielen im Rahmen der Bewertung ebenso eine Rolle wie die während der Bewertung ablaufenden physischen Gehirnprozesse. Der Prozess des Bewertens erfolgt im Großhirn, das sogenannte limbische System färbt das Wahrgenommene emotional und das ständig sich verändernde neuronale Netz bestehend aus bis zu 80.000 Nervenzellen im Gehirn steuert die Bewertung (vgl. Brandes, 2024). Je mehr Informationen ich bereits aufgenommen habe, je nach meinem emotionalen Status werden Wahrnehmungen unterschiedlich interpretiert und an meiner Persönlichkeit gespiegelt. Konkret auf unser Beispiel mit dem Gorilla in freier Wildbahn übertragen heißt das:

Bin ich ein erfahrener Gorillaforscher oder Touristenführer, dann kenne ich die potenziellen Gefahren eines Gorillas und weiß genau, wie ich mich zu verhalten habe. Ich bin ruhig und abgeklärt, mach mich eher klein, bewege mich nicht unnötig und sehe dem Gorilla nicht direkt in die Augen. Danach bewege ich mich langsam aus der Gefahrenzone. Gorillas sind erfahrungsgemäß, mit wenigen Ausnahmen wie etwa die „Silberrücken", nicht aggressiv und eher neugierig. Werden die menschlichen Eindringlinge nicht als Gefahr wahrgenommen, passiert auch nichts (vgl. Gute Frage, 2024). Gorillaforscher*innen und auch Touristenführer*innen wissen aus Erfahrung, was zu tun ist und bewerten die Lage intuitiv aber auch rational richtig. Zumeist passt bei beiden Berufsgruppen auch die Persönlichkeit, da ängstliche, nicht naturverbundene und panisch agierende Menschen selten Gorillaforscher*innen werden. Was soll uns dieses Beispiel mit dem Gorilla zeigen? Dass die richtige Bewertung einer relativ einfachen Situation schlicht das eigene Leben retten kann. So dramatisch ist es im ökonomischen Umfeld nicht. Allerdings noch viel komplexer als in dem obigen Beispiel dargestellt. Bewertungen, auch ökonomische, laufen nach einem komplexen Muster ab und involvieren viele unterschiedliche Faktoren.

Am besten machen wir uns das anhand unserer eigenen Lebensgeschichte klar. Wir werden an einem bestimmten Ort in einer konkreten Region und Land geboren. Manch eine*r glaubt, dass die Sternenkonstellation, sprich das Sternzeichen, in dem wir geboren werden, oder etwa die Jahres- und Tageszeit eine große Rolle spielen. Sicherlich sind die Umfeldbedingungen entscheidend. Erfahren wir als Winterkind zunächst die Kälte oder als Sommerkind die Hitze, je nach Breitengrad. Werden wir tagsüber oder nachts geboren? Ob das eine wesentliche Rolle für unser Leben gespielt hat, wissen wir nicht. Was wir aber wissen ist, dass unsere ersten und nächsten Bezugspersonen unser Leben von Anfang an prägen (vgl. dazu auch meine ausführlichen Ausführungen in Pietsch, 2020, S. 190 ff.). Unsere Eltern in ihrem Erziehungsverhalten aber auch die Genetik, die Geschwister (auch keine zu haben prägt!), die Großeltern und weitere Freund*innen, Bekannte und Verwandte. Später kommen dann die Gleichaltrigen hinzu, die sogenannte *Peer Group,* die uns stark in unserem Denken, Handeln, unseren Einstellungen und Werten beeinflussen. Das wird heute natürlich noch einmal durch ein weltweit reichendes Netzwerk an unterschiedlichen Social-Media-Kanälen potenziert. Aber auch die Umfeldbedingungen spielen eine Rolle, ob ich in eine reiche, intakte Familie hineingeboren wurde, in der Großstadt, in welcher kulturelle Tradition wachse ich auf etc. Frühkindliche Erziehung, Wertevermittlung und im Laufe des Lebens erworbene Einstellungen spielen ebenso sehr eine Rolle wie die Ausbildung, der ergriffene Beruf und die im Laufe des Lebens erworbenen Erfahrungen. Es ist ein komplexes Geflecht an individuellen Lebensläufen, Schicksalen, Genetik, Persönlichkeit aber auch zufälligen Begegnungen und Erlebnissen positiver wie negativer Art. Kultur, Religion, geschichtliche Ereignisse in Politik, Gesellschaft und Wirtschaft beeinflussen die individuelle geistige Entwicklung im Leben wie zufällige (Natur-) Ereignisse.

Die Philosophiegeschichte ist voll von Beispielen, wie die Lebensläufe berühmter Philosophen den Denkweg stark beeinflusst haben (vgl. u. a. Pietsch, 2021, S. 51 ff.). Konfuzius, der große chinesische Weisheitslehrer, verlor im Alter von drei Jahren seinen Vater und wuchs in ärmlichen Verhältnissen auf. Dennoch bekleidete er hochrangige Ministerämter und war vorher Lehrer der Kinder eines Ministers. Der große Lao-Tse war ursprünglich Bibliotheksarchivar und hatte einen direkten Zugriff auf die wesentlichen Schriften seiner Zeit. Buddha, eigentlich

Siddharta, war ein reicher Fürstensohn, der sein Erweckungserlebnis hatte, als er Armut und Elend in den Gassen seiner Heimatstadt erlebte, seine Familie verließ und fortan in Askese lebte. Den Armen und dem bedürfnislosen Leben galt in seinen mündlichen Lehren künftig sein Hauptaugenmerk. Homer schrieb seine mündlich über Generationen überlieferten Gedichte der Odyssee und der Ilias vor dem Hintergrund seiner Adelsherkunft. Nur so ist seine detaillierte Schilderung der Adelsethik zu verstehen. Hesiod war nicht nur ein griechischer Dichter, sondern auch ein Ackerbauer und Viehhalter und konnte somit authentisch in seinem Werk „Werke und Tage" die bäuerliche Ethik beschreiben.

Platon entstammte einer angesehenen, reichen Familie aus Athen. Sein wirkmächtiger Schüler Aristoteles stammte aus Stageira, einer Stadt an der Ostküste der Halbinsel Chalkidiki am Rande des Großreichs. Cicero war nicht nur Philosoph, sondern auch hochrangiger Staatsmann, Rechtsanwalt und Rhetor, der auf der Basis seines langen Berufslebens theoretische Gedanken mit denen der Praxis kombinierte. Es wundert nicht, dass Cicero der stoischen Philosophie näherstand als der epikureischen, die u. a. ein Leben im Verborgenen, fern von Staatsgeschäften bevorzugte. Thomas von Aquin, der große Theologe und Philosoph des Mittelalters war durch seinen dominikanischen Orden zwar religiös geprägt, aber zudem ein Anhänger der Lehren des Aristoteles. Auch hier hat Thomas folgerichtig versucht, die christliche Theologie mit der rationalen Philosophie des Aristoteles zu versöhnen.

Anhänger der Naturwissenschaften und der rationalen Welterklärung wie etwa René Descartes aber auch Immanuel Kant, versuchten sich an einer zutiefst rationalen Philosophie und räumten den Emotionen weniger Platz in ihren Gedanken ein. Auch die deutschen Idealisten,

Friedrich Wilhelm Joseph Schelling und Georg Wilhelm Friedrich Hegel, beide zur selben Zeit Theologiestudenten am Tübinger Stift, gemeinsam mit dem Dichter Friedrich Hölderlin, waren in ihrer Philosophie neben der Französischen Revolution stark von der christlichen, protestantischen Theologie beeinflusst. Ihre idealistischen Schriften zur Naturphilosophie bzw. zum „Weltgeist" setzten einen Kontrapunkt zu den rationalen, immer bedeutender werdenden naturwissenschaftlichen Schriften des ausgehenden 18. und beginnenden 19. Jahrhunderts. Martin Heidegger war nicht nur durch seine Herkunft aus dem christlichen Milieu Südbadens, aus Meßkirch, geprägt, sondern neben seinem Lehrer Edmund Husserl auch durch seine umfangreichen altphilologischen Studien. Sein Hauptwerk „Sein und Zeit" ist nicht zu verstehen ohne das Eintauchen Heideggers in die Sprache und Kultur der alten Griechen, vornehmlich der Seinslehre des Vorsokratikers Parmenides.

Es ließen sich noch viele weitere Beispiele aus der Philosophiegeschichte (vgl. etwa die exzellent und anschaulich geschriebenen vier Bände von Precht, 2015 ff.) anführen, wie die Lebensumstände der Philosophen ihre Denkwege stark beeinflussten. Ich denke aber, der Punkt ist klar geworden, die individuelle Bewertung, hier vor allem, die ökonomische Bewertung, ist ein Konglomerat an vielen unterschiedlichen Bausteinen, die im Menschen individuell zusammengesetzt werden und in der Summe eine kohärente Entscheidung ermöglichen. Frühkindliche Prägungen, die Sozialisation, die erworbenen Erfahrungen, Werte, Einstellungen aber auch die kulturelle Umgebung mit allen ihren Traditionen aber auch Sitten, Normen und Gebräuche beeinflussen, wie ich bestimmte ökonomische Situationen bewerte. Dabei spielt selbstverständlich die individuelle Persönlichkeit eine Rolle, die genetischen Veranlagungen, die Intelligenz, bestimmte komplexe

Entscheidungen treffen zu können. Später, im Abschn. 2.3
über die Verhaltensökonomie werden wir sehen, dass auch
der Kontext der Bewertung und die Art der Fragestellung
bzw. Produktpräsentation eine Rolle für meine Bewertung
spielen. Gemäß dem heuristischen Modell des *Homo oeconomicus* dürfte eigentlich nur die rationale Entscheidung
auf Basis meiner Vorlieben, d. h. Präferenzen, und meinem individuellen Budget eine Rolle spielen. Da ich jederzeit über alle möglichen Informationen zur Bewertung
und Entscheidung verfüge, kann ich bei meiner Bewertung nicht falsch liegen. Doch es ist alles andere als einfach in der Ökonomie. Zunächst fängt es damit an, dass
jede Bewertung subjektiv ist. Wir werden uns dies anhand
von konkreten Beispielen und bewährten Konzepten einmal genauer ansehen.

2.2 Theoretische Konzepte der Bewertung

Bewertungskonzepte sind stark mit der rationalen aber vor
allem emotionalen Seite des Menschen verbunden. Sie bilden im Wesentlichen psychische Prozesse ab, die sich bei
der Bewertung eines Gegenstandes oder einer Situation ergeben. Folglich findet man viele Forschungsergebnisse im
Bereich der Psychologie. In den vergangenen Jahrzehnten
wurden viele verschiedene Theorien rund um die menschliche Bewertung aufgestellt. Es lohnt sich an dieser Stelle,
einen kurzen Blick auf die wesentlichen Ideen und Kernaussagen dieser Theorien zu werfen. Wir erinnern uns: Da
die Ökonomie eine Sozialwissenschaft ist und vom Menschen und seinen wirtschaftlich relevanten Aktivitäten handelt, ist es sicherlich sinnvoll, sozialwissenschaftliche Theorien zur Erklärung des menschlichen Bewertungsmusters

heranzuziehen. Wesentliche Theorien, die ich hier exemplarisch kurz skizzieren möchte, und uns bei der Erklärung des Bewertungsvorgangs an sich helfen, sind die folgenden:

Bewertungs- bzw. *Appraisal*-Theorien, die vor allem die emotionale Seite der Bewertung beleuchten. Die aus der Sozialpsychologie bekannte Stereotypisierung, die Forschung rund um die kognitive Dissonanz und die neueren Erkenntnisse vor allem der Marktforschung rund um die sogenannten „Sinus-Milieus". Menschen und somit potenzielle Käufer*innen werden nach ihrer psychologischen Einstellung, ihrem Wertgerüst aber auch ihrer gesellschaftlichen Schicht, basierend auf Einkommen und Vermögen, in einzelne Gruppen eingeteilt. Die Preistheorie schließlich beschäftigt sich sehr stark mit der Wahrnehmung, der Bewertung und dem Umgang mit Preisen von Waren und Dienstleistungen. Sie alle liefern uns den theoretischen Unterbau, um den hier im Fokus stehenden Begriff der Bewertung besser einordnen zu können. Nur, wenn wir die Bedeutung des Begriffs und der Funktion der Bewertung für den Menschen verstanden haben, können wir die Übertragung dieses Phänomens auf ökonomische Vorgänge nachvollziehen. Daher macht es Sinn, sich an dieser Stelle kurz mit den wesentlichen Theorien zu beschäftigen.

Bewertungs-/Appraisal-Theorien
Der US-amerikanische Psychologe Richard Lazarus, der die meiste Zeit an der Universität Berkeley lehrte, entwickelte auf Basis intensiver empirischer Forschungen ein Modell, wie Menschen mit Stress umgehen. Dabei erhellte er auch gleichzeitig, welche Rolle Emotionen bei Menschen bei ihrer kognitiven Bewertung von Situation spielen. Gemeinsam mit seiner Kollegin Susan Folkman schrieb er 1984 das Buch „*Stress, Appraisal and Coping*" (vgl. Lazarus/Folkman 1984, deutsch, Stress, Bewertung

und Stressbewältigung), das zu den am meisten zitierten Werken zu dem Thema und in den Sozialwissenschaften generell gehört. Darin schildern sie die Erkenntnisse ihrer jahrelangen Feldforschung. Jeder Mensch bewertet die Situation und die individuelle Belastung und Bedrohung in drei Stufen (vgl. Lazarus & Folkman, 1984, S. 53). In der *primären* Bewertung unterscheidet der Mensch eine Situation danach, ob sie für ihn irrelevant, freundlich-positiv oder anstrengend und damit belastend ist. Fällt die Situation in die dritte Kategorie, der anstrengend und belastenden, dann wird weiter differenziert. Eine beherrschbare Situation stellt lediglich eine Herausforderung dar. Wird ein Schaden oder ein Verlust erwartet, dann wird die Situation als Bedrohung empfunden. Kommt es dann tatsächlich zu einem Verlust oder einem Schaden, dann wird die Situation auch als solche bewertet.

Die *sekundäre* Bewertung baut auf der primären auf und prüft nun, inwieweit die Ressourcen für die Bewältigung einer solchen Situation ausreichend sind. Falls nicht, überlegt der Mensch sich eine sogenannte Bewältigungsstrategie, dem sogenannten *Coping*. Das kann Aggression sein, Flucht oder schlicht die Verleugnung der Situation. Solche Coping-Strategien lernt der Mensch im Laufe seines Lebens, selektiv einzusetzen. Der Umgang mit dieser Stressbewältigung fällt je nach Persönlichkeitseigenschaft der Menschen unterschiedlich aus. Was sich hier sehr theoretisch und abstrakt anhört, wird schnell konkreter, wenn man sich folgendes Beispiel vor Augen führt. Nehmen Sie an, Sie hätten nur begrenzte finanzielle Ressourcen, wären der*die Alleinverdiener*in der Familie und Sie hätten zwei Kinder im schulpflichtigen Alter. Ihre Miete und das tägliche Leben könnten Sie gerade so stemmen, zum Sparen wäre so gut wie nichts mehr übrig.

Nun wird die Miete von einem auf den anderen Tag signifikant erhöht, sagen wir um 5 %. Dies ist gerade in den heutigen Zeiten nicht ungewöhnlich. Sie überlegen sich schnell, was diese Mieterhöhung für Sie und Ihre Familie bedeuten würde. Da die finanzielle Situation bereits angespannt war, dürfte die erste Bewertung klar sein. Diese Erhöhung ist weder irrelevant noch bietet sie Anlass zur positiv-freundlichen Bewertung. Im Gegenteil, sie ist eher anstrengend und belastend und stellt eine finanzielle Bedrohung für Sie und Ihre Familie dar. Entscheidend ist nun, wie Sie mit der Situation umgehen. Rumschreien, rumtoben oder gar den*die Vermieter*in beschimpfen wird nichts bringen, genauso wenig wie den Kopf in den Sand zu stecken oder sich vor dem Thema zu drücken. Nun greift der dritte Bewertungsschritt, die Neubewertung *(Reappraisal)*.

Nehmen wir an, Sie hätten in Ihrem Familienbudget noch Posten gefunden, die gestrichen oder reduziert werden könnten, um die gestiegene Miete zu stemmen. Wenn Sie dazu noch ein optimistisch veranlagter Mensch sind, der überzeugt ist, auch dieser Bedrohung wirkungsvoll begegnen zu können, dann erfolgt eine Neubewertung der Situation. Die spontane Mieterhöhung erscheint in diesem Licht der Bewältigungsstrategien nicht mehr als Bedrohung, die Stress auslöst, sondern als beherrschbare Herausforderung des Lebens. Neue Informationen etwa über Streichpotenziale oder verringerte Familienausgaben führen dann zu einer unterschiedlichen Neubewertung. Dies gilt natürlich auch im umgekehrten Fall. Eine vormals lediglich als Herausforderung wahrgenommene Situation der Mieterhöhung kann durch sich verschlechternde Rahmenbedingungen, etwa Wegfall eines Jobs oder Kurzarbeit, gestiegene Energiepreise, hohe Inflation etc. schlagartig zu einer Bedrohung werden.

Lazarus und Folkman weisen darauf hin, dass es drei Arten des *Coping* gibt. Die problemorientierte, in der versucht wird, durch zusätzliche Informationen und direkte Handlungen das Problem zu lösen. Auf unser Beispiel übertragen hieße das, dass man sich umhört, welche Mietsteigerungen erlaubt sind, wie hoch die Mietpreise vergleichbarer Wohnungen im Umkreis sind oder schlicht Kosten einzusparen. Im emotionsorientierten *Coping* versucht man, die emotionale Erregung abzubauen, „es wird schon nicht so schlimm kommen und wenn, dann werden wir einen Weg finden …". Das bewertungsorientierte *Coping* schließlich widmet sich der rational-analytischen Bewältigung der Stresssituation. Dadurch, dass eine Problemlösung gesucht und gefunden wird, findet eine rationale Neubewertung statt und die frühere Bedrohung wird lediglich zu einer bewältigbaren Herausforderung herabgestuft (vgl. Lazarus & Folkman, 1984, S. 141 ff.).

Für unsere Betrachtung der Bewertung als Grundprinzip ist vor allem folgendes festzuhalten. Eine menschliche Bewertung der Situation beruht auf einem Zusammenspiel von rationalen, emotionalen und persönlichkeitsbedingten Faktoren. Ob eine Situation als bedrohlich oder lediglich als beherrschbare Herausforderung bewertet wird, ist eine Frage der Alternativen, der Erfahrung im Umgang mit Bedrohungen und der rationalen und emotionalen Bewältigungsstrategien. Dabei greifen Lazarus und Folkman in ihrem intuitiv nachvollziehbaren psychologischen Modell bestimmte Aspekte der Bewertung heraus, um den Umgang des Menschen mit Stress nachzuzeichnen. Doch in eine Bewertung vor allem ökonomischer Situation und auch Handlungen spielen weitere Faktoren eine Rolle, die durch das Konstrukt der Stereotypisierung näher erläutert werden können.

Stereotypisierung

Ein weiterer psychologischer Effekt, der die Bewertung ökonomischer Vorgänge beeinflusst ist die Stereotypisierung (vgl. im Folgenden Six-Materna & Six, 2000). Der Begriff stammt aus dem Altgriechischen *stereos* und *typos* und könnte frei mit starren Typen bzw. festen Schablonen übersetzt werden, die wir bestimmten Dingen, Personen aber auch Situationen überstülpen. Bereits 1922 vom Journalisten Walter Lippmann geprägt und seit 1933 empirisch in einer sozialpsychologischen Studie von Katz und Braly erstmal näher analysiert, resultiert die Stereotypisierung darauf, dass wir zuerst urteilen bevor wir richtig hinschauen. Platt gesagt, verwenden wir mangels hinreichender Hintergrundinformationen Schubladen, um die Umwelt um uns herum zu strukturieren und ihr Sinn zu verleihen. Dabei erfolgt die Stereotypisierung einem gewissen Muster, das im Laufe der Jahre analysiert wurde. So erklärt das Prototypen-Modell das Phänomen der Stereotypisierung anhand von Prototypen. Wir bilden auf Basis einer Auswahl charakteristischer Merkmale einer Gruppe von Menschen, Produkten einen Prototyp von Menschen oder einer bestimmten Nation. Einzelne Gruppenmitglieder werden anschließend anhand dieser Prototypen bewertet. So wird z. B. ein neuer Kollege, eine neue Kollegin nicht nur anhand des Äußeren, sondern auch aufgrund der Herkunft bewertet und mit den „typischen" Eigenschaften einer Nationalität vorbelegt. Je weniger ich über eine Person weiß, desto mehr neige ich zur Stereotypisierung.

Eine weitere Theorie zur Erklärung der Stereotypisierung ist die über Exemplar-Modelle. In diesem Konstrukt wird angenommen, dass eine Gruppe durch ein besonders auffälliges Mitglied einer Gruppe repräsentiert wird und als Referenz für unsere Bewertung herangezogen wird. So wird z. B. der Spieler des FC Bayern und Kapitän der englischen Nationalmannschaft, Harry Kane, als Referenz für einen Weltklassespieler genommen. Andere Weltklassespieler müssen sich an diesem Referenzmodell messen lassen. Es existieren natürlich auch Kombinationen dieser Modelle als Erklärungsversuch von Stereotypen. Viel wichtiger ist für unsere Zwecke allerdings ist der hinter der Stereotypisierung stehende Mechanismus. Je globaler die Stereotype gebildet werden, desto mehr Anwendungsfälle lassen sich ihm zuordnen und desto undifferenzierter ist eine so gebildete Kategorie. Ein typisches Beispiel stellt der Begriff des Kapitalismus dar. Manche verbinden mit ihm nur negative Werte wie etwa die Unvereinbarkeit von Ökonomie und Ökologie (kein unendliches Wachstum in einer endlichen Welt etc., vgl. meine Ausführungen in Pietsch, 2024, vor allem S. 134 ff.), zunehmende Ungleichheit und vor allem Egoismus und Ellenbogengesellschaft. Wenn dies alles einem schwer definierbaren Begriff des Kapitalismus zugeordnet wird, ohne seine verschiedenen Varianten zu differenzieren, greift die Stereotypisierung. Ein konkreter Begriff wie ein einfacher Holzstuhl ist dagegen griffiger und weniger mit Emotionen aufgeladen. Nur wenn es gelingt, viele Personen oder Dinge zu erleben, die erkennbar dem Stereotyp widersprechen, gelingt es, die verzerrte Sicht darauf sukzessive zu ändern.

Bisweilen werden Subkategorien von Stereotypen gebildet, in der bestimmte Personengruppen weiter differenziert werden. So lassen sich Männer wie Frauen in Hausfrauen, Hausmänner, Karrierefrauen und Karrieremänner oder auch sozial in „Schicki-Mickis" d. h. Vermögende mit einer bestimmten negativ-arroganten Attitüde klassifizieren. Das Problem einer solchen Zuschreibung ist allerdings, dass sie die Wahrheit selten genau trifft. Dabei gelingt es manchen Personen aufgrund ihrer psychischen Struktur oder vorhergehenden Erfahrungen, bestimmte Stereotype abzubauen. Gleiches gilt für die Rolle der Männer oder der Frauen generell. Männer werden z. B. in der Führung oder bei der Auswahl von Produkten unterschiedliche Eigenschaften im Vergleich zu den Frauen zugeschrieben.

So werden Frauen häufig als emotionaler, mit höherer Empathie etc. bewertet als Männer. Die wiederum werden häufiger als stärker und durchsetzungsfähiger beschrieben. Welche verheerenden Folgen eine solche Zuschreibung haben kann, werden Sie an sich selbst beim Lesen dieser Zeilen feststellen. Als Frau werden Sie sagen, wieso sollte ich nicht genauso stark und durchsetzungsfähig sein wie ein Mann und umgekehrt werden Sie als Leser vielleicht die höhere Emotionalität oder Empathie von Frauen infrage stellen. Wie gesagt, Stereotype sind vereinfachte Bilder der Realität, die wir nutzen, um die Umwelt um uns herum besser zu strukturieren und zu begreifen. Dies macht allerdings eine objektive Beurteilung auch von ökonomischen Vorgängen schwierig. Dazukommt noch, dass wir Informationen, die wir aufnehmen nur selektiv wahrnehmen und bewerten, je nach Interesse an einer Sache oder einer Person. Man kann sich das so vorstellen, dass unser Gehirn ständig auf der Suche nach einem Muster ist, das wir erkennen können. Bei der Vielzahl an Informationen, die auf uns einwirken, müssen wir eine Auswahl treffen. Dabei werden Informationen, die nicht in unser Weltbild bzw. Auffassung von einem Gegenstand passen, nicht wahrgenommen oder abgewertet werden. Der umgekehrte Fall gilt für Informationen, die unsere Sicht auf die Dinge verstärken. „Das ist doch typisch für X, Y und Z" werden wir uns dann denken. Eine solche selektive Wahrnehmung wird vor allem durch die Erziehung im Rahmen der Sozialisation und der Erfahrung geprägt (vgl. zur Vertiefung etwa Stangl, 2024) und verzerrt nicht nur unsere Wahrnehmung, sondern auch unsere Bewertung.

Kognitive Dissonanz

Ein weiterer psychologischer Mechanismus, der eine Rolle bei der menschlichen Bewertung spielt, ist die kognitive Dissonanz (vgl. Festinger, 1957 und Kirchgeorg, 2024). 1957 von dem New Yorker Sozialpsychologen Leon Festinger erstmals begrifflich belegt, spiegelt die Theorie der kognitiven Dissonanz den Mechanismus wider, dass der Mensch permanent um seinen sozialen Ausgleich bemüht ist (vgl. im Folgenden Kirchgeorg, 2024). Kognitionen sind Gedanken und Erkenntnisse, wie der Mensch sich und seine Umwelt wahrnimmt. Dabei stehen mehrere Kognitionen in Beziehung zueinander. Widersprechen sie sich oder schließen sie sich sogar aus, kommt es zu einer inneren Spannung bei der betreffenden Person. Da sie immer um einen inneren Ausgleich bemüht ist, versucht der Mensch, diese Spannung abzubauen. Dazu hat er verschiedene Mechanismen gelernt, die ihm dabei helfen. Am besten machen wir uns das an einem Beispiel klar.

Eine Person raucht sehr gerne und viel während des gesamten Tages. Dies ist die erste Kognition zu dem Thema Rauchen. Gleichzeitig weiß die Person, dass Rauchen generell schädlich ist und u. a. zu Lungenkrebs führen kann. Beide Kognitionen stehen also im Widerspruch zueinander. Die Person will gerne rauchen, weiß aber genau, dass sie sich damit schadet. Um diesen Widerspruch aufzulösen, kommen nun verschiedene erlernte Strategien zum Tragen. So können Informationen bewusst ignoriert – in diesem Fall kennt die Person allerdings die schädliche Wirkung des Rauchens bereits – oder einfach geleugnet werden. „Stimmt alles nicht oder ist Quatsch", heute würde man von *„fake news"* sprechen. Gleichzeitig kann die betreffende Person auch einfach versuchen, Informationen zusammenzutragen und zu bewerten, die eine gegenteilige Sicht vertreten. Etwa, indem man Informationen über

Menschen sammelt, die trotz ihres starken Zigarettenkonsums uralt geworden sind. Wenn diese Menschen so alt geworden sind, kann das Rauchen ja nicht so schädlich sein, wie immer behauptet wird. Andererseits kann man auch medizinische Berichte über krebsverursachendes Rauchen als unglaubwürdig oder wenig wahrscheinlich abwerten. Schließlich bleibt auch die Möglichkeit, das ungesunde Verhalten nachhaltig zu ändern und z. B. mit dem Rauchen aufzuhören. Mein Vater war ein solches Beispiel. Als sein Arzt ihm in seinen Dreißigern sagte, dass er nur noch wenige Monate zu leben habe, wenn er nicht aufhöre zu rauchen, stoppte er seinen intensiven Tabakkonsum von heute auf morgen. Er wurde 85 Jahre alt!

Die Kenntnis dieses Mechanismus haben sich Marketingstrateg*innen zunutze gemacht, indem sie zum Kauf eines bestimmten Produktes gratulieren oder nach dem Kauf nochmals die Vorteile des gerade erworbenen Produktes anpreisen. Vielfach entstehen solche kognitiven Dissonanzen vor allem nach dem Kauf eines teuren Produkts, etwa eines Autos. Man wollte immer schon dieses tolle Auto erwerben und nicht nur die Freude an der Fahrt genießen, sondern gleichzeitig auch das damit ggfs. verbundene soziale Prestige sicherstellen. Dies gilt vor allem für Luxusautos. Gleichzeitig wird man sich nach dem Kauf bewusst, welche enormen Geldsummen man für dieses Auto ausgegeben hat, was wiederum an anderer Stelle fehlt. Hersteller tun also gut daran, die Kaufentscheidung vor allem nachträglich zu verstärken und durch eine entsprechende Garantie die als negativ empfundenen Mängelrisiken abzufedern. Wir werden im Laufe unseres Buches noch sehen, dass die kognitive Dissonanz viele verschiedene Anwendungsfälle kennt, nicht nur beim Kauf eines Produktes, sondern auch bei der Bewertung unterschiedlicher wirtschaftspolitischer Strategien.

Sinus-Milieus

Wir alle sind tagtäglich in unser soziales Umfeld eingebettet. Wir wuchsen in einem bestimmten Land und Kulturkreis auf, wurden von Eltern, Großeltern und Geschwistern (mit)erzogen, die uns Traditionen, Werte und Verhaltensweisen mitgaben. Manche fanden wir gut. Andere lehnten wir ab. Gerade in der Pubertät begannen wir in der Regel, aus den elterlichen Vorgaben auszubrechen und uns eine andere Meinung zu bilden. Wir fanden es schrittweise immer unsinniger, unser Leben einem permanenten Leistungsdruck unterzuordnen und von Erfolg zu Erfolg zu eilen. Je mehr wir das Leben kennenlernten und unsere eigenen Erfahrungen sammelten, desto mehr wichen wir von den Vorbildern unserer Jugend ab. Weniger Arbeit, mehr Leben. Weniger Karriere, mehr Familie. Weniger einsame Runden im Beruf, mehr Zeit für Freunde und Selbstverwirklichung. Die Meinung der Freund*innen und Kolleg*innen wurde zunehmend wichtiger als die Meinungen und Traditionen vorangegangener Generationen. In der Summe wurden wir von verschiedenen sozialen und persönlichen psychischen Ereignissen geprägt, was unsere Einstellungen als Erwachsene prägte. Die Summe solcher sozialen und individuellen Prägungen wird durch sogenannte „Sinus-Milieus" eingefangen (vgl. im Folgenden Sinus Institut Deutschland, 2024). Diese bestimmen sehr stark, wie meine individuellen Bewertungen zu einzelnen Themen und Produkten ausfallen.

Sinus-Milieus stellen ein Gesellschaftsmodell dar, wurden vor über 40 Jahren entwickelt und dienen der Zielgruppensegmentierung im Marketing. Grob gesprochen wird die gesamte Gesellschaft eines Landes in homogene Gruppen von Menschen mit ähnlicher Wertorientierung und vergleichbarem sozialen Status zusammengefasst. Die Übergänge zwischen den einzelnen Milieus sind allerdings fließend. Diese Milieus erlauben es den Unternehmen, ihre Produkte zielgruppenspezifisch zuzuschneiden und gezielt einzelne Segmente der Gesellschaft anzusprechen. Der Vorteil dieser in Deutschland z. B. zehn Sinus-Milieus ist es, dass einerseits eine differenzierte Ansprache der Kund*innen möglich ist. Andererseits wird durch die Zusammenfassung zu einzelnen Segmenten dennoch ein standardisierter Ansatz für ausgewiesene Segmente möglich, da sich z. B. in Deutschland mehrere Millionen Menschen in einem Segment befinden. Zur Konkretisierung dieses Models sollen exemplarisch die Sinus-Milieus in Deutschland kurz skizziert werden. Wir werden im Anschluss daran sehen, wie die individuelle Bewertung von Produkten und Lebensmodellen der unterschiedlichen Sinus-Milieus variiert.

In Deutschland werden zehn verschiedene Sinus-Milieus differenziert (vgl. Sinus-Milieus Deutschland, 2024). Auf der Ordinate, der Y-Achse, wird die soziale Lage von oben nach unten in Form von Oberschicht/obere Mittelschicht, mittlere Mittelschicht und untere Mittelschicht/Unterschicht abgetragen. Die Einteilung erfolgt anhand der individuellen Einkommens- und Vermögenssituation gemessen an gesellschaftlichen Durchschnittswerten. Auf der Abszisse, der X-Achse, dagegen wird die grundlegende Wertorientierung der Individuen erfasst. Diese lässt sich nach dem Grad der Tradition bzw. der Modernisierung ermitteln. Je konservativer, desto stärker traditionsbehaftet und desto weiter links innerhalb der Abszisse. Je weiter rechts, desto progressiver und moderner. Positioniert man die Menschen in der deutschen Gesellschaft anhand dieser zwei Dimensionen, denn erhält man zehn verschiedene Segmente, die sich entsprechend durch ihre soziale und psychische Dimension unterschieden lassen.

So finden sich in der Oberschicht bzw. oberen Mittelschicht vier verschiedene Segmente. Beginnt man oben links mit der traditionellsten der vier Gruppen, dann stößt man zunächst auf das „konservativ gehobene Milieu" (vgl. nachfolgend die Charakterisierungen der einzelnen Milieus in Sinus-Milieus Deutschland, 2024). Es zeichnet sich dadurch aus, dass hier viele Menschen versammelt sind, die zur konservativen Elite gehören. Stichworte sind hier klassische Verantwortungs- und Erfolgsethik gekoppelt mit Exklusivitäts- und Statusansprüchen. Die Kernwerte sind hier Ordnung und Ausgewogenheit. Die Vertreter*innen dieses Milieus verstehen sich als „Fels in der Brandung postmoderner Beliebigkeit" (Sinus-Milieu Deutschland, 2024, konservativ-gehobenes Milieu). Geht man entlang der Abszissen weiter nach rechts in Richtung der progressiven Milieus, dann stößt man auf das „postmaterielle Milieu". Dieses Milieu zeichnet sich durch eine postmaterielle Orientierung aus wie der Name bereits andeutet. Wichtiger als materielle Dinge sind Bildung, Selbstbestimmung und -entfaltung aber auch eine Orientierung am Gemeinwohl. Nicht das Ich, sondern das Wir entscheidet. Wachstum wird nicht als grundlegend angesehen, sondern aus Nachhaltigkeitsgesichtspunkten eher abgelehnt. Diskriminierung wird abgelehnt, ein Leben in Diversität befürwortet. Diese Gruppe von Menschen versteht sich als gesellschaftliches Korrektiv zu den Missständen dieser Welt. Noch ein wenig progressiver, aber noch in der Oberschicht bzw. der oberen Mittelschicht angesiedelt, ist das „Milieu der Performer". Hier versammelt sich eine Elite, die Effizienz im Leben begrüßt und den Fortschritt bejaht. Sie denken liberal und vor allem global. Sie denken zwar auch in gesamtgesellschaftlichen Kategorien, betonen aber die Eigenverantwortung des Menschen. In Stil und Konsum sehen sie sich als Pioniere. Sie gehen auch in der neuesten Technik voran, je digitaler, desto besser. Am

Ende des progressiven Spektrums in der Oberschicht bzw. oberen Mittelschicht schließlich befindet sich das „expeditive Milieu". Die Menschen in diesem Segment sind ambitioniert, kreativ, hip, urban und vor allem digital. Sie denken und handeln kosmopolitisch und sind weltweit gut vernetzt. Sie verlassen ausgetretene Pfade, sind offen für unkonventionelle Erfahrungen und Lösungen. Sie können sich sehr gut selbst darstellen und begreifen sich als die postmoderne Elite.

In der mittleren Mittelschicht befinden sich *grosso modo* fünf verschiedene Milieus, die zum Teil in die untere Mittelschicht hineinragen. Es beginnt mit dem „traditionellen Milieu" weit links auf der Abszisse. Es rekrutiert sich mehrheitlich aus der traditionellen Arbeiterkultur und dem Kleinbürgertum. Vorherrschende Werte sind Sicherheit und Ordnung. Man arrangiert sich mit den Notwendigkeiten des Lebens, akzeptiert allerdings zunehmend die Herausforderungen der Nachhaltigkeit. Das Selbstbild wird geprägt vom Bild der „rechtschaffenen kleinen Leute" (Sinus-Milieu Deutschland, 2024, traditionelles Milieu). Ein wenig progressiver tickt das „nostalgisch-bürgerliche Milieu". Diese Mitte der Gesellschaft versteht sich auch als solche. Sie strebt nach Harmonie, gesicherten Verhältnissen und einem für sie angemessenen gesellschaftlichen Status. Diese Gruppe kämpft allerdings besonders mit der modernen Zeit, dem gefühlten Verlust von alten Sicherheiten. Sie fühlt sich latent überfordert, Gewissheiten und Regeln der Vergangenheit scheinen verloren gegangen zu sein. Abstiegsängste beschleichen diese Gruppe.

Eine höhere Anpassungsbereitschaft scheint die nächste, moderner anmutende Gruppe in der gesellschaftlichen Mitte aufzuweisen. Die sogenannte „adaptiv-pragmatische Mitte" weiß, dass sie in dieser modernen Welt nur überleben kann, wenn sie sich anpasst. Leistung wird nicht grundsätzlich abgelehnt. Man möchte dazugehören, möchte im Leben nicht nur arbeiten, sondern auch Spaß und Unterhaltung genießen. Sie sehen sich selbst als flexible Pragmatiker*innen, sind aber ähnlich dem bürgerlich-nostalgischen Milieu aufgrund der gesellschaftlichen Entwicklung verunsichert und unzufrieden. Ganz anders das „konsum-hedonistische Milieu". Wie der Name bereits verrät, konzentriert sich dieses gesellschaftliche Segment ganz auf Konsum und Unterhaltung. Sie leben im Hier und Jetzt und wollen Spaß haben, das Leben genießen. Lifestyle steht im Vordergrund und sie sehen sich in diesem Punkt auch als coole Vorreiter*innen im Mainstream. Sie wollen etwas darstellen, etwas gelten. Sie passen sich in Grenzen an die beruflichen Zwänge an, flüchten allerdings bisweilen in ihrer Freizeit in eine Welt der Unterhaltung und des Konsums. Von dem politisch korrekten Auftreten und den gesellschaftlichen Zwängen zur Nachhaltigkeit sind sie zunehmend genervt.

Anders dagegen die letzte Gruppe in der Mittelschicht, weit rechts im progressiven Spektrum verortet. Dieses „neo-ökologische" Milieu versteht sich als die progressiven Realisten: Einerseits sind ihnen die ökologischen Grenzen des Planeten deutlich bewusst. Andererseits verströmen sie Optimismus und Aufbruchsbereitschaft. Sie sehen sich als Impulsgeber des Wandels, der globalen Transformation. Sie vereinen mehrere Wertewelten in sich. So behalten sie bestimmte Abläufe und Gegebenheiten bei, ändern allerdings bestimmte Dinge radikal, wenn sie nicht mehr zu den ökologischen Herausforderungen passen. Sie feiern ihren Erfolg im beruflichen und privaten Leben, können aber auch für ihre Nachhaltigkeitsziele auf die Straße gehen. Sie verfolgen einen nachhaltigen Lebensstil, allerdings ohne eine explizite Ideologie des Verzichts. Veränderungen werden angegangen mit einem klaren Verständnis dessen, was machbar und gesellschaftlich umsetzbar ist. Das zehnte und letzte Sinus-Milieu ist auch das einzige, das ausschließlich in der unteren Mittelschicht oder in der Unterschicht vertreten ist. Das sogenannte „prekäre Milieu" möchte vor allem teilhaben an den Lebensstandard der Mitte, nicht zurückfallen und ausgegrenzt sein. Sie alle verbindet das Gefühl des ausgegrenzt Seienden, der Abgehängten und Benachteiligten. Sie wehren sich gegen die Diskriminierung durch die Mitte, die unfairen Stereotype über sie und sind zunehmend verbittert über die Gesellschaft. Sie sehen sich selbst als robuste Kämpfer*innen, die sich im Leben mit aller Kraft durchbeißen und wollen und müssen wirtschaftlich überleben.

Die Darstellung der einzelnen Milieus ist vor allem deshalb hilfreich, weil ökonomische Handlungen nicht selten mit der sozialen und psychischen Rolle des Menschen in der Gesellschaft gekoppelt sind. Man kann sich leicht vorstellen, welchen Einfluss nicht nur das Budget, sondern auch der Lebensstil und die Werte und Einstellungen von Menschen auf Konsumentscheidungen haben. Ebenso gilt es für die Bewertung von wirtschaftspolitischen Ansätzen. Bewertungen von ökonomischen Handlungen finden entsprechend nicht im luftleeren Raum statt. Mitglieder des postmateriellen Milieus werden trotz ausreichendem finanziellem Polster tendenziell weniger Status- und Luxuskäufe vornehmen. Sündhaft teure Marken dienen ihnen nicht als Ausweis finanzieller Potenz. Andererseits werden ökologisch sensible Milieus eher einen nachhaltigen Lebensstil pflegen und auch eine entsprechende Wirtschaftspolitik gutheißen. Das geht so weit, dass auch Menschenbilder zwischen den einzelnen Milieus stark divergieren. So muss sich niemand wundern, wenn das prekäre Milieu mehrheitlich für einen starken Staat eintritt, zu Lasten der freien Marktwirtschaft.

Ähnliches gilt für das postmaterielle Milieu, das sich die Gemeinwohlorientierung auf die Fahnen geschrieben hat und eine Unterstützung des Staates für schwache

Schultern unterstützt. Im Gegensatz dazu verficht das Segment der „Performer" die These, dass der Staat sich eher aus der Wirtschaft heraushalten sollte. Eigenverantwortung ist Trumpf. Wer viel leistet, schlägt sich besser durch und benötigt keine staatliche Hilfe oder Subventionen. Jeder kann es schaffen, so der Leitgedanke. Dass dies definitiv nicht der Fall ist, werden wir an späterer Stelle noch einmal aufgreifen. Diese einfachen Überlegungen zeigen, dass die soziale Stellung, gekoppelt mit der grundlegenden Wertorientierung der Menschen bereits einen klaren Gradmesser dafür darstellt, wie Menschen bestimmte Fragen des Lebens beantworten. Wir werden diesen Grundgedanken in den nachfolgenden Kapiteln von verschiedenen Seiten durchkonjugieren. Ein letzter psychologischer Effekt, der die Bewertung von Menschen in ökonomischen Vorgängen beeinflusst, soll im Rahmen der sogenannten Preistheorie dargestellt werden. Vor allem Marketingexpert*innen stützen sich auf diese Erkenntnisse, wenn es darum geht, aus Sicht des Unternehmens bestmögliche Preise für ihre Produkte zu definieren. Diese Theorie wollen wir uns im Folgenden etwas näher ansehen.

Preistheorie

Preistheorie ist ein weites Feld (vgl. in aller Kürze Piekenbrock 2024). Sie bezieht sich vor allem auf volkswirtschaftliche Überlegungen in der Mikroökonomie zur Preisbildung auf Märkten verschiedenster Art. Hier geht es aber vor allem um die betriebswirtschaftliche Sicht auf die Preisgestaltung. Jedes Unternehmen ist mehrheitlich bestrebt, den maximal möglichen Preis bei den potenziellen Kund*innen durchzusetzen, der eine möglichst hohe Gewinnmarge garantiert. Schließlich müssen die eingesetzten Kosten zur Herstellung des Produktes amortisiert und noch ein Gewinn realisiert werden. Ausnahmen existieren dort, wo bestimmte Produkte erst einmal auf dem Markt eingeführt werden sollen und im Rahmen einer Penetrationsstrategie ein „Einführungspreis" definiert wird, der ausnahmsweise nicht kostendeckend sein kann. Ist ein bestimmter Marktanteil erreicht und das Produkt am Markt bekannt, wird der Preis schnell auf das gewünschte Maß hochgezogen. Von dieser Ausnahme abgesehen wird der maximal am Markt durchsetzbare Preis gesucht und angesetzt. Andererseits versuchen potenzielle Kund*innen ein bestimmtes Produkt zu einem möglichst niedrigen Preis zu erwerben. Hier kommt nun das Phänomen der individuellen Bewertung zum Tragen.

Standard-Marketinglehrbücher wie etwa Homburg und Meffert (vgl. Homburg, 2012, S. 691 ff. und Meffert, 1998, S. 479 ff.) konzentrieren sich hierbei auf Preisschwellen, einen Referenzpreis und die Preisfairness. Menschen neigen dazu, Preise für bestimmte Produkte innerhalb eines bestimmten Spektrums als in etwa vergleichbar einzuschätzen. Weicht ein Preis von diesen Preisintervallen oder -schwellen erheblich nach oben oder unten ab, wird das Produkt nicht mehr in Betracht gezogen. Es leuchtet intuitiv ein, dass ein Auto, das ungefähr 50 % über dem Preis eines vergleichbaren Produktes liegt, abgelehnt wird. Nicht nur, weil das Budget vielleicht nicht mehr ausreicht, sondern weil es schlicht als zu teuer wahrgenommen wird. Beispiele hierzu lassen sich sicherlich bei manchen Elektroautos finden. Andererseits ist es allerdings erstaunlich, dass auch Preise unterhalb eines gewissen Schwellenwertes ebenso dazu führen, das Produkt nicht zu erwerben. Der Grund hierfür ist allerdings leicht nachzuvollziehen, wenn man sich klar macht, dass die Preisgestaltung mit der Qualitätsbeurteilung eines Produktes eng verzahnt ist. So wird z. B. ein Elektroauto, das als deutlich zu günstig wahrgenommen und beurteilt, im Zweifel nicht gekauft. Der

Grund hierfür ist eine negative Qualitätsbewertung dieses preisgünstigen Autos (vgl. Homburg, 2012, S. 693). „Was nichts kostet, ist auch nichts wert" heißt es daher landläufig.

Wichtig sind auch sogenannte relative Preisschwellen. Konkret geht es um die Frage, wie groß die Unterschiede zwischen einzelnen Preisen sein müssen, um als solche wahrgenommen zu werden. Bei einem Auto mit einem Preis jenseits der hunderttausend Euro spielen Preisunterschiede im niedrigen vierstelligen Bereich keine (große) Rolle. Bei einem Auto unterhalb von zehn- bis zwanzigtausend Euro dagegen schon. Hintergrund ist das von dem deutschen Physiologen Ernst Heinrich Weber und dem Physiker Gustav Theodor Fechner entwickelte Gesetz („Weber-Fechner-Gesetz", für eine verständliche Einführung vgl. Lück, 2016, S. 18 ff.). Dieses Gesetz besagt in sehr vereinfachter Form, dass je höher ein Reizniveau ist, etwa der Kaufpreis, desto größer muss der Reizunterschied ausfallen, um wahrgenommen zu werden (vgl. Homburg, 2012, S. 694). So bewerten wir Produkte in ihrem Preis nach bestimmten Preisschwellen, die wir im Laufe der Zeit durch unsere Erfahrung und Beobachtung des Marktes verinnerlichen. Der Klassiker ist die Frage nach dem aktuellen Preis der Butter im Lebensmittelgeschäft. Unkundige Käufer*innen werden sich gründlich verschätzen und andere Preisschwellen im Kopf haben als erfahrene, die den Preis zumeist auf den Cent genau kennen. Die Preisschwellen werden bei Letzteren deutlich unterschiedlich ausfallen. Zudem spielen „psychologische Preise" eine Rolle, d. h. Preise knapp unterhalb von runden Preisen wie etwa 10,00 €: Statt 10,00 € werden dann Preise von 9,99 € gesetzt, sogenannte „gebrochene Preise", die den Eindruck vermitteln, deutlich günstiger zu sein als die runden Preise (vgl. Meffert, 1998, S. 485). In Wirklichkeit reden wir hier von einem Cent Unterschied.

Neben den Preisschwellen spielen bei der Bewertung von Produkten auch sogenannte „Referenzpreise" (vgl. Homburg, 2012, S. 694) eine große Rolle. Wir haben für bestimmte Produkte aus der Vergangenheit Preise im Kopf, die wir mit dem aktuellen Preis vergleichen. So wissen wir in etwa, was ein Flug von Frankfurt nach New York im günstigsten Fall kostet und werden sämtliche Flugpreise der gleichen Routenverbindung mit diesem Preis vergleichen. Liegt der Referenzpreis etwa bei unter 1000 €, dann werden wir die Reise mit hoher Wahrscheinlichkeit nicht antreten, wenn der Preis des Fluges jenseits der 1500 € liegt. In die Bewertung von Preisen fließt unbewusst auch eine Qualitätsanmutung mit ein. Wenn wir ein neues, uns wenig bekanntes oder selten ersetztes Produkt kaufen müssen, etwa einen neuen Trockner nach zehn Jahren, dann werden wir im Zweifel nicht das preisgünstigste Modell wählen. Schließlich wollen wir, wenn es das Haushaltsbudget zulässt, ein Produkt erwerben, das im Idealfall lange hält und ökologisch nachhaltig trocknet. Das hat in der Regel seinen Preis. So zumindest unsere Bewertung.

Schließlich spielen auch Gedanken der Preisfairness eine Rolle, wenn wir ein Produkt und seinen Preis bewerten (vgl. Homburg, 2012, S. 697 f.). Diese Frage nach dem gerechten Preis, *pretium iustum*, hat eine lange Tradition bereits seit Aristoteles und Thomas von Aquin im Mittelalter (vgl. vertiefend Pietsch, 2022, S. 27 ff.). Wir beurteilen ein Produkt und den aufgerufenen Preis nicht isoliert, sondern auch das gesamte Preisverhalten des Anbieters. So vergleichen wir den angebotenen Preis für ein aktuelles Produkt mit früheren Angeboten oder bereits getätigten Käufen. Wir achten akribisch darauf, welchen Preis andere Kund*innen bei vergleichbarem Produkt erhalten. Natürlich haben wir auch einen Blick auf die Wettbewerber und vergleichen den angebotenen Preis mit den vermuteten Kosten und Investitionen der Anbieter. Ein Beispiel könnte die neueste Generation des Smartphones von Apple oder Samsung sein, die wir mit dem Preis vorheriger Versionen vergleichen. Gerade bei Luxusgütern vergleichen wir den aufgerufenen Preis einer Ware mit den vermuteten Kosten, die darin stecken. So wird der Preis einer Luxushandtasche häufig mit dem Material, aus dem diese besteht und der Verarbeitung verglichen. Der geschätzte Materialwert gibt häufig Aufschluss darüber, wie groß die Gewinnmarge des Luxusherstellers sein könnte. Denn zumeist wird nicht der Materialwert, sondern der Markenwert und, noch viel wichtiger, der Status des erworbenen Produktes individuell bewertet.

Ich denke, es ist anhand der ausgewählten psychologischen Effekte klar geworden, wie sie die Bewertung von uns Menschen beeinflussen und verzerren. Die Darstellung diente vor allem den Zweck, die Bedeutung psychischer und sozialer Faktoren bei der Bewertung ökonomischer Handlungen aufzuzeigen. Wir sind Menschen und nicht Maschinen. Wir optimieren nicht nur unsere Entscheidungen anhand unseres vorgegebenen finanziellen Budgets oder versuchen, so effizient wie möglich zu handeln. Im Gegenteil, wir sind ein Produkt unserer sozialen Umwelt, was wiederum Rückwirkungen auf unsere Psyche hat. Wir bewerten Produkte, Situationen und versuchen, damit klarzukommen. Wenn wir zu wenig über bestimmte Dinge und Menschen wissen, neigen wir zu vereinfachenden Stereotypen und Schubladendenken. Was gedanklich nicht passt, wird passend gemacht.

Passen die Gedanken oder unsere Einstellungen nicht zueinander, werden sie permanent unbewertet oder neu bewertet, bis sie wieder stimmig sind. Auch wenn das rational gesehen in den meisten Fällen unsinnig ist. Wir nehmen unsere Umwelt selektiv wahr und sehen nur, was wir sehen wollen. Von klein auf bekommen wir bestimmte

Werte und Verhaltensweisen mit, von unseren Eltern, Geschwistern, Freund*innen, Kolleg*innen und sonstigen Bezugsgruppen im Laufe unseres Lebens. Wir wachsen in bestimmten Milieus auf, die uns prägen und die wir wiederum prägen. Selbst die Preiswahrnehmung unterliegt psychologischen Gesetzmäßigkeiten. Die Marketinglehrbücher auf der ganzen Welt sind voll von psychologischen Modellen, die eine verzerrte Bewertung von Produkten und Vorgängen beschreiben und erklären. Doch damit ist es noch nicht genug. Die Bewertung von ökonomischen Sachverhalten, und um die geht es ja im Wesentlichen in unserer Betrachtung, ist nicht nur subjektiv und individuell verschieden, sondern auch noch vom jeweiligen Kontext abhängig. Welche zum Teil überraschenden Erkenntnisse dabei zutage gefördert werden, zeigt ein Blick in die in den letzten Jahren besonders an Bedeutung gewonnene Verhaltensökonomie. Wir wollen uns die wesentlichen Erkenntnisse im folgenden Kapitel etwas näher ansehen.

2.3 Bewertung ist subjektiv und abhängig vom Kontext

Im Laufe der ökonomischen Geschichte hat sich ein Hilfskonstrukt etabliert, mit deren Hilfe sich ein theoretisches Menschenbild ableiten ließ: Der *Homo oeconomicus*, der ökonomische Mensch. Diese Heuristik, wahrscheinlich von dem politischen Ökonomen John Stuart Mill das erste Mal erwähnt wurde (vgl. zur Geschichte des Begriffs Kurz, 2018) unterstellte ein Abziehbild des realen Menschen, der in jeder Situation rational handelt, seine eigenen Wünsche und Vorlieben kennt und auf der Basis vollkommener Informationstransparenz klar entscheiden kann. Er handelt egoistisch, maximiert seinen Nutzen und persönlichen

Gewinn und ist auch sonst kein angenehmer Zeitgenosse. Dieses Bild hat zwar im Laufe der ökonomischen Ideengeschichte verschiedene Häutungen erfahren (vgl. Kurz, 2018), aber im Wesentlichen blieb dieses rationale, unerschütterliche Menschenbild bis heute erhalten. Selbstverständlich hat kein ernst zu nehmende*r Ökonom*in 1:1 an dieses Zerrbild von einem Menschen geglaubt. Doch die überwiegende Rationalität in den ökonomischen Handlungen des Menschen wurde so in den Köpfen vieler Generationen von Wirtschaftswissen-schaftler*innen zementiert.

Dass dem nicht so ist, schwante bereits vielen Fachleuten, die sich mit dem Thema beschäftigten. Doch endgültig vom Thron gestoßen wurde der *Homo oeconomicus* durch die umfangreichen empirischen Erkenntnisse der Verhaltensökonomie. Die US-amerikanischen Forscher Daniel Kahneman, Richard Thaler und Amos Tversky, mehrheitlich in der Psychologie forschend, fanden im Rahmen ihrer Experimente heraus, dass der Mensch mitnichten dem Bild des *Homo oeconomicus* entspricht. Im Gegenteil, der Mensch hat Mitleid mit seinen Artgenossen, er schenkt ohne Gegenleistung, entscheidet häufig unter Unsicherheit und anhand von Routinen oder Gewohnheit. Psychologische Faktoren beherrschen vielfach die Entscheidungen und das Verhalten von Menschen in ökonomischen Situationen. Die jahrzehntelangen intensiven Forschungen der drei Forscher (nach dem relativ frühen Tod von Amos Tversky führten Thaler und Kahneman die Experimente weiter und publizierten deren Erkenntnisse, vgl. Thaler, 2019 und Kahneman, 2012) ergaben ein sehr differenziertes Bild auf den Menschen und seine wirtschaftlichen Handlungen. Im Wesentlichen entscheiden Menschen subjektiv und im Rahmen eines bestimmten Kontextes. Ändern sich die Rahmenbedingen, dann ändern sich auch die Entscheidungen. Konkret unterschieden Kahneman et al. drei verschiedene Effekte, die auf das menschliche Verhalten in ökonomischen Kontexten Einfluss nehmen (vgl. Pietsch, 2022, S. 282 ff.):

1. *Motivationale Effekte*, die die unterschiedlichen, subjektiven Motivationen der einzelnen Menschen in ihren Auswirkungen auf das Verhalten beschreiben.
2. *Kognitive Effekte*, die sich mit den klassischen „Denkfehlern" beschäftigen, denen Menschen bei ökonomischen Entscheidungen unterliegen.
3. *Verhaltensbezogene Effekte*, die sich mit irrationalen Verhaltensmustern von Menschen in bestimmten Situationen beschäftigen.

Jeder dieser hier genannten drei Effekte soll mit mindestens einem Beispiel illustriert werden.

Motivationale Effekte
Menschen leiden anscheinend stärker unter Verlustängsten als sie die Aussicht auf einen möglichen Gewinn erfreut. Kahneman und Tversky ließen zahlreiche Proband*innen zwischen einem hundertprozentigen Gewinn von 100 US$ und einer fünfzigprozentigen Chance auf einen Gewinn von 200 US$ entscheiden. Rein statistisch gesehen wäre der sogenannte Erwartungswert beide Male 100 US$, da im sicheren Fall die 100 US$ garantiert und im zweiten Fall mit 0,5 Wahrscheinlichkeit 200 US$ gewonnen werden, also ebenfalls statistisch 100 US$ (0,5 mal 200 US$). Fast alle Proband*innen entschieden sich für die sichere Variante der 100 US$ nach dem Motto „was man hat, hat man". Der Grund der Entscheidung für die sichere Variante liegt darin, dass Menschen den Verlust fürchten. Lieber hat man 100 US$ sicher in der Hand als potenziell 200 US$ mit dem fünfzigprozentigen Risiko, leer auszugehen.

Die Verlustangst spielt auch in einem weiteren Experiment eine Rolle. So stellten Tversky und Kahneman fest, dass der Preis einer Tasse schwankt, abhängig davon, ob ich die Tasse kaufen oder verkaufen möchte. Die Käufer*innen waren im Schnitt maximal bereit, 2,87 US$ zu zahlen, während die Verkäufer*innen den Preis auf durchschnittlich 7,12 US$ festsetzten. Natürlich ist es nachvollziehbar, dass ein*e Verkäufer*in möglichst viel mit der Tasse verdienen möchte und umgekehrt der bzw. die Verkäufer*in zu wenig wie möglich zahlen möchte. Doch diese dramatischen Preisunterschiede sind nicht alleine durch die unterschiedliche Perspektive zu erklären. Der Wert eines Gutes und damit die subjektive Bewertung des Gutes, hier die Tasse, hängt von der Verlustangst ab. Güter, die man besitzt, werden intuitiv höher bewertet als Güter, die man nicht besitzt. Man scheut den Verlust und will zumindest möglichst viel Geld im Gegenzug dafür erhalten. Der oder die Käufer*in hat das Gut vorher nicht besessen und wird es auch nach erfolgloser Verhandlung im Zweifel immer noch nicht besitzen. Es kann nichts verloren werden, was man sowieso noch nicht besitzt, während der Verlust den bzw. die Verkäufer*in schmerzt. Würde man die herkömmliche mikroökonomische Theorie ansetzen, dann wäre der zu zahlende Preis lediglich von meiner Präferenz und meinem Haushaltsbudget begrenzt. Psychologische Faktoren wie eine mögliche Verlustaversion spielen hierbei keine Rolle.

Kognitive Effekte

Preise folgen normalerweise der Logik von Angebot und Nachfrage. Je höher die Nachfrage und je geringer das Angebot, desto höher fällt tendenziell der Preis aus. Dass dies nicht immer so ist, werden wir an späterer Stelle (vgl. Abschn. 3.2) ausführlich erläutern, wenn wir über den sogenannten „Snob-Effekt (Veblen-Effekt)" sprechen. Kahne-

man und Tversky haben in ihrem Experiment allerdings
eine sehr ungewöhnliche Erfahrung gesammelt. Die Preisbereitschaft der Proband*innen schwankte beträchtlich,
je nach unterschiedlicher, für die Abschätzung vollkommen irrelevanter Umfeldinformationen. So wurden die
Proband*innen gebeten, bei einer Reihe von Produkten
den Preis zu notieren, den sie maximal für dieses Produkt
zu zahlen bereit wären. Vorher wurden sie allerdings nach
ihrer Sozialversicherungsnummer befragt, die in der Regel
einmal im Leben vergeben wird und neun Stellen aufweist.
Sie werden sich fragen, was die Sozialversicherungsnummer mit dem Preis dieser unterschiedlichen Produkte zu
tun hat. Die Antwort ist: Gar nichts. Und dennoch hatte
diese unterschiedliche Sozialversicherungsnummer gravierende Auswirkungen auf die ökonomischen Entscheidungen der Proband*innen.

So verfügten die Proband*innen mit einer höheren Sozialversicherungsnummer über eine deutlich höhere Preisbereitschaft als diejenigen, die eine niedrigere Nummer
aufzuweisen hatten. Der Grund hierfür war auch schnell
gefunden. Kahneman und Tversky schlussfolgerten auf
Basis ihrer Experimente, dass Menschen durch ihre aktuellen Umweltinformationen beeinflusst werden. In dem
vorliegenden Fall von der Höhe ihrer Sozialversicherungsnummer. Sie können selbst in ihrem Freundes- und Be-
kanntenpreis das Experiment starten und die Preisbereitschaft für Eigentumswohnungen einer bestimmten Lage,
Größe, Quadratmeterzahl etc. abfragen. Teilen Sie die
Gruppe in zwei etwa gleich große Teile auf. In der einen
Gruppe diskutieren sie separat die Immobilienpreise einer
Metropole wie etwa München oder Berlin. In der anderen Gruppe besprechen Sie das Preisniveau von Eigentumswohnungen in einem dünn besiedelten Gebiet, etwa
in Mecklenburg-Vorpommern. Anschließend bringen
Sie beide Gruppen wieder zusammen und besprechen Sie

die Preisbereitschaft für bestimmte, vollkommen identische Eigentumswohnungen einer kleinen Stadt in Baden-
Württemberg. Sie werden sehen, dass die Preisbereitschaft
deutlich unterschiedlich ausfällt: Die „Münchner" Gruppe
würde deutlich mehr für die Eigentumswohnung zahlen
als die „Mecklenburg-Vorpommersche". Dies liegt an dem
sogenannten „Ankereffekt". Menschen orientieren sich an
ihren Entscheidungen an den aktuellen Umfeldinformationen.

Menschen arbeiten bei der Preisbewertung auch mit
einem sogenannten „Referenzwert". Jeder weiß in etwa,
was ein Flug nach New York kostet und vergleicht entsprechend der vorliegenden Angebote. In den meisten
Fällen haben wir solche Referenzwerte im Kopf wie etwa
für bestimmte Fahrzeugmarken inklusive Ausstattungen.
Weicht der tatsächliche Preis dann von dem Referenzwert
ab, hängt der Kauf nicht von der absoluten, sondern von
der relativen Abweichung ab. Richard Thaler konnte das
an verschiedenen Produkten analysieren. Ein Proband
wollte ein Radio kaufen und hatte einen bestimmten Referenzwert im Kopf. In diesem Fall 25 US$. Doch vor
dem Kauf hörte dieser Proband von einem Freund, dass
das gleiche Radio in einem nahegelegenen Geschäft nur
20 US$ kostet. Der Proband kaufte daraufhin das günsti-
gere Radio und nimmt einen etwas längeren Anfahrtsweg
in Kauf. Gleiches gilt für einen Fernseher, der im Nachbargeschäft statt 500 US$ nur 495 US$ kostet. Anders fiel
die Entscheidung aus, als ein Produkt im Nachbargeschäft
statt 5000 US$ „nur" 4995 US$ kostet. Hier war die Bereitschaft nicht gegeben, den verlängerten Anfahrtsweg an-
zutreten, um die 5 US$ zu sparen. Es hängt also von dem
relativen und nicht von dem absoluten Preisabstand zum
Referenzwert ab, ob man sich für oder gegen ein Produkt
entscheidet.

Am verblüffendsten war allerdings die Erkenntnis, dass Entscheidungen vor allem von der jeweiligen Formulierung abhängen. So wurde in einem Experiment eine drohende asiatische Krankheit beschrieben, die 600 Menschen bedroht. Zur Bekämpfung dieser Krankheit wurden zwei Programme beschreiben, aus denen die Proband*innen zu wählen hatten. Im ersten Programm sollten durch entsprechende Maßnahmen und Medikamente 200 von den 600 Menschen sicher gerettet werden können. Im anderen Programm würden durch entsprechende Maßnahmen und Medikamente mit einer Wahrscheinlichkeit von einem Drittel die 600 Menschen gerettet und zu zwei Dritteln würden sie nicht zu retten sein. Obwohl beide Wahrscheinlichkeiten statistisch gleich zu bewerten sind, ein Drittel von 600 wären 200 Menschen sicher gerettet und 400 nicht i.e. die gleiche Quote wie bei dem ersten Programm, votierten 72 % der Befragten für das erste und 28 % für das zweite Programm. Eine positive Formulierung, die zwar wahr ist, aber die negativen Konsequenzen nicht erwähnt, wird eher akzeptiert als eine negative, die die Verlustrisiken betont. Diese Methode des „sanften Schubsens" in die richtige Richtung, das sogenannte „Nudging", wird ganz praktisch bei bestimmten Fragestellungen angewendet. Ist automatisch jede*r Organspender*in, der innerhalb einer bestimmten Frist nicht widerspricht, dann ist die Quote deutlich höher, als wenn man sich umgekehrt aktiv für eine Organspende aussprechen muss. Man könnte das auch einfach menschliche Trägheit nennen.

Verhaltensbezogene Effekte

Stellen Sie sich folgende Situation vor: Sie kaufen eine Theaterkarte für einen Preis von 50 € und verlieren diese dann auf dem Weg ins Theater. Was würden Sie tun? Kaufen Sie eine weitere oder verzichten Sie dann auf den Theaterbesuch? Im Experiment von Richard Thaler entschieden sich 46 % der Proband*innen, die Karte erneut zu erwerben und 54 % verzichteten darauf. Nun stellen Sie sich vor, Sie verlieren auf dem Weg zum Theater 50 € als Banknote. Die Theaterkarten wollten Sie mit diesem Geld kaufen. Gleiche ökonomische Situation wie vorher, die Theaterkarte kostet 50 € und Sie haben das Geld und wollen ins Theater. Als Sie im ersten Fall die Theaterkarte verloren haben, haben Sie *de facto* 50 € verloren. Dieses Mal verlieren Sie auch wieder 50 € mit dem einzigen Unterschied, dass es sich dieses Mal nicht um eine Theaterkarte, sondern den monetären Gegenwert in bar handelt. Wird dies Ihre Entscheidung beeinflussen? Was meinen Sie? In dem Experiment stellten Thaler und seine Mitforschenden fest, dass 88 % trotz des verlorenen Geldscheins die Theaterkarte lösen wollten und nur 12 % nicht. Warum dieser gravierende Unterschied, obwohl doch die monetären Fakten hundertprozentig identisch sind?

Der Grund liegt in der unterschiedlichen mentalen Buchung, d. h. des *„mental accounting"*. Im ersten Fall haben Sie die Theaterkarte verloren. Wenn Sie diese jetzt erneut erwerben müssen, verdoppeln sich die Kosten für den Theaterbesuch. Sie verbuchen diesen Verlust auf das mentale Konto „Theaterbesuch". Im zweiten Fall haben Sie „lediglich" 50 € verloren. Dies schmälert zwar Ihr persönliches Vermögen, Sie buchen es aber mental nicht auf das Konto „Theaterbesuch". Wenn für Sie 50 € nicht die Welt bedeuten, werden Sie sich über den Verlust zwar ärgern, aber dafür den Theaterbesuch, auf den Sie sich schon lange gefreut haben, nicht absagen wollen. Sie sehen, der Unterschied zwischen beiden Fällen liegt lediglich in dem unterschiedlichen mentalen Konto, Theaterbesuch oder persönliches Vermögen.

In der Summe haben diese Experimente der Verhaltensökonomie in den letzten Jahrzehnten deutlich gezeigt, dass

Menschen mitnichten ausschließlich rational handeln. Dabei gilt zu beachten, dass die Verhaltensökonomie erst in ihren relativen Anfängen steckt und noch viel von diesem Erkenntnisbereich zu erwarten ist (vgl. zur Zukunft der Verhaltensökonomie Kahneman et al., 2023). Selbstverständlich hebeln diese Erkenntnisse nicht die komplette mikroökonomische Wissensbasis aus. Natürlich erwerbe ich ein Produkt nur, wenn es mir gefällt. Außerdem spielen meine finanziellen Möglichkeiten, mein individuelles Budget eine wesentliche Rolle. Selbstverständlich vergleiche ich Produkte anhand ihrer Qualität, ihres Designs und des sogenannten Preis-Leistungsverhältnisses und entscheide mich in den allermeisten Fällen für das günstigste Produkt, was meine Bedürfnisse befriedigt. Doch spielen in meiner individuellen und subjektiv gefärbten Bewertung ökonomischer Sachverhalte auch individuelle Faktoren eine Rolle, etwa meine Verlustangst, mein Risikobewusstsein oder auch der Kontext, in dem ich entscheide. Selbst scheinbar irrelevante Faktoren wie meine Sozialversicherungsnummer spielen in meine Entscheidung mit hinein. Wir müssen an dieser Stelle erkennen, dass meine individuelle Bewertung wesentlich, aber vor allem sehr unterschiedlich ausfällt. Nicht nur, dass ich eine von meinen anderen Mitmenschen zum Teil vollkommen unterschiedliche ökonomische Entscheidung treffe. Im Gegenteil, ich treffe die Entscheidung über einen inhaltlich identischen ökonomischen Fall unterschiedlich, je nachdem wie die Rahmenbedingungen aussehen und in welchem Kontext sie stattfinden. Eine objektive, mathematisch nachvollziehbare Bewertung meiner ökonomischen Handlungen ist es eher nicht. Ob das schon immer so war und inwieweit sich der Vorgang der Bewertung in wirtschaftlichen Aktivitäten historisch verändert hat, wollen wir uns im folgenden Kapitel ansehen.

2.4   Bewertung als Grundproblem gestern und heute

Die Einstellung zu und Bewertung wirtschaftlicher Vorgänge hat eine lange Tradition. Von den Anfängen der Menschheit bis heute hat sich die Bedeutung der Ökonomie dramatisch gewandelt. Lassen Sie uns in den folgenden Seiten einen kurzen Blick zurückwerfen (vgl. auch Pietsch, 2022, S. 3 ff.). In der Steinzeit lebten die Menschen in kleineren Stammes- und Dorfgesellschaften zusammen, erfanden bekanntlich das Feuer und schrittweise Werkzeuge. Sie waren zu Beginn Jäger und Sammler und spezialisierten sich auf bestimmte Tätigkeiten der Jagd, des Hausbaus und der Sammlung von Beeren und Essbarem. In dieser Phase der Menschheit ging es vor allem um das Überleben. Wirtschaftliche Aktivitäten beschränkten sich auf die Sicherstellung der Nahrung, der Bekleidung und Wohnmöglichkeiten. Jeder hatte seine Aufgabe, im Haus oder auf der Suche nach Nahrung. Schon in der Mittelsteinzeit (etwa 10.000 bis 2500 vor unserer Zeitrechnung) wurden die Menschen sesshaft. Es wurden Pflanzen gesät, Ackerbau betrieben, Wildtiere domestiziert wie etwa Wildschweine und die Töpferei betrieben. Kernprinzipien der Ökonomie waren vor allem die Vorratshaltung, die Arbeitsteilung und der Tausch Ware gegen Ware. So entstand schrittweise eine Hauswirtschaft, die versuchte, die Mängel zu verwalten und die Bedürfnisse der Gemeinschaft zu decken. Mit der zunehmenden Mobilität der Menschen, wurden Waren dann auf ausgebauten Handelswegen in entferntere Orte gebracht und getauscht. In dieser Zeit beschränkte sich die Bewertung auf die Qualität der zu tauschende Ware zum Zwecke des gemeinsamen Überlebens.

Eine erste „wissenschaftliche" Beschäftigung mit der Wirtschaft fand erst viel später statt. In der Antike sind uns einige Werke berühmter Denker und Schriftsteller erhalten, die das Thema der Ökonomie stärker in den Fokus nahmen. So verfasste der Athener Politiker, Feldherr und Schriftsteller Xenophon eine Schrift *Oikonomikos,* die sich explizit mit den Fragen der Haushaltsführung auseinandersetzte (vgl. die hervorragende Einführung zu diesem Werk von Nickel, 2024). Xenophon verwandte auch als einer der ersten den Begriff der *Oikonomia,* den er auch als Wissenschaft *(Episteme)* bezeichnete (vgl. Xenophon Oeconomicus 2.9, Z13 f., Ausgabe, 2013). Gemäß dem Wortsinn (oikos = Haus und nomos = Gesetz) sollte diese Wissenschaft sich mit den Fragen der Hauswirtschaft beschäftigen und Tipps dazu geben. Die Hauswirtschaft umfasst das Vermögen, Grund und Boden und die in der Hauswirtschaft beschäftigten Personen, neben Frau und Kindern auch die Sklav*innen. Xenophon definierte im *Oikonomikos,* den er in einem Dialog zwischen seinem Lehrer Sokrates und Kritobulos und später Ischomachos ausgestaltete, das Wesen der Hauswirtschaft, erläuterte die Wege zum Wohlstand und zur Vermehrung des Ertrags vor allem der Landwirtschaft. Er beschrieb sogar die Rollenverteilung zwischen Mann und Frau in der Hauswirtschaft. So soll der Mann mit seinen Tätigkeiten für die Einnahmen sorgen und die Frau sie entsprechend kontrollieren und verwalten (vgl. Xenophon Oeconomicus 3.15, Z3 ff., Ausgabe, 2013). Nur so könne die Hauswirtschaft gesteigert werden. Allerdings legte Xenophon Wert darauf, dass die Verantwortlichen der Hauswirtschaft einem ethischen Grundgerüst folgen sollten. Es seien nicht nur Fachkenntnisse vonnöten, sondern auch die Erziehung zur Gerechtigkeit und Gesetztestreue (vgl. Nickel, 2024, S. 89 ff.). Das richtige Maß sei hierbei entscheidend. In der Landwirtschaft solle weder ein Überfluss noch ein Mangel herrschen, weder Trägheit noch übertriebene Tatkraft. Nicht nur aber auch alle wirtschaftlichen Tätigkeiten müssten vernunftgeleitet durchgeführt werden (vgl. Nickel, 2024, S. 106 ff.).

Neben seinen praktischen Tipps zur Haushaltsführung legte Xenophon Wert darauf, dass bestimmte ethische Tugenden und Verhaltensweisen eingeübt werden. Adressat seiner Darstellung war in erster Linie die oberste Schicht Athens und Umgebung, die eine solche umfangreiche Hauswirtschaft überhaupt betreiben konnte. Wirtschaftliche Aktivitäten wurden daher immer auch vor dem Hintergrund ethischer Werte und Tugenden gesehen, die auch für einen Staat und die Gesellschaft von herausragender Bedeutung waren. Xenophon war wie Platon Schüler des weisen Sokrates, der seine Mitbürger*innen auf den Marktplätzen Athens in Gespräche zu den drängendsten Fragen der Zeit verwickelte, um sie zum Nachdenken und Umdenken zu bewegen. In die gleiche Richtung argumentierte auch der wesentlich bekanntere und einflussreichere Schüler des Sokrates: Platon. Seine Sicht auf die Wirtschaft und die entsprechende Bewertung konzentrierte sich noch viel stärker auf die ethischen und staatspolitischen Aspekte der Ökonomie (vgl. vor allem Pietsch, 2022, S. 10 ff.).

Platon sah in seinem idealen Staat vor allem die Philosophen und Intellektuellen in einer besonderen Führungsrolle. Ökonomische Themen wie Handel, Gewerbe oder Produktion waren eher Aufgaben für die untergeordneten Schichten. Wirtschaft hatte für Platon eher einen untergeordneten Stellenwert. Er lehnte das Zinsnehmen genauso ab wie das schnöde Streben nach Gewinn oder eine Gesellschaft des Überflusses und Konsums. Platons *Politeia*, seine berühmte Schrift über den Staat, beschreibt ein Ständemodell mit Philosophenkönigen an der Spitze und Wächter, die ohne Privateigentum zusammenleben und den Staat beschützen sollen. Platon legt in seinem Alterswerk über die Gesetze *(Nomoi)* sogar konkret fest, dass niemand mehr als das Vierfache eines armen Bürgers besitzen solle und den Überschuss an den Schatz des Staates und seine Schutzgötter abgeben (vgl. Platon Nomoi,1991, 744e und 745a).

Aristoteles, der bedeutendste Schüler Platons, befürwortete dagegen das Privateigentum und sah in der Wirtschaft vor allem die Möglichkeit, dem Staat und den einzelnen Bürger*innen zu einem gemäßigten Wohlstand zu verhelfen. Wie bei seinem Lehrer Platon sah Aristoteles das Streben nach höherer Einsicht durch die Philosophie als viel wertvoller an als das Streben nach materiellen Dingen. Im Gegenteil, ein übermäßiges Streben nach materiellem Reichtum im Sinne der „Bereicherungskunst" *(Chrematistiké)* lehnte er ab. Neben praktischen Fragen der Haushaltsführung und Wirtschaft, die er in einem eigenen Abschnitt zur *Oekonomika* darlegte (vgl. Aristoteles, 2006), ging es Aristoteles vor allem um Gerechtigkeit. Neben der Gerechtigkeit, die sich mit Verteilungsfragen analog der heutigen Diskussion beschäftigte, betonte er auch die ausgleichende Gerechtigkeit, bei der entstandener Schaden adäquat kompensiert werden solle. Der ethische Fokus wirtschaftlicher Fragen zog sich im Folgenden von der römischen Antike bis über das Mittelalter (vgl. zur Vertiefung Pietsch, 2022, S. 21 ff.). In seinen Lehrbriefen an Lucilius ermahnt der Stoiker Seneca, nicht mehr zu begehren als man besitzt. Im Mittelalter lehnte Thomas von Aquin, auf den intellektuellen Pfaden von Aristoteles unterwegs, ebenfalls das Zinsnehmen ab und forderte einen gerechten Preis *(iustum pretium),* dem es vor allem um den wahren Wert eines Gutes ging und nicht um den maximalen Profit.

In der Zeit des Mittelalters herrschte das Lehnswesen (Feudalismus) vor. Die Landwirtschaft dominierte das Wirtschaftsgeschehen zu überwiegenden teilen. Handel und gewerbliche Produktion spielten wesentlich nur für den Eigenbedarf eine Rolle. Der christliche Glaube beherrschte die Einstellung der Menschen zur Wirtschaft und Geld. Reichtum und Armut galten als von Gott gewollt. Die Reichen vergaben Almosen in der Nachfolge Jesu. Die Kirchen unterstützten den Gedanken und setzten sich ebenfalls für die Armen ein. Bete und arbeite, *ora et labora,* so hieß die Devise. Diese Devise wurde als Grundsatz der benediktinischen Klöster angesehen und verbreitet. Die christliche Ethik der Nächstenliebe und die Sorge für das Gemeinwohl bestimmte auch die ökonomischen Handlungen der Arbeiter*innen und Kaufleute.

Eine wesentliche Änderung der Bewertung ökonomischer Aktivitäten erfolgte erst in der Neuzeit. Bereits die sogenannten vorklassischen Ökonomen wie Colbert und Quesnay versuchten, die Wirtschaft zu einem Mittel des Wohlstands für eine ganze Bevölkerung aufzuwerten und beschäftigten sich daher auch mit den Fragen des Handels, der Produktion aber auch der Effizienz und Produktivität. Dies brachte der erste neuzeitliche Ökonom und Moralphilosoph Adam Smith mit seiner Metapher mit der „unsichtbaren Hand" *(invisible Hand)* auf den Punkt. Aufbauend auf seinem ersten großen Werk „Theorie der ethischen Gefühle" (vgl. Smith 2010, original: *„Theory of moral sentiments"*) analysierte er in seinem bekanntesten Werk über den Wohlstand der Nationen (vgl. Smith, 2009, original: *„Wealth of Nations"*), Ursachen und Wesen des Wohlstands und wie Nationen diesen erzielen können. Neben vielen praktischen Beschreibungen zur Arbeitsteilung, Grundregeln für Steuern und Werttheorie (vgl. Pietsch, 2022, S. 60 ff.) arbeitete Smith vor allem das Eigeninteresse des Kaufmanns und Unternehmers heraus, das ungewollt den Wohlstand der Nation voranbringt. Ursprünglich rein auf sich selbst blickend, steigert der Unternehmer bzw. die Unternehmerin nicht nur seinen/ihren eigenen Wohlstand, sondern stellt im Wachstum neue Arbeitskräfte ein, die wiederum konsumieren und andere Kaufleute zu mehr Gewinn verhilft. In der Summe bringt das eine ganze Nation wirtschaftlich voran.

In der Folge ging es den sogenannten klassischen Ökonomen immer mehr um praktische Fragen der Wirtschaft. Neben der reinen Beschreibung der wirtschaftlichen Aktivitäten und Effekte ging es vor allem um Fragen, wie ich eine exponentiell steigende Bevölkerung ernähre, wenn die landwirtschaftliche Produktion unterproportional ansteigt (Robert Malthus). Andere wie Jean Baptiste Say beschäftigten sich mit aus heutiger Sicht wirtschaftspolitischen Fragen, etwa der, dass das (Waren-)Angebot sich seine Nachfrage in der Bevölkerung selbst schaffe oder David Ricardo, der sich vor allem um Fragen der Außenhandelspolitik kümmerte. Friedrich List beschäftigte sich mit den Wirkungen von (Schutz- oder Erziehungs-) Zöllen, um bestimmte Branchen eines Landes zumindest temporär vor dem internationalen Wettbewerb zu schützen. Ein Thema, das heute wieder aktuell werden dürfte bzw. bereits ist, wenn man die Diskussionen rund um China, die EU und die USA verfolgt. Diese klassischen Ökonomen einte die Idee, dass ökonomische Fragen vor allem Fragen des Wohlstands eines Landes aber auch Fragen der politischen Macht und des Einflusses darstellen. Schließlich ging es ihnen auch darum, praktischen wirtschaftliche Vorgänge zu beschreiben und entsprechend in ihrem Sinne bzw. für das Land zu optimieren. Die Bewertung ökonomischer Vorgänge war im Wesentlichen keine ethische, sondern eine praktische im Sinne der eigenen Bevölkerung und des Gemeinwohls.

Je stärker die Wirtschaft in den Mittelpunkt des Interesses rückte und je mehr die Lebenswelt der Menschen von ihren ökonomischen Aktivitäten beherrscht wurde, desto stärker wurden auch die kritischen Stimmen. Im Zuge der weiter fortschreitenden Industrialisierung und der Zunahme nahezu unzumutbaren Arbeitsbedingungen in hygienischer Hinsicht und Intensität, auch für Frauen und Kinder, geriet das ganze System der Wirtschaft („der Kapitalismus") ins Visier der Kritiker*innen (vgl. Pietsch, 2024, S. 57 ff.). Vor allem der Trierer Sozialphilosoph Karl Marx und sein intellektueller Mitstreiter, der Unternehmersohn Friedrich Engels, stachen international mit ihrer Kritik hervor. Sie schufen die Begriffe, die auch heute noch in ihrer negativen Bewertung aus Sicht der Kritiker*innen das Wirtschaftssystem des Kapitalismus prägen. Begriffe wie Ausbeutung der Arbeiter*innen, das Lumpenproletariat und die Klasse der Kapitalist*innen, die nur an sich und die Anhäufung des eigenen Kapitals dachten.

Der vom Arbeiter, der Arbeiterin produzierte Mehrwert einer Ware, den sich der Kapitaleigner, der Kapitalist, aneignet und die Arbeiter*innen leer ausgehen lässt. Am Ende stünde nur eine Revolution der unterdrückten Arbeiter*innen, dem des Proletariats gegen das Kapital und die sogenannte Bourgeoisie. Die Stichworte geben natürlich keinesfalls auch nur in Ansätzen die umfangreiche Theorie von Karl Marx und Friedrich Engels wieder, wie sie in den drei zum Teil posthum veröffentlichten Bänden des „Kapitals" niedergeschrieben wurden (zur Vertiefung der Theorie von Karl Marx vgl. Pietsch, 2022, S. 116 ff.). Sie zeigen allerdings die in der Summe *negative Bewertung* der ökonomischen Aktivitäten und Prinzipien in einem Wirtschaftssystem, das in der Summe von seinen Kritiker*innen abgelehnt wurde. Das ist mit wenigen inhaltlichen Änderungen auch heute noch aktuell, wenn man sich die Zahl kapitalismuskritischer Stimmen und vor allem Veröffentlichungen ansieht (vgl. Pietsch, 2024, S. 79 ff.).

In der Folge konzentrierten sich die sogenannten Neoklassiker auf eine stärkere wissenschaftliche Durchdringung des Faches Ökonomie und der praktischen Wirtschaft. Der rationale, vollinformierte ökonomische Mensch wurde geboren und mit ihm eine fatale Heuristik, die fortan alle wirtschaftlichen Handlungen des Menschen umschreiben sollte. Dies schien auch eine geeignete Grundlage zu sein, ökonomische Vorgänge im Zuge der Effizienz und Optimierung zu mathematisieren. Isoquanten, Budgetgeraden, Elastizitäten und Maximierung unter Nebenbedingungen hießen die mathematischen Operationen, die sozialwissenschaftliche Aktivitäten von Menschen in Zahlen und Formeln festhalten sollten. Léon Walras und Alfred Marshall hießen die prominentesten Protagonisten dieser intellektuellen Entwicklung des Faches Ökonomie. Vilfredo Pareto, Soziologe und Ökonom, argumentierte mit seinem „Pareto-Optimum" in eine ähnliche Richtung, wiewohl er auch die sozialwissenschaftlichen Dimensionen der Ökonomie erkannte.

Ein wesentlicher Streit, der im Grunde bis heute anhält, ging vor allem um die Bewertung der Rolle des Staates in der Wirtschaft. Vertreter der sogenannten Österreichischen Schule wie Joseph Schumpeter, Friedrich August von Hayek oder auch Ludwig von Mises setzten sich, wiewohl mit unterschiedlichen Akzenten, für eine Marktwirtschaft ein, die weitestgehend von staatlichen Einflüssen unbehelligt bleiben sollte. So beschrieb von Hayek in seinem bekanntesten Werk, „der Weg in die Knechtschaft" („The road to serfdom", vgl. Hayek, 1944/2007) eindringlich, wohin staatliche Interventionen und generell ein zu starker Staat die Marktwirtschaft und damit den Wohlstand einer Bevölkerung bringen kann. Schumpeter, vor allem für seine Ausführungen zur Rolle des Unternehmers bekannt mit seinen Innovationen, den Pioniergewinnen und der kreativen Zerstörung, beschrieb in eindringlichen Worten den Sozialismus und stellte diesen dem Kapitalismus und seinen unbestrittenen Vorzügen gegenüber. Die

Wirtschaft als Spielball unterschiedlicher wirtschaftspolitischer Vorstellungen wie sie auch noch heute noch sehr aktuell in der Politik zu finden ist: Mehr Staat oder mehr Markt.

An die Spitze wurde das Ganze getrieben durch die Auseinandersetzung der beiden wohl einflussreichsten Ökonomen des Zwanzigsten Jahrhunderts, John Maynard Keynes (vgl. Pietsch, 2022, S. 191 ff.) und Milton Friedman (vgl. Pietsch, 2022, S. 217 ff.). John Maynard Keynes, aus elitärem Milieu und in der klassischen Eliteschule Eton und in Cambridge ausgebildet, nahm als führender Vertreter des Schatzamtes in London an den Friedensverhandlungen von Versailles teil. Deutschland, das bekanntlich den Ersten Weltkrieg verloren hatte, wurden harte Reparationszahlungen aufgebürdet, was Keynes als ungerechtfertigt empfand. Erbost über die wirtschaftliche Demontage Deutschlands und die gleichzeitige Demoralisierung der Bevölkerung, quittierte er seinen Dienst im Schatzamt und machte mit seinem Buch „Krieg und Frieden. Die wirtschaftlichen Folgen des Vertrags von Versailles" (vgl. Keynes, 1919/2024, original: „The Economic Consequences of the Peace") seinem Ärger Luft. Diese Veröffentlichung, 1919 zunächst in den USA und England erschienen, machte ihn auf einen Schlag international bekannt. So kritisierte Keynes die systematische Zerstörung des deutschen Überseehandels, der Kohleförderung und Stahlerzeugung und des Transport- und Zollsystems (vgl. Keynes, 1919/2024, S. 109). Anstelle von Großzügigkeit der Siegermächte herrsche eine Gier nach materieller Reparation (vgl. Keynes, 1919/2024, S. 121) vor. Noch dazu charakterisierte und kritisierte Keynes das Verhalten wesentlicher Staatsmänner und deren Verhalten während der Friedensverhandlungen.

Durch diese Bekanntheit war der Boden bereitet, um 1936 seine „Allgemeine Theorie der Beschäftigung, des

Zinses und des Geldes" (vgl. Keynes, 1936/2017) zu pu-
blizieren, was wiederum ein internationales Echo auslöste
und fortan als wesentliche (makroökonomische) Lehre an
den wirtschaftswissenschaftlichen Fakultäten in der westlichen Welt gelehrt wurde. Keynes lehnte die Vorstellung
Jean Baptiste Says ab, dass sich jedes Angebot seine Nachfrage schaffe. Im Gegenteil könne es durchaus Situationen
geben, in denen trotz einer Gleichgewichtssituation am
Arbeitsmarkt eine unfreiwillige Arbeitslosigkeit entsteht.
Vor allem wenn die Nominallöhne zu hoch sind und die
Arbeitgeber weniger Arbeitsplätze anbieten als sie von den
Arbeitnehmer*innen nachgefragt werden. Diese fehlende
gesamtwirtschaftliche Nachfrage sei die Kernursache der
fehlenden Beschäftigung. Um die fehlende Nachfrage seitens der Unternehmen zu kompensieren, solle der Staat
durch massive Investitionen in bestimmte Bereiche wie
etwa Infrastruktur, Bildung etc. die gesamtwirtschaftliche Nachfrage ankurbeln. Dies staatlichen Investitionen
sollten über Kredite finanziert werden, um nicht z. B.
durch höhere Steuern gleichzeitig die Nachfrage wieder
abzuwürgen. Eine ähnliche Diskussion lief bekanntlich
in Deutschland im Vorfeld der Wahlen im Februar 2025,
vor allem im Hinblick auf die Reform der Schuldenbremse
zur Finanzierung zusätzlicher Investitionen des Staates. Als Resultat wurde ein Sondervermögen Infrastruktur in Höhe von 500 Mrd. € mit den Stimmen des alten
Bundestages verabschiedet. Dies wäre ganz im Sinne von
Keynes gewesen.

Milton Friedman, der intellektuelle ökonomische Ge-
genspieler von Keynes, sah die Situation vollkommen
anders. Als viertes Kind einer ungarisch-stämmigen jü-
dischen Familie in Brooklyn aufgewachsen, sah er vor
allem die Geldpolitik als entscheidend für die wirtschaftliche Entwicklung eines Landes an. In dem 1963 erschienen Hauptwerk über die Geschichte der Geldpolitik in

den USA, gemeinsam mit seiner Kollegin Anna Schwartz verfasst, vertrat er im Kern die These, dass die Geldmengenentwicklung den entscheidenden Einfluss auf die Konjunktur hatte. Während die Geldpolitik bei Keynes nur eine geringe Rolle in diesem Zusammenhang spielte, war die Geldmengenentwicklung für Friedman entscheidend für die Ankurbelung der Konjunktur aber auch der Inflation. Je mehr Geld im Umlauf ist, desto leichter können Unternehmen Kredite aufnehmen und investieren, so die These. Die Weltwirtschaftskrise erklärten Friedman und Schwartz vor allem mit den mehr oder weniger vorhersehbaren Eingriffen der Zentralbank der USA, der Federal Reserve Bank.

Staatliche Eingriffe in die freie Wirtschaft, so die Lektion für Friedman, waren der Grund allen Übels und seien fortan tunlichst zu vermeiden. In seinem bekanntesten Werk, „Kapitalismus und Freiheit" (vgl. Friedman, 1962/2016, original: „Capitalism and Freedom") legte Friedman seine Philosophie ausführlich nieder. Wirtschaftliche und politische Freiheit gehörten für ihn zwingend zusammen. Der Staat dürfe maximal den Rahmen setzen und als Schiedsrichter agieren. Den Rest steuert der Markt. In der Konsequenz bedeutet das, so niedrige Steuern wie möglich, ein schlanker Staat, einen hohen Anteil an Privatisierungen in allen Bereichen des Lebens von Unternehmen über ehemals öffentliche Institutionen bis hin zu Bildung in Universitäten oder Schulen. Friedmans berühmte Bildungsgutscheine machten bald die Runde: Der Staat solle weniger die Schulen kostenlos zur Verfügung stellen, sondern lieber jeder Familie einen Gutschein zuteilen, mit dessen Hilfe sie nach ihrer Präferenz Bildungsleistungen am Markt einkaufen solle. Platt zusammengefasst, der Staat setzt den Rahmen, sorgt für innere und äußere Sicherheit und die (kulturelle) Infrastruktur. Der Rest regelt der Markt. Nicht umsonst folgte die neoliberale Agenda der 1980er Jahre unter der Federführung von der britischen Premierministerin Margret Thatcher und dem US-Präsidenten Ronald Reagan im Wesentlichen der Philosophie Milton Friedmans. Aktuell ist diese Philosophie auch wieder en vogue, wenn man sich vor allem in den USA und in Argentinien des Jahres 2025 umsieht.

Einer ähnlichen Maxime, dass der Staat den ordnungspolitischen Rahmen setzen solle, allerdings mit einem sozialen Gesicht, folgte in Deutschland die ordoliberale Schule (*ordo* = lateinisch für Ordnung, Rahmen). Für diese Politik standen die Namen Ludwig Erhard, Alfred Müller-Armack, der geistige Vater der Sozialen Marktwirtschaft, aber auch die Freiburger Schule rund um Walter Eucken. Kern der ordnungspolitischen Schule war die Stärkung des Wettbewerbs mit der Beseitigung von Monopolen oder Machtverdichtungen in der Wirtschaft, etwa durch eine umfangreiche Kartellgesetzgebung. Die Soziale Marktwirtschaft wurde vor allem durch Elemente wie die progressive Besteuerung nach der Leistungsfähigkeit der Bürger*innen, einen Mindestlohn, umfangreichen Sozialleistungen und Kinderbeihilfen, Wohn- und Mietzuschüssen sichergestellt. Die freie Marktwirtschaft so wie sie Milton Friedman vor Augen hatte und in der neoliberalen Zeit in den USA und Großbritannien vorherrschte, war den Denker*innen der ordoliberalen Schule zu wenig mit einer sozialen Komponente ausgestattet. Entsprechend wurde diese soziale Dimension höher bewertet und entsprechend gewichtet.

Heute findet man wiederum eine große Bandbreite an ökonomischen Ideen und Bewertungen. So konzentrieren sich die Verhaltensökonom*innen darauf (s. Abschn. 2.3), den Menschen mit seinem irrationalen Verhaltensmuster genauer zu analysieren und damit zu realistischeren Vorstellungen zur ökonomischen Realität zu kommen. Gleichzeitig existieren Ökonom*innen wie der indischstämmige US-Ökonom Amartya Sen, der die Moral mit der Ökonomie stärker verknüpfen möchte und sich eher für die Ärmeren, Schwächeren dieser globalen Gesellschaft einsetzen möchte. Schließlich erleben wir in 2025, wie auch die Jahre zuvor eine zunehmend stärker werdende Strömung vor allem der jüngeren Generation, die sich kritisch mit dem Wirtschaftssystem des Kapitalismus an sich, dem ökonomischen Wachstumsparadigma vor dem Hintergrund der drohenden ökologischen Katastrophe oder auch den sozialen Schieflagen in diesem Land auseinandersetzen. Schließlich werden die Forderungen nach einem reformierten Kapitalismus lauter, wenn er sich schon realistischerweise nicht gänzlich abschaffen lasse. In diesem werden Forderungen nach der Vereinbarkeit von Ökonomie und Ökologie und der verstärkten Integration der sozialen Elemente laut (vgl. vertiefend Pietsch, 2025).

In der Quintessenz ist nach den kurzen Ausführungen zur Ideengeschichte der Ökonomie festzuhalten, dass der Fokus und die Themen der Wirtschaft sich über die Zeitgeschichte gewandelt bzw. verändert haben. Der wesentliche Grund dafür war die unterschiedliche Bewertung. Mal haben ganze Bevölkerungsteile, zumindest die tonangebende intellektuelle Elite wie etwa Platon und Aristoteles in der Antike, Thomas von Aquin im Mittelalter oder zahlreiche Philosoph*innen und Ökonom*innen in der Neuzeit, die inhaltlichen Akzente gesetzt. Mal haben auch innerhalb der Schicht der Intellektuellen, seien sie nun Ökonom*innen, Politiker*innen oder andere Denker*innen ihrer Zeit unterschiedliche Vorstellungen von der Wirtschaft und ihrer Funktion gepflegt. Es unterscheiden sich noch heute die zahlreichen Rezepte zur Bekämpfung aktueller Wirtschaftskrisen wie fehlendes Wachstum, ein Anstieg der Inflation oder der Arbeitslosigkeit, je nachdem welche Parteimitglieder man befragt. Es scheint trotz aller ökonomischer Forschung der letzten

Jahrzehnte, ja der Jahrhunderte seit Adam Smith keine verbindliche Empfehlung auf Basis eindeutig zu interpretierender Zahlen, Daten und Fakten mehr zu geben. Am Ende kommen wir immer wieder zu dem einen Schluss: Der Unterschied in der ökonomischen Analyse und in den Maßnahmen zur Bekämpfung von wirtschaftlichen Krisen und Herausforderungen ist schlicht die unterschiedliche, individuelle und damit subjektive *Bewertung*! Doch diese individuelle Bewertung spielt nicht nur im ideengeschichtlichen oder Epochenkontext eine Rolle, sondern lässt sich auch auf verschiedenen ökonomischen Gebieten und Märkten finden. Fangen wir im Folgenden mit der Betrachtung der Bewertung auf dem Gütermarkt an.

3

Bewertung der Güter und des Konsums

3.1 Ich kaufe, also bin ich

Haben Sie sich schon einmal gefragt, wieviel Paar Schuhe Sie besitzen, wie viele Hosen oder Kleider? Waren diese Anschaffungen alle dringend notwendig, etwa weil die alten Schuhe abgetragen oder gar löchrig waren? Haben Sie diese so oft wie möglich reparieren lassen oder eher neue Schuhe und Kleidung gekauft, nur weil es modisch und chic aussah oder vielleicht ein guter Freund, eine Freundin diese trugen. Oder vielleicht haben Sie nur versucht, mit den Nachbarn Schritt zu halten? Die alten hätten es vermutlich auch getan. Kaufen Sie generell ein, weil Sie einen dringenden Bedarf an neuer Kleidung oder Outfits haben oder weil Sie die neueste Mode haben wollen? Oder schlicht, weil Sie gerne shoppen gehen? Willkommen in der ökonomischen Welt des Konsums. Anhand dieser Einstiegsfragen in das Kapitel haben Sie leicht feststellen können, dass der Konsum an sich nicht nur ein ökonomischer Vorgang darstellt, bei dem ich auf Basis meiner persönlichen modischen Vorlieben ein Produkt oder eine Dienstleistung käuflich erwerbe, sondern vor allem eine Frage der persönlichen Bewertung. Konsum ist ein vielschichtiges Thema wie wir im Folgenden feststellen werden und es hat nicht nur ökonomische, sondern auch gesellschaftliche und psychologische Komponenten und Ursachen.

Die ökonomische Theorie behandelt das Thema in seiner Haushaltstheorie (vgl. etwa Piekenbrock, 2025), konkret in seiner Nachfragtheorie, eindimensional, mathematisch und grafisch aufbereitet. Jeder Haushalt und jede*r einzelne Konsument*in, so heißt es dort, entscheidet auf Basis klarer Vorlieben, ökonomisch: Präferenzen, und eines vorgegebenen Budgets welches Gut er oder sie kaufen möchte. Das lässt sich dann grafisch sehr gut darstellen, indem man eine sogenannte „Indifferenzkurve" als u-förmige, konkave Linie zeichnet. Auf dieser gedachten Linie befinden sich dann alle Güterkombinationen, die den gleichen Nutzen stiften und es dem Haushaltsmitglied egal ist, welche Kombination zum Tragen kommt. Es stiftet z. B. den gleichen Nutzen, ob ich drei Flaschen Mineralwasser und eine Flasche Limonade kaufe oder zwei Flaschen Wasser und zwei Flaschen Limonade. Zusätzlich habe ich eine Budgetrestriktion oder, weniger theoretisch ausgedrückt, nur eine begrenzte Menge an Geld zur Verfügung, um mir etwas kaufen zu können. Das sogenannte Haushaltoptimum befindet sich dann dort, wo meine begrenzten Geldmittel gerade noch ausreichen, um ein, gemessen an meinen individuellen Wünschen und Bedürfnissen, optimales Güterbündel zu kaufen, etwa zwei Flaschen Mineralwasser und zwei Flaschen Limonade.

Grafisch lässt sich das dann als fallende Linie einzeichnen, die die u-förmige Indifferenzkurve schneidet. Fallend deshalb, weil ich entweder alles Geld auf ein Produkt oder auf ein anderes verwenden kann oder eine Kombination dazwischen. Also: vier Flaschen Mineralwasser oder vier Flaschen Limonade oder eine Kombination daraus. Hauptsache mein vorgegebenes Budget wird dadurch nicht überschritten und meinen Konsumbedürfnissen Rechnung getragen. Fairerweise muss man zugestehen, dass sich die ökonomische Theorie natürlich *per definitionem* auf wirtschaftliche Vorgänge des Konsums konzentriert. Doch das ist meiner Meinung nach genau das Problem, was ich hier und im Verlauf des Buches adressieren möchte: Die Ökonomie ist eine Sozialwissenschaft. Sie hat mit uns Menschen zu tun und ist nur ein Teil eines gesamten Verhaltensspektrums, was wir an den Tag legen. Konkret formuliert bedeutet das, Konsum ist mehr als nur ein Umgang mit knappen Geldmitteln und einem Kauf, der meine persönlichen Bedürfnisse maximal möglich abdeckt. Es gibt wenige Fälle, in denen das „Haushaltoptimum" eine existentielle Rolle spielt, nämlich dann, wenn man arm oder armutsgefährdet ist.

Was sich also sehr trocken und theoretisch anhört, erhält eine schlagartige Bewandtnis, wenn man von den vielen Menschen in Deutschland ausgeht, deren Konsum sehr stark von den äußerst begrenzten finanziellen Mitteln eingeschränkt ist. Celsy Dehnert, Autorin und Bloggerin, die Armut aus eigener Erfahrung kennt, hat ein beeindruckendes und berührendes Buch über Armut geschrieben (vgl. Dehnert, 2024). Sie beschreibt darin eindringlich, wie sehr Konsum für arme Menschen nicht nur zum Teil beschämend ist, sondern welcher Drahtseilakt zu absolvieren ist. So schildert sie nüchtern diese Auswahl von Güterbündeln mit der entsprechenden Budgetrestriktion, dieses Mal allerdings der Realität entnommen:

„Spätestens um 12:30 Uhr brachen dann eine oder mehrere Gruppen zur gemeinsamen Mittagspause auf und kamen oft erst eine bis eineinhalb Stunden später zurück. An meinem ersten Arbeitsplatz bin ich zwei- oder dreimal mitgegangen, am zweiten Arbeitsplatz schließlich nie. Denn die circa 5 bis 8 €, die ich bei diesen Gelegenheiten für eine Mahlzeit hätte ausgeben müssen, mussten zu Hause in der Regel für mindestens zwei oder drei Tage warmes Mittagessen reichen. Also blieb ich im Büro." (Dehnert, 2024, S. 181)

An diesem berührenden und auch sehr nachdenklich stimmenden Beispiel wird die ökonomische Theorie deutlich. Aufgrund des sehr begrenzten finanziellen Budgets standen zwei Alternativen zur Auswahl, die eine für das warme Mittagessen für zwei oder gar drei Tage. Die andere für ein Treffen mit den Arbeitskolleg*innen und eine sinnvolle Vernetzung am Arbeitsplatz. Den Ausschlag für die Entscheidung, nicht mitzugehen war nicht nur das alternativ anders und besser eingesetzte Geld, sondern auch die individuelle Bewertung. Die Ernährung für zwei bis drei Tage zu Hause mit einer einmaligen Mahlzeit mit den Kolleg*innen zu vergleichen war in etwa so ein Fall, wie es das mikroökonomische Lehrbuch beschreibt: Die Auswahl eines Güterbündels auf Basis einer individuellen Nutzenfunktion und der gegebenen finanziellen Restriktion. Das Haushaltsoptimum wurde so gefunden. Doch bei aller Liebe zur ökonomischen, hier vor allem, zur mikroökonomischen Theorie und ihren Grafiken und mathematischen Optimierungen, die Realität bildet man so nicht ab. Das menschliche Schicksal der Armut wird in dieser rein ökonomischen Betrachtung nicht widergespiegelt.

Doch unabhängig davon sind konsumtheoretische Fragen viel weniger eine ökonomische Angelegenheit als vielmehr eine Frage der individuellen Bewertung. Denn ich kann den individuellen Konsum unterschiedlich bewerten, einerseits kritisch und andererseits positiv. Für die einen ist der permanente Konsum ein Zeichen von Gier, oberflächliche Befriedigung auf Zeit und eitle Statussuche. Für die anderen ist er Lebenselixier, gesellschaftlicher Status und Demonstration von Luxus, Selbstverwirklichung und unvorstellbarem Reichtum. Beide Sichten sind der unterschiedliche Blick auf den gleichen Vorgang. Der Unterschied liegt lediglich in der individuellen Bewertung. Lassen Sie uns diese beiden Sichtweisen und ihre jeweiligen Extreme im Nachfolgenden kurz beleuchten.

Konsumkritik

Die Unbekannten in der ökonomischen Gleichung sind die Präferenzen, sprich Wünsche und Bedürfnisse der Verbraucher*innen. Hier setzt die Konsumkritik an. Bedürfnisse sind nicht immer vorhanden, größtenteils werden sie künstlich erzeugt. Unter dem Stichwort *Konsumismus* ist die Kritik am übermäßigen Konsum schon fast so alt wie der Kapitalismus (vgl. zur Einführung Assinger, 2013). Der Kapitalismus als Wirtschaftssystem bereite den fruchtbaren Boden für den modernen, zum Teil exzessiven Konsum, so seine Kritiker*innen. Im Zuge des permanenten Wachstums und der Profitorientierung versuchen Unternehmen im Kapitalismus, möglichst viele Produkte zu einem möglichst hohen Preis und damit Gewinn zu verkaufen. Alle Maßnahmen, die dieses Ziel unterstützen, werden ergriffen. Der Anglizismus „Marketing" verniedliche, so die Kritiker*innen, die Bestrebungen der Unternehmen, eben diesen maximalen Profit aus den Verkäufen herauszuholen. Ständige modische Veränderungen, Darreichungsformen, Verpackungen, Änderungen des Designs mit neuesten technischen Innovationen versuchen, möglichst viele Käuferschichten zu erreichen. Das bestehende Produkt soll schnell alt aussehen, wenn nicht technisch, so doch optisch. Modekollektion gilt spätestens nach einem halben Jahr als veraltet, Smartphones erhalten jedes Jahr ein Paar neue „Features", sprich technische Innovationen und Funktionen. Manche Produkte, die mühelos lange Jahre durchhalten könnten, werden so konzipiert, dass die Altersschwächen bereits nach spätestens fünf Jahren auftreten. Die permanente Vermarktung der neuesten, angesagtesten Produkte führt zu einer schnellstmöglichen Überalterung der bestehenden und der Druck, das jeweils neue zu kaufen steigt.

Es ist rational, strategisch und legitim aus Sicht der Unternehmen, die ihren Gewinn steigern wollen. Schließlich hängen auch Arbeitsplätze dran, denen das Management verpflichtet ist. Marketing als wesentliches Element des unternehmerischen Erfolgs. Aus Sicht der Verbraucher*innen ist dies sicherlich nicht rational und nachvollziehbar. Wir kaufen mehr als wir sollten, teurer als wir es uns leisten können und werfen zu viel weg, was man noch länger halten könnte. Die Mechanismen, die dazu führen, vor allem die gesellschaftlichen und psychologischen, wollen wir an späterer Stelle in den folgenden Kapiteln vertiefen. Hier geht es zunächst um die Konsumkritik. Bereits der Soziologe und Philosoph Theodor W. Adorno hat in der Zueignung an Max Horkheimer seines Werkes „Minima Moralia" den enormen Einfluss des Konsums auf das Leben der Menschen kritisiert. So schreibt er (Adorno, 1951, S. 7):

> „Was einmal den Philosophen Leben hieß, ist zur Sphäre des Konsums geworden, die als Anhang des materiellen Produktionsprozesses, ohne Autonomie und ohne eigene Substanz, mitgeschleift wird."

Der französische Soziologe und Philosoph Jean Baudrillard hat bereits 1970 mit seiner Schrift *„La societé de consommation. Ses mythes, ses structures."* (vgl. Baudrillard, 1970, deutsch: Die Konsumgesellschaft. Ihre Mythen.

Ihre Strukturen, vgl. Baudrillard, 2015; vgl. dazu auch die Darstellung von Strehle, 2015) die Grundlagen für eine Konsumsoziologie gelegt. So analysiert er hellsichtig die Konsumsphäre und das Gebaren seiner Mitmenschen in ihrem täglichen Kaufverhalten. Die modernen Menschen würden sich, so seine Sicht, der Herrschaft der Objekte unterwerfen, die somit den Rhythmus und die Zeit vorgäben (vgl. Baudrillard, 2015, S. 39 f.). Der Konsum sei bestimmt durch die unzähligen Shopping Malls. Der Kauf kapriziere sich auf viele technische Spielereien (Gadgets, vgl. Baudrillard, 2015, S. 163 ff.). Er kritisierte schon damals den Medizin-, Wellness- und Fitnesskult (1970!), den Schlankheitswahn und eine Gesellschaft, die die Folgen des übermäßigen Konsums therapeutisch aufbereiten lässt. Schließlich prangerte er die Wegwerfgesellschaft an.

Baudrillard ging es als Soziologe und Philosoph weniger allein darum, den ökonomische Konsum zu kritisieren. Er wollte damit zeigen, dass sich der Zeichencode der Werbung mit ihren künstlich geschaffenen Marken, Bildern und Codes immer mehr von der Realität entfernt hat. Es existiere keine reale Welt mehr, sondern nur noch Simulationen in Form von Bildern, Marken und Konsumcodes, die die reale Welt ersetzt hätten (vgl. Assinger, 2013, S. 43 f.). Der US-amerikanische Ökonom an der Harvard Universität, Berater zahlreicher US-Präsidenten, John Kenneth Galbraith, hat 1958 ein bahnbrechendes Buch zur Überflussgesellschaft geschrieben („The affluent society", vgl. Galbraith, 1958), indem er ebenfalls den übermäßigen Konsum anprangerte. Die Wirtschaftswissenschaft konzentriere sich auf die knappen Ressourcen, die es effizient zu steuern und zu optimieren gilt. In einer Gesellschaft wie der US-amerikanischen Ende der 50er Jahre des vergangenen Jahrhunderts, die in einem Warenüberfluss lebt, dürften diese Problem eigentlich nicht existieren. Die Lösung der Frage, so Galbraith, liege darin, dass Menschen anfingen, neue psychische Bedürfnisse zu entwickeln, sobald die physischen einmal gestillt sind (vgl. auch Assinger, 2013, S. 40).

In jüngster Zeit geben sich Kapitalismuskritik, Plädoyer für eine schrumpfende Wirtschaft und die Kritik am Konsum Hand in Hand. So fordert der japanische Philosoph und Bestsellerautor Kohei Saito in seinem Buch „Systemsturz", Konsumismus und Kapitalismus zusammenzudenken. Saito bemerkt:

> „Wollen wir dem Kapitalismus aber wirklich entgegentreten, braucht es eine Neudefinition des Überflusses, die mit dem Konsumismus des Kapitalismus nicht vereinbar ist. Um so weiterleben zu können wie bisher, sollten wir unsere Hoffnungen nicht in eine exponentielle technologische Entwicklung setzen, sondern unser Leben verändern und darin neue Formen des Überflusses finden. Wir sollten Überfluss nicht mehr mit Wirtschaftswachstum assoziieren, sondern ernsthaft über beide Begriffe einzeln nachdenken." (Saito, 2023, S. 171)

Andere wie der ökologische Wirtschaftsforscher Timothée Parrique aus Frankreich werben für eine gezielte und freiwillige Reduktion des Konsums, etwa keine Flugreisen mehr zu unternehmen, kein Fleisch mehr zu essen, Dinge des täglichen Lebens länger zu verwenden oder weniger weit in den Urlaub zu fahren etc. Damit einher ginge eine Verlangsamung und Schrumpfung der Wirtschaft, die der ökologischen Vorsorge der Erde eher entgegenkäme als ein grenzenloses Wachstum bei unbegrenztem Konsum (vgl. Parrique, 2024, S. 224 f.). In der aktuellen Neuzeit sind wir angekommen, wenn wir den exzessiven Konsum im Zeitalter der Globalisierung und der Digitalisierung kritisieren. Der Trendanalyst und Buchautor Carl Tillessen hat ein kluges Buch über den Konsum geschrieben (vgl. Tillessen, 2023). Er hat die Auswirkungen der Digitalisierung und der Globalisierung auf den Konsum sehr prägnant auf den Punkt gebracht (Tillessen, 2023, S. 13):

> „…Wir kaufen nicht nur mit Devices, die wir früher nicht hatten, auf Kanälen, die wir uns früher nicht vorstellen konnten, bei Händlern, die es früher nicht gab. Wir kaufen auch aus Gründen und Bedürfnissen, die wir vorher nicht hatten, Dinge, die wir vorher nicht brauchten. Vor allem aber kaufen wir Dinge in einer Menge und in einer Frequenz wie nie zuvor."

Wir können nicht nur rund um die Uhr im Internet einkaufen, sondern auch weltweit. Amazon liefert an die entlegensten Plätze in schnellster Zeit. Alles nur einen Klick entfernt. Smartphones, Tablets, audiounterstütze Konsumassistenten wie Alexa und Co. helfen uns, den Konsum anzukurbeln. Von überall aus. Das Marketing hat damit Schritt gehalten. Werbung erfolgt nicht mehr nur in den Werbeblöcken des öffentlich-rechtlichen Fernsehens wie noch zu Zeiten der Baby Boomer (auch mein Jahrgang), sondern in den sozialen Medien, unterstützt durch die sogenannten Influencer, Meinungsführer*innen im Netz, im Internet oder auch im Paralleluniversum Metaverse. Dort können sogar unsere Avatare, elektronische Abbilder von uns selbst, für uns einkaufen gehen. Online- und Offlinewelt verschmelzen. Und auf alles hat das moderne Marketing eine Antwort (vgl. Kotler et al., 2024).

In der Summe können wir festhalten, dass der Kauf von Produkten und Dienstleistungen nicht nur eine rein ökonomische Angelegenheit ist, sondern ein ganzes Bündel an Motiven, Aktivitäten und Einstellungen umfasst. Es geht hier nicht alleine um meine persönlichen Bedürfnisse im Abgleich zu meinem Geldbeutel. Vielmehr geht es darum, wie ich den Konsum für mich persönlich *bewerte*. Aus dieser beschriebenen kritischen Einstellung heraus kaufe ich eher weniger, umweltbewusster und zurückhaltender, nahezu unabhängig von meinem Geldbeutel. Der Kaufpreis und das Produkt an sich sind nur ausgewählte Faktoren aus einer Reihe von soziologischen und psychologischen Faktoren, die eine Rolle spielen. Die individuelle Bewertung des Konsums an sich spielt dabei die Hauptrolle. Sehen wir uns nun die andere Sichtweise auf den Konsum an, die positive.

Konsum als Lebenselixier

Wir konsumieren immer mehr und immer häufiger. Das Glücksgefühl des Kaufs, des Besitzes von Dingen scheint immer flüchtiger zu werden und schneller zu vergehen. Dennoch kaufen wir immer weiter. Ein durchschnittlicher Haushalt in Europa besitzt 10.000 Dinge. Vor hundert Jahren waren es noch 180 (!) (vgl. im Folgenden Mec/Scheuring, 2021). Fast drei Millionen Menschen leben in Deutschland in Haushalten, die mindestens drei Autos besitzen. Etwa 2 Mio. alte Mobiltelefone liegen in den Schubladen, Ähnliches gilt für Fernseher, Kleidung, Dekoartikel oder Haushaltswaren. Kaufen scheint süchtig zu machen und zumindest kurzfristig ein Hochgefühl zu produzieren. Man kauft sich Individualität aber auch Zugehörigkeit zu einer Schicht oder Gruppe. Jeder will dazugehören, mithalten und sich gleichzeitig von anderen Gruppen abgrenzen. Zwei Drittel aller Käufe sind Impulskäufe, werden also spontan getroffen mit hoher Emotionalität und wenig Rationalität.

Marketingstrateg*innen und -professor*innen haben umfangreiche Lehrbücher verfasst, die dem Konsumentenverhalten zu Leibe rücken und keinen Stein auf dem anderen lassen. Kaum etwas ist so intensiv erforscht wie das Konsum- und Konsumenten*innenverhalten (vgl. Homburg, 2012, S. 25 ff.). Zunächst muss der potenzielle

Käufer, die Käuferin aktiviert werden. Dies geschieht über einen emotionalen, kognitiven oder physischen Reiz. Das können bestimmte Abbildung mit Kindern sein, Bilder, die einen Widerspruch oder eine Überraschung beinhalten oder schlicht großformatige Werbeanzeigen. Die beworbenen Produkte müssen dann auf eine spezifische Motivation aufseiten der potenziellen Konsument*innen treffen, etwa der Wunsch nach Sicherheit, Anerkennung, Selbstverwirklichung oder Status. Verstärkt wird die Motivation durch die werbliche Koppelung mit Emotionen, seien sie durch Humor oder ein ansprechendes Design, etwa bei Autos ausgelöst. Schließlich muss ein zu erwerbendes Produkt eine hohe Bedeutung für den*die potenzielle*n Konsument*in verfügen. Ein Auto interessiert eine Person ohne Führerschein zunächst weniger, eine Alkoholwerbung einen Antialkoholiker ebenso wenig.

Passt das Produkt schließlich zur Einstellung des potenziellen Käufers, der Käuferin oder passt es gar in den Lebensstil, dann ist die Wahrscheinlichkeit hoch, mit der Werbung ins Schwarze zu treffen. Ökologisch sensible Menschen werden selten für eine Werbung empfänglich sein, die ein Auto mit hohem Spritverbrauch zeigt. Zusätzlich beeinflusst mich meine Familie, mein Freundes- und Bekanntenkreis in meiner Kaufentscheidung. Selbst die komplizierte Informationsaufnahme von Werbung aller Art in unterschiedlichsten Medien und Personen, etwa Influencer*innen, wird in diesen Marketinglehrbüchern haarklein zerlegt und analysiert (vgl. etwa Homburg, 2012, S. 55 ff.). Am Ende steht dann eine Grundsatzentscheidung, ob ich kaufe oder nicht, in welcher Produktkategorie ich ein konkretes Bedürfnis habe, welches konkrete Produkt ich auswähle und vor allem welche Mengen (vgl. Homburg, 2012, S. 104). Manche Einkäufe tätige ich routiniert und wiederholt, etwa Lebensmittel oder spontan an der Kasse. Dabei spielen eher Emotionen oder Gewohn-

heitsimpulse eine Rolle und weniger ein intensiver Kauf-
und Entscheidungsprozess. Kaufe ich etwas selten ein und
erfordert es eine genaue Überlegung wie etwa der Kauf
eines Versicherungsprodukts, dann werde ich mir mehr
Gedanken über meinen Kauf machen müssen. Am inten-
sivsten ist die Entscheidungs- und Kaufphase ausgeprägt,
wenn ich eine eher einmalige oder seltene Anschaffung
tätige, die in der Regel ein relativ großes Budget voraussetzen wie etwa ein Auto oder eine Immobilie (vgl. Homburg, 2012, S. 106).

Der Konsum ist also eine deutlich komplexere Angelegenheit als in der mikroökonomischen Theorie dargestellt.
Hier treffen individualpsychologische, soziale und ökonomische Faktoren zusammen. Warum also kaufen wir so
viel und so intensiv, wiewohl wir mehr haben als wir brauchen? Der bereits erwähnte Trendanalyst, studierte Be-
triebswirt und Kunsthistoriker Tillessen hat sich in seinem
Buch über den Konsum intensiv mit den Ursachen des
Konsums beschäftigt. Konsum ist aus Sicht der „Betroffenen" auch positiv zu sehen. Wie bereits geschildert, können wir mit jedem elektronischen Gerät zu jeder Tages-
und Nachtzeit global shoppen, wenn uns danach ist. Zu-
allererst gibt uns Konsum das Gefühl, an der Gesellschaft
teilzuhaben. Wir können uns (fast) genauso viel kaufen
wie andere Menschen, etwa Smartphones oder Sneaker
bestimmter Marken (vgl. Tillessen, 2023, S. 37 f.). Wir
kaufen schlicht, weil wir es können. Der Wohlstand der
letzten Jahrzehnte, die ständig gestiegenen Löhne und Gehälter, haben für die meisten in Deutschland dazu geführt,
dass wir an der Konsumexplosion teilhaben durften. Wir
konsumieren irrational.

Dort, wo man es sehen kann und wir uns mit den anderen Menschen unserer Vergleichsgruppe messen können,
tragen wir die angesagte Markenkleidung. Denn nur so
sind wir auf Augenhöhe mit den Reichen und Schönen,

bekannt aus Film, Funk und den Sozialen Medien. Da können wir eher mit Gucci, Hermès oder Dior punkten als mit Kleidung von der Stange. Selbst wenn es bedeutet, die Handtasche über viele Monate per Konsumentenkredit abzustottern. Eine Dior-Tasche vermittelt den Eindruck des Luxus und der gesellschaftlichen Überlegenheit. Zumindest für eine Saison, bis die Tasche wieder modisch überaltert ist. Bei Lebensmitteln oder Dingen des täglichen Lebens, die unserer *Peer Group* nicht direkt ins Auge fällt, kann es ruhig etwas günstiger sein. Das nennt sich dann im Fachjargon der *hybride Konsument:* Mal teuer und mal billig einkaufen, je nach Produkt und Sichtbarkeit.

Wir setzen beim Kauf auf den Belohnungseffekt, den eine neue Handtasche, ein paar neue Sneaker oder ein Cashmere-Pullover in uns auslöst. Shoppen ist auch eine Freizeitbeschäftigung. Manchmal ist der Weg das Ziel. Nicht immer findet man die richtige Mode, die richtige Jeans oder die überzeugende Bluse. Ob man das alles nachher gebrauchen kann, spielt eine geringere Rolle als das Einkaufserlebnis und der Belohnungseffekt des Neubesitzes. Man ist vor allem auf die Gesichter der Freund*innen und Bekannten gespannt, im Positiven (Zustimmung, Mitfreude) wie im Negativen (Neid). Doch der Konsum wirkt nicht nur psychisch, sondern auch handfest physisch. So lassen sich bei einem entsprechenden „Lustkauf" physiologisch Dopaminausschüttungen beobachten (vgl. Tillessen, 2023, S. 60). Dopamin ist ein bekannter Neurotransmitter des zentralen Nervensystems, der erregend und motivierend wirkt. Die Wirkung lässt sich mit dem Zustand des Verliebtseins vergleichen. Es handelt sich um den gleichen Wirkstoff. Dopamin kann sogar zu einer Art Abhängigkeit führen. Wir brauchen immer mehr davon in kürzester Zeit, um uns glücklich und motiviert zu fühlen. Daher kaufen wir auch mehr als wir brauchen, obwohl uns rational bewusst ist, welchen Schaden wir der

Umwelt damit zum Teil zufügen (vgl. Tillessen, 2023, S. 61). Vor allem nach dem Corona-Lockdown wurden die wiedereröffneten Boutiquen und Onlineshops bestimmter Modelabels von dem Käufer*innen-Ansturm geradezu überwältigt und überrannt (vgl. Tillessen, 2023, S. 63).

Der Kaufrausch wird allerdings auch gezielt durch bestimmte Aktionen wie *„Black Friday"* etc. angeheizt. Gerade an Weihnachten steigern sich die Menschen in einen wahren Kauf- und Konsumrausch (vgl. im Folgenden Kieselbach, 2019). Das Weihnachtsgeld auf dem Konto, begeben sich Heerscharen von Menschen kurz vor Weihnachten in die Innenstädte, um sich im Kauf von Schnäppchen oder bestimmten Produkten zu ergehen. Konsum wird zur Freizeitbeschäftigung. Man kauft ein Geschenk, weil man selbst beschenkt wird und ein wenig Wertschätzung zurückgeben möchte. Bisweilen arten Geschenke auch als Demonstration der eigenen finanziellen Potenz aus. Etwa, wenn bestimmte hochpreisige Markenkleidung oder -produkte verschenkt werden. Geschenke sagen eben doch etwas über den Schenker, die Schenkerin aus und sollen der beschenkten Person eine Botschaft übermitteln. (Fast) alle wissen, dass zu viel Konsum ungesund und für die Umwelt schädlich ist. Dennoch klafft zwischen Erkenntnis und konsequentem Handeln eine erhebliche Lücke. Viele nehmen sich vor, weniger und ökologisch sensibler zu konsumieren, belassen es aber bei dem Vorsatz.

In der Summe unserer Überlegungen bis hierher können wir festhalten, dass der Konsum von Gütern und Dienstleistungen auf dem Markt für Privatpersonen und Haushalte nur zu einem sehr geringen Teil eine rein ökonomische Entscheidung darstellt. Natürlich spielen meine finanziellen Ressourcen eine Rolle, wie wir am Beispiel eines armutsgefährdenden Haushalts besonders deutlich gesehen haben. Selbstverständlich ist es so, dass wir unsere

Wünsche und Bedürfnisse mit unserer Kaufentscheidung mit in die Waagschale werfen müssen, bevor wir etwas kaufen. Vermutlich ist es so, dass wir bei bestimmten Produkten eine gewisse Austauschbarkeit voraussetzen, denken Sie an die Frage, ob ich Mineralwasser oder Limonade mit meinem vorhandenen Budget kaufe.

Doch in Wahrheit ist der Konsum ein deutlich komplizierterer Prozess als er in der mikroökonomischen Theorie dargestellt wird. So ist es vor allem meine individuelle Bewertung des Konsums, die darüber entscheidet, ob und was ich kaufe. Halte ich den exzessiven Konsum von Dingen, die ich mehrheitlich nicht brauche, für unsinnig und schädlich für die Umwelt? Verweigere ich mich daher dem Kauf, selbst wenn mein Budget es hergäbe und meine Bedürfnisse vorhanden wären. Oder sehe ich Einkaufen und Konsum als Freizeitbeschäftigung, ergehe mich am Konsumrauch und genieße das einströmende Dopamin als Glückshormon. Bin ich daran interessiert, teilzuhaben an den gesellschaftlichen Trends? Ist es mir ein tieferes Anliegen, mit meiner Vergleichsgruppe mithalten zu können oder gar mich abzugrenzen von den Massen, indem ich einem Statuskonsum teurer Marken pflege? Entscheidend ist am Ende meine persönliche, individuelle Bewertung des Konsums. Ökonomische Faktoren wie Haushaltsbudget und individuelle Präferenzen und Nutzenvorstellungen spielen im Vergleich dazu eine eher untergeordnete Rolle. Warum aber ist gerade der mit dem Konsum verbundene Status für uns so wichtig, dass wir darauf nicht verzichten wollen oder können? Eine schlüssige Antwort darauf haben interessanterweise zwei Soziologen gegeben, die auch ökonomisch sehr interessiert waren: Der US-Amerikaner mit skandinavischen Wurzeln Thorstein Veblen und der Franzose Pierre Bourdieu.

3.2   Statuskonsum: Ich bin was ich kaufe

Veblen-Effekt

Die Szenen gleichen sich auf der ganzen Welt. Ob am Kurfürstendamm in Berlin, in der Mönckebergstraße in Hamburg, in der Maximilianstraße in München oder in der Königsallee („Kö") in Düsseldorf. In Paris auf der Champs-Elysées, der Via dei Condotti in Rom oder der Bond Street in London. Auch Dubai lässt sich nicht lumpen. In der Dubai Mall entdeckt man über drei Stockwerke die Luxuslabels dieser Welt, ähnlich in den Malls in den USA oder auch in Asien. Überall kann man die Boutiquen der prestigeträchtigsten Marken der Welt entdecken, von Gucci über Prada, Dior und Moncler bis hin zu Hermès und Valentino. Diese Marken verfügen über eine weltweite Strahlkraft und stehen für den ultimativen Luxus. Im Londoner Luxuskaufhaus Harrods werden diese Marken schlicht als *„Superbrands"* geführt in Abgrenzung zu den „normalen" Premiummarken dieser Welt. Folgt man der ökonomischen Theorie, dann steigt die Nachfrage nach einem Produkt je niedriger der Preis gesetzt wird und umgekehrt, je höher der Preis, desto geringer die Nachfrage. Alles folgt dem Gesetz von Angebot und Nachfrage. Doch ökonomische Vorgänge sind selten rein rational zu begreifen und rein mathematisch-funktional zu beschreiben. Sie haben mit uns Menschen zu tun und mit unserer Eitelkeit. So strömen Heerscharen von Menschen in aller Welt in diese Boutiquen der globalen Luxuslabels, um durch den Kauf des einen oder anderen Artikels in der Gesellschaft der Außenwirkung mithalten zu können. Vollbepackt und beladen mit unzähligen, ansprechend verpackten Einkaufstüten verlassen zahlreiche Käufer*innen zufrieden die globalen Luxustempel. Und es sind durchaus nicht nur die Reichen und Schönen, die dort gesehen werden, sondern auch diejenigen, die gerne dazugehören wollen.

Bereits der US-amerikanische Ökonom und Soziologe Thorstein Veblen hat erkannt, dass der Mensch in seiner Verhaltensweise alles andere als rational agiert. In seiner interdisziplinären Analyse der US-amerikanischen Gesellschaft Ende des 19. Jahrhundert hat Veblen, Sohn norwegischer Einwanderer (vgl. zur Vertiefung seiner Biografie Pietsch, 2022, S. 183 ff.), den Nagel auf den Punkt gebracht. In seinem als Gesellschaftssatire angelegten Werk *„The Theory of the Leisure Class. An Economic Study of Institutions.“* (vgl. Veblen, 1899/2009, Deutsch: Theorie der feinen Leute. Eine ökonomische Untersuchung der Institutionen) beschreibt er das ökonomische Verhalten der Menschen vor allem als Imitation der Oberklasse, der „Leisure Class". Veblens Schrift ist ein klassisches Beispiel dafür, welche Bedeutung die individuelle Bewertung des Menschen für ökonomische Vorgänge besitzt. Veblen verfasst sein Werk, das trotz einer gehobenen Sprache kein faktenbasiertes, wissenschaftliches Lehrbuch darstellt, in einer Zeit (1899), in dem der beispiellose wirtschaftliche Aufstieg der Vereinigten Staaten begann. Der Bürgerkrieg war schon mehr als drei Jahrzehnte vergangen, der wirtschaftliche Aufstieg durch die Industrialisierung kam nicht jedem zugute. Viele Familien lebten am Rande der wirtschaftlichen Existenz und lebten zum Teil unter erbärmlichen Verhältnissen. Kinder- und Frauenarbeit waren gang und gäbe. Gewinner waren die zahlreichen Unternehmer*innen, die große Vermögen anhäufen konnten. Veblen selbst war nach einiger Mühe und der Zeit des Wartens und Arbeitslosigkeit schließlich Professor für politische Ökonomie in Chicago geworden und startete von da seine akademische Karriere (vgl. Pietsch, 2022, S. 185 f.).

Veblen lieferte in seinem Werk über die „feinen Leute" die Erklärung für unser auf den ersten Blick irrationales Verhalten. Die Nachfrage nach den Luxusgütern sinkt nicht etwa mit steigenden Preisen, sondern, im Gegenteil, sie steigt weiter an. In der Mikroökonomie ist dieser Effekt ebenfalls anerkannt und wird entsprechend in Grafiken eingefangen (vgl. Wirtschaftslexikon24, 2024). Veblen zeichnet die historische Entwicklung von Gesellschaften nach. Schon zu Zeiten von Jägern und Sammlern und Kriegern entwickelte sich sukzessive eine Klasse von Menschen, die nicht mehr selbst arbeiten musste. Sklaven und Bedienstete traten an ihre Stelle, was vor allem in der Antike der Fall war. In den Unternehmen arbeiteten sich die Arbeiter*innen auf und ermöglichten es so den Unternehmer*innen, vom Vermögen zu leben und vor allem den Müßiggang *(„Leisure")* zu pflegen. Fortan galten sie als Vorbild einer aufstrebenden Klasse, die ebenfalls durch die zur Schau gestellte Freizeit und vor allem durch ihren Konsum demonstrieren wollte, ebenfalls dazuzugehören.

Veblen zieht dabei einen großen historischen Bogen vom antiken Griechenland bis zur heutigen Zeit. Nur hochgestellte, vermögende Persönlichkeiten und Philosophen konnten es sich leisten, den Tag mit Müßiggang zu verbringen und über das Leben und die Natur nachzudenken (vgl. Veblen, 1899/2009, S. 29). Produktive Erwerbsarbeit und zum Teil harte körperliche Arbeit war den niedrigeren Schichten und den Sklaven vorbehalten. Die Oberschicht machte sich nicht die Finger schmutzig. Selbst die Römer nannten die Arbeit verräterisch *neg-otium* d. h. Nicht-Muße. Alles, was mit Arbeit und Lebensunterhalt zu tun hatte, war in den Augen der philosophierenden Oberschicht nicht deren Angelegenheit. Man kümmerte sich eher um Staatsangelegenheiten, die Politik, oder ließ die umfangreichen Latifundien und

Landwirtschaften bewirtschaften. Der Mann oder die Frau von Welt kümmerte sich lieber um das Erlernen von toten Sprachen oder investierte viel Zeit in das Erlernen und Perfektionieren der Manieren, korrekter Sprache oder aber musizierte. Alles Dinge, die erkennbar der geistigen Erbauung dienten und nicht zum Lebensunterhalt (vgl. Veblen, 1899/2009, S. 34).

Stattdessen konzentrierte man sich lieber darauf, welche Produkte den eigenen gesellschaftlichen Status am besten widerspiegeln und vor allem, wie diese Produkte geschmackvoll zu konsumieren sind (vgl. Veblen, 1899/2009, S. 37). Eigentum und Besitz vor allem an prestigeträchtigen Gütern, je mehr desto besser, war das vorrangige Zeichen des Reichtums und der (gehobenen) Klasse. Der Lebensstil sollte sich auch in den hochwertigen Produkten und Produktkategorien generell widerspiegeln: Bestimmte Kleidung, Essen, Getränke und sogar Freizeitbeschäftigungen (vgl. Veblen, 1899/2009, S. 52). Die „feinen Leute" oder besser, die Klasse der reichen und privilegierten Müßiggänger als oberste soziale Schicht gab den Ton und den Lebensstil vor. Ihr Verhalten und ihr Konsum in Art und Menge wurde von den nachfolgenden Klassen intensiv beobachtet (vgl. Veblen, 1899/2009, S. 59). Sie alle wollten so sein und werden wie die mehr oder minder insgeheim bewunderte Oberschicht. In den ländlichen Gegenden und den kleinen Dörfern, wo man sich zumeist persönlich kannte, war es noch möglich, die finanzielle Situation der Mitbürger*innen abzuschätzen. In den Städten ging dies aufgrund der schieren Größe und Einwohnerzahl nicht mehr (vgl. Veblen, 1899/2009, S. 61). Die einzige Möglichkeit, auf die soziale Schicht zu schließen, waren sichtbare Kleidung, Manieren und Sprache. Vor allem die Kleidung war durch einen entsprechenden Konsum relativ schnell zu imitieren, wenn man über ausreichende finanzielle Mittel verfügte.

Wiewohl Veblen mit seinem Werk ein eigenes Ziel verfolgte, liefert er uns auch für die heutige ökonomische Theorie eine Reihe von sehr realitätsnahen Erklärungen. So besteht kein Zweifel, dass Veblen, der sich als ewiger Außenseiter in der US-amerikanischen Gesellschaft empfand und die letzten Lebensjahre in einer einsamen Holzhütte verbrachte, die Gesellschaft seiner Zeit kritisierte. Er mokierte sich über die aus seiner Sicht nutzlose Schicht der Vermögenden, die ihre Zeit sinnlos totschlägt und von der harten Arbeit der Lohnempfänger*innen leben. Ihr einziges Bestreben ist es, noch reicher zu werden als die Vergleichsgruppe. Es ist kein Geheimnis, dass Veblen zeitlebens dem Sozialismus nahestand und die produktive, handwerkliche Arbeit der einfachen Schichten als deutlich wertvoller empfand und unterbewertet sah. Trotz der Polemik in seinem bekanntesten Werk und obwohl es weniger wissenschaftlich, sondern als gesellschaftspolitische Satire daherkommt, hat Veblen nicht nur einen Klassiker der Soziologie geschaffen, sondern auch dem Menschen und seinem ökonomischen Verhalten den Spiegel vorgehalten.

Kehren wir zu unserem Ausgangsbeispiel der prachtvollen Einkaufsstraßen in den Metropolen dieser Welt und ihren exklusiven Boutiquen zurück. Was Veblen damals erkannte, hat auch heute noch seine Bedeutung. Wir orientieren uns heute zwar an den Influencer*innen, den Stars und Sternchen aus Hollywood oder auch in Deutschland. Natürlich verfolgen wir das Leben der bewunderten Meinungsführer*innen, seien sie aus Politik, Medien, Wirtschaft und Gesellschaft. Formate wie „Die Geißens" halten sich jahrelang mit ihrem voyeuristischen Blick auf das vermeintliche Innen- und Außenleben der „Reichen und Schönen". Man erkennt sich an den angesagten Labels, je teurer, desto besser. Jacken kommen von Moncler oder Gucci, Sneaker von Prada oder Dior, Jeans von einer italienischen Designermarke oder man trägt Patek Philippe oder mindestens Rolex. In einer Zeit, in der weder Uniformen noch hierarchische Ränge oder Titel angesagt sind, reduziert sich das Statussymbol auf entsprechende Kleidungsstücke oder Handtaschen. Selbst Urlaube werden nach Luxusorten oder angesagten Adressen selektiert. Wenn schon Europa, dann Portofino, Marbella oder St. Tropez. Mindestens Ibiza muss es sein. So stereotyp dies daherkommt und sicherlich noch einmal nach Stadt und Land differenziert werden muss (in den Städten ist dieser Statuskonsum sicherlich deutlich ausgeprägter als auf dem Land), so zeigt es doch deutlich die Grenzen einer rein ökonomischen Erklärung wirtschaftlicher Sachverhalte auf. Ein Konsum von Luxusgütern, der ansteigt, wenn die Preise ins Astronomische zu steigen scheinen, ist nur mit dem „Veblen-Effekt" erklärbar. Doch es gibt noch eine weitere Erklärung für unser scheinbar irrationales Verhalten. Diese hat ein weiterer Soziologe im 20. Jahrhundert geliefert, Pierre Bourdieu.

Die feinen Unterschiede

Der Konsum ist ein hochkomplexer Prozess, der sich zwar im Endeffekt ökonomisch auswirkt, aber seine Ursachen in einem nahezu unübersichtlichen Beziehungsgeflecht hat. So werden wir von unserem direkten Umfeld beeinflusst, sei es die Kultur oder die Traditionen, in denen wir aufwachsen oder aber die örtlichen Gegebenheiten. Der Geschmack und auch die Konsumvorlieben variieren zwischen einzelnen Ländern Afrikas, Europas und Asiens. Es macht auch einen Unterschied, ob ich im Süden Deutschlands, etwa in Bayern aufwachse oder auf einer Insel in Schleswig-Holstein, Kalifornien oder im Mittleren Westen, in Paris oder in der Bretagne. Einerseits prägen die Traditionen und die Gebirgsregionen Bayerns das Leben der Menschen genauso wie das Meer und die wunderschöne Küstenlandschaft im Norden der

Republik. Gleiches gilt für die sonnigen Gebiete Kaliforniens oder die Ausstrahlung einer Weltstadt wie Paris im Vergleich zum Mittleren Westen oder der Bretagne. Zumindest unbewusst werden unsere Vorlieben und Konsumentscheidungen vorgeprägt. Gleichzeitig leben wir in einer Gemeinschaft der Familie mit Eltern, Geschwistern, Freund*innen, Bekannten, Kolleg*innen aber auch Verwandten, die ebenso unsere Konsumentscheidungen beeinflussen wie in neuester Zeit Influencer*innen in den Sozialen Medien. Diese Personen des öffentlichen Lebens im Netz und weltweit verfügbar, empfehlen bestimmte Produkte und fordern zur Imitation des Lebensstils und Konsums auf.

Als wären das nicht schon genügend Einflussmöglichkeiten, erkannte der französische Soziologe und Philosoph Pierre Bourdieu in seinem bahnbrechenden Werk „Die feinen Unterschiede. Kritik der gesellschaftlichen Urteilskraft" (original: *La distinction. Critique sociale du jugement,* vgl. Bourdieu, 1979/2023), dass Konsum und Lebensstil davon abhängig sind, in welchem sozialen Milieu jemand aufgewachsen ist. Konkret formuliert sei Geschmack klassen- und schichtabhängig und würde diese sozialen Unterschiede damit auch wieder festigen (vgl. im Folgenden Reinecke, 2017). Die Vorliebe für einen bestimmten Film, ein bestimmtes Kleidungs- und Möbelstück sei genauso schichtabhängig wie die Frage, was ich esse, welchen Sport ich treibe etc. Bevor wir in die konkreten Inhalte dieses soziologischen Klassikers näher eintauchen, lohnt es sich, einen kurzen Blick auf ein paar Rahmendaten zum Leben Bourdieus und seiner wissenschaftlichen Arbeitsweise zu lenken (zur Einführung in Leben und Arbeiten Bourdieus, vgl. Fuchs-Heinritz & König, 2014).

Pierre Bourdieu, selbst aus einfachsten Verhältnissen stammend, hat die Klassenunterschiede hautnah am eigenen Leben erfahren, als er an der Elitehochschule *École*

Normale Supérieur in Paris Philosophie im Hauptfach studierte. Seine Familie konnte sich kein Auto leisten, um ihn regelmäßig nach Hause zu holen. Daher blieb Bourdieu die ganze Woche vor Ort. Bourdieus Interesse galt der Bildungs- und Kultursoziologie, nachdem er im Militärdienst in Algerien eingesetzt wurde und sich mit soziologischen und ethnologischen Studien vor Ort beschäftigte. Später unterrichtete er Philosophie an der Universität von Algier. Nach mehreren Stationen lehrte er schließlich Soziologie am Collège de France in Paris, eine der prestigeträchtigsten Institutionen des Landes. Mit seinem bekanntesten Werk, die feinen Unterschiede, bestätigte er die allgemein herrschende Vorstellung, dass die Gesellschaft seiner Zeit eine Klassengesellschaft sei. Wesentlich neue Erkenntnis seines Werkes war die Tatsache, dass sich Klassen nicht nur durch ihre ökonomischen Möglichkeiten und Aktivitäten unterscheiden, sondern auch durch ihre unterschiedlichen Vorlieben und kulturellen Praktiken.

Auch seine eigene Klasse, die Intellektuellen, ordnete Bourdieu ganz eindeutig der herrschenden Klasse zu. Die theoretischen Kernaussagen, in die wir uns im Anschluss vertiefen werden, destillierte Bourdieu auf Basis von umfangreichen empirischen Arbeiten und Studien, die er Anfang bis Ende der 1960er Jahre systematisch angesammelt hatte. Bereits 1964 hatte sich Bourdieu in der Bildungssoziologie einen Namen gemacht, als er mit seinem Kollegen Jean-Claude Passeron in seinem Buch „Die Erben: Studenten, Bildung und Kultur" (original: *Les héritiers: les étudiants et la culture,* vgl. Bourdieu & Passeron, 1964/2007) die Chancenungleichheiten im französischen Bildungssystem kritisierte. So fanden beide Forscher heraus, dass der Bildungserfolg in Frankreich vor allem von der Sozialisation innerhalb der Familie abhängt. Es macht also einen Unterschied, ob ich aus einer gebildeten und vermögenden Schicht entstamme oder nicht. Bourdieu war auch politisch aktiv und setzte sich zeitlebens für die Schwächeren der Gesellschaft ein, etwa streikende Bahnarbeiter oder Arbeitslose, und unterstützte die globalisierungskritische Bewegung *attac*.

Der mikroökonomische Theorieansatz geht davon aus, dass der Konsum auf meinen individuellen Bedürfnissen und den Grenzen meines eigenen Geldbeutels beruht. Was ich mir kaufen kann und haben möchte, kaufe ich mir. Dabei sind bestimmte Produkte für mich austauschbar sowohl in der Menge als auch in der Art. In der ökonomischen Theorie wird das wie wir gesehen haben als Indifferenzkurve dargestellt d. h. alle möglichen Güterkombinationen, die mir den gleichen Nutzen stiften. Dass dies nicht alle Einflussfaktoren abbildet, haben wir spätestens mit der Darstellung des Veblen-Effekts gesehen. Pierre Bourdieu ergänzt diese Sicht um eine empirisch gewonnene Erkenntnis der französischen Gesellschaft in den 1960er Jahren. Soziale Herkunft und der Bildungsgrad legen bereits früh fest, welche Bedürfnisse ich mit welcher Produktkategorie stillen möchte. Wie genau das vonstattengeht, erläutert Bourdieu gleich zu Beginn seines Werkes (vgl. Bourdieu, 1979/2023, S. 17 f.):

> „Nicht nur jede kulturelle Praxis (der Besuch von Museen, Ausstellungen, Konzerten, die Lektüre, usw.), auch die Präferenz für eine bestimmte Literatur, ein bestimmtes Theater, eine bestimmte Musik erweisen ihren engen Zusammenhang primär mit dem Ausbildungsgrad, sekundär mit der sozialen Herkunft."

Die oberen Klassen, die sich durch Einkommen und Vermögen aber vor allem durch Bildung und kulturelles Kapital auszeichnen, verfügen u. a. über einen distinkten, von der Masse abgehobenen Musikgeschmack (vgl. Bourdieu, 1979/2023, S. 36 ff.). Sie hören „das wohltemperierte

Klavier", die „Kunst der Fuge", in der Kunst bevorzugen sie Brueghel und Goya. Im Vergleich dazu bevorzugt die untere Klasse eher den populären Geschmack und die leichte Musik wie „Schöne blaue Donau oder Schlager à la Petula Clark. Bourdieu unterlegt dies mit Statistiken zur Präferenz etwa von Hochschullehrern (obere Klasse) und den Arbeitern (untere Klasse) (vgl. Bourdieu, 1979/2023, S. 40 f.). Bildungskapital, signalisiert durch das Führen von akademischen Titeln, führt ebenfalls zur Distinktion, d. h. zur Unterscheidung der Menschen untereinander, was einen bestimmten Status zuweist und sich ebenfalls in einem unterschiedlichen Geschmack äußert (vgl. Bourdieu, 1979/2023, S. 48). Selbst die ästhetische Wahrnehmung und Bewertung von Bildern als hässlich, nichtssagend, interessant und schön ist vom Bildungsgrad und der individuellen Sozialisation abhängig (vgl. Bourdieu, 1979/2023, S. 57 ff.; vgl. auch die umfangreichen Statistiken auf S. 70 ff.).

Der Mensch erwirbt im Laufe seines Lebens nicht nur ein sogenanntes Bildungskapital, sondern auch ein kulturelles Kapital, das im Rahmen seiner Sozialisation geprägt wird. Von klein auf lernen die Kinder aus gebildeten und vermögenden Haushalten die wesentlichen künstlerischen Werke, die wesentliche Literatur und Musik kennen. Ihnen wird früh vorgelesen, sie erwerben eine umfangreiche Bildung, dazu passende Manieren und eine entsprechende Sprache. Soziale Unterschied zeigen sich schon früh in der Art und Weise zu kommunizieren, was gekauft wird, welche kulturellen Güter man kennt, wo man etwa Möbel passend einkauft (vgl. Bourdieu, 1979/2023, S. 140). Kulturelles Kapital wird sozusagen ererbt und Bildungskapital erworben; man folgt hier dem Beispiel der Eltern und Großeltern, die diesen Weg bereits vorgezeichnet haben. Darüber hinaus verfügen die Menschen quasi von Geburt an durch ihre Eltern über ein ökonomisches

Kapital, gemessen etwa am Eigentum an Immobilien, Premiumautos, Boote etc., bevorzugte Urlaubsorte und Hotels und natürlich Einkommen und sonstiges Vermögen (vgl. Bourdieu, 1979/2023, S. 199).

Übersetzt auf die heutige Zeit könnte man sagen, dass man sich untereinander (er)kennt. Man reist in die gleichen Urlaubsdestinationen, logiert in den angesagten Hotels, fährt die Premiumautos bestimmter hochpreisiger Autos und trägt klar definierte Marken. Was angesagt ist, bestimmt diese Klasse des gleichen ökonomischen Kapitals selbst. Man hat selbstverständlich eine Ferienwohnung hier, ein Haus dort. Man bewohnt bestimmte Viertel und geht nur in ausgewählte Restaurants. Pierre Bourdieu hat dies glänzend in seinen beiden übereinandergelegten Diagrammen des Raums der sozialen Positionen und des Lebensstils dargestellt (vgl. Bourdieu, 1979/2023, 212 f.). So ordnet Bourdieu etwa den Führungskräften in der Privatwirtschaft mit ihren 40–50 Arbeitsstunden im Pariser Ballungsraum einen städtischen Grundbesitz und eine Zweitwohnung zu. Sie fahren Wasserski, spielen Tennis, verfügen über ein Boot und gehen ins Boulevardtheater. Hochschullehrer*innen gehen in die Oper und Ausstellungen, fahren auf Kreuzfahrt, sprechen Fremdsprachen und lesen *Le Monde,* eine progressiv-liberale Tageszeitung aus Paris (vgl. Bourdieu, 1979/2023, S. 212). Natürlich ist die bei Bourdieu aufgezeigte Grafik nicht wortwörtlich zu lesen, sondern symbolisch. Sie zeigt aber deutlich, wie der Konsum und der Lebensstil deutlich vom Bildungs-, kulturellen und ökonomischen Kapital geprägt ist. Wir erinnern uns: Die mikroökonomische Theorie bildet bestenfalls das ökonomische Kapital in Teilen ab, nämlich das Haushaltsbudget.

Wesentlich ist für Bourdieu vor allem der Begriff des *Habitus* (Bourdieu, 1979/2023, S. 277 f.):

„…: der Habitus ist *Erzeugungsprinzip* objektiv klassifizierbarer Formen von Praxis und *Klassifikationssystem* (princi-
pium divisionis) dieser Formen. In der Beziehung dieser
beiden den Habitus definierenden Leistungen: der Her-
vorbringung klassifizierbarer Praxisformen und Werke zum
einen, der Unterscheidung und Bewertung der Formen
und Produkte (Geschmack) zum anderen, konstituiert
sich die *repräsentierte soziale Welt,* mit anderen Worten *der
Raum der Lebensstile.*" (Kursivsetzungen im Original).

Einfacher ausgedrückt beinhaltet der Begriff des Habitus
die gesamte Haltung und das Auftreten einer Person. Das
äußert sich im Lebensstil, seiner Sprache, seiner Kleidung,
seinen Manieren bis hin zur Ausstrahlung. Dieser Habitus
wird vor allem durch die Geburt und die Sozialisation in
einer Klasse geprägt und beinhaltet (politische)Einstellun-
gen, Bewertungsmuster und Verhaltensdispositionen wie
sie für diese Klasse üblich sind. Dadurch reproduziert sich
diese Klasse, deren Einstellung und Verhalten selbst. Es ist
schwer, außerhalb dieser sozialen Klasse diesen Habitus zu
imitieren oder sich authentisch anzueignen. Man hat ihn
oder man hat ihn nicht. Der Habitus beeinflusst meinen
künstlerischen, musischen und Literaturgeschmack, meine
Wahrnehmung auf die Dinge oder auch politische Einstellungen, resultierend daraus werde ich mich unterschiedlich verhalten, nehme Dinge und Aktivitäten anders wahr
und unterscheide mich damit von den anderen Klassen
(Distinktion). Diese unterschiedlichen Geschmacksvor-
stellungen äußern sich u. a. auch in der Struktur meines
Nahrungs- und Genussmittel-Konsums, die sich nach sozialen Klassen unterscheiden (vgl. Bourdieu, 1979/2023,
S. 294 f.).

Die Klassenunterschiede zeigen sich auch in der Wahl
der Nahrungsmittel und Speisen, der Kultur, etwa Bücher,
Zeitungen, Musik, Schauspiel und Theater, und Repräsen-

tation, etwa Kleidung, Schönheitspflege, Toilettenartikel bis hin zum Dienstpersonal (vgl. Bourdieu, 1979/2023, S. 298 ff.). Man ist, was man isst. Bourdieu stellt fest (Bourdieu, 1979/2023, S. 307):

> „…so sind die unteren Klassen, denen mehr an der *Kraft* des (männlichen) Körpers gelegen ist als an dessen Gestalt und Aussehen, nach gleichermaßen billigen wie nahrhaften Produkten aus, während die Angehörigen der freien Berufe den geschmackvollen Erzeugnissen, die gesundheitsfördernd und leicht sind und nicht dick machen, den Vorzug geben."

Gesundes und leichtes Essen, das schlank und fit hält, überwiegt bei den oberen Klassen die reichhaltige Ernährung. Körper- und Schönheitspflege werden besonders hoch gewichtet. Manikürte und pedikürte Finger- und Fußnägel sind für sie eine Selbstverständlichkeit. Bourdieu analysiert sogar, wie häufig wer zu privaten Feiern eingeladen wird, was serviert wird und vor allem womit. In der Arbeiterklasse dominieren Familien- und Freundeskreise, während die Oberklasse auch gesellschaftlich relevante Kreise und Arbeitskolleg*innen einlädt. Serviert werden hochwertige Speisen und Getränke mit Silberbesteck und Porzellangeschirr. Die Gäste sind eher elegant gekleidet und selbst die Geschenke sind sozial vorbestimmt (vgl. Bourdieu, 1979/2023, S. 318 f.). Bourdieu scheut auch nicht davor zurück, Bilder in sein Werk zu integrieren, die Stil und Schönheit des Körpers aus unterschiedlicher ästhetischer Sichtweise darzustellen (vgl. Bourdieu, 1979/2023, S. 336 f.). Hier der geformte und muskulöse Körper der unteren Klassen, dort der im eleganten weißen Outfit elegant Tennis spielende damalige französische Präsident Valéry Giscard d'Estaing. Geschmack definiert den Konsum. Und der ist gemäß Bourdieu nach Klassen unterschiedlich. Natürlich ist der Sport, den man betreibt, ebenfalls schichtspezifisch. Was in den 1970er Jahren Tennis war, ist heute Golf als bevorzugter Sport für die Oberschicht.

Für uns ist in dieser Hinsicht vor allem wichtig, zu welcher Quintessenz Bourdieu bei seiner Betrachtung der Unterscheidungsmerkmale der einzelnen Schichten kommt. Gegen Ende des zweiten Teils seines Buches fasst er seine Erkenntnisse noch einmal prägnant zusammen (Bourdieu, 1979/2023, S. 355):

„Aus der bisherigen Darstellung ergibt sich, dass ebenso viele Räume für Präferenzen bestehen wie Gegenstandsbereiche stilistischer Möglichkeiten. Ob Getränke (verschiedene Mineralwasser, Weine, Aperitifs) oder Autos, Zeitungen, Wochenzeitschriften, Ferienorte und Ferienformen, Hauseinrichtung und Gartengestaltung, ganz zu schweigen von politischen Programmen: jedem dieser Bereiche sind jene distinktiven Merkmale beigegeben, mit deren Hilfe die grundlegenden gesellschaftlichen Unterschiede fast ebenso vollständig zum Ausdruck gebracht werden können wie durch die äußerst komplexen und verfeinerten Ausdruckssysteme, die von den legitimen Künsten bereitgestellt werden. Es liegt auf der Hand, welche nahezu unerschöpfliche Fülle an Möglichkeiten die Gesamtheit dieser Einzelbereiche dem Streben nach Unterscheidung in die Hand gibt.“

Als wäre das noch nicht genug, vergrößern sich die feinen Unterschiede zwischen den einzelnen Klassen noch weiter, wenn man den von Bourdieu bezeichneten „Klassengeschmack“ und den Lebensstil mit hinzufügt (vgl. Bourdieu, 1979/2023, S. 405 ff.). So bevorzugt die ältere Bourgeoisie d. h. diejenigen, die bereits seit Generationen der Oberschicht gehören, antike Möbelstücke, bestimmte Museen (Louvre), Künstler oder Konzerte (Konzert für die linke Hand, vgl. Bourdieu, 1979/2023, S. 412 ff.). Bourdieu geht sogar so weit, den Luxusgeschmack der Oberschicht anhand konkreter Produktkategorien und Geschäfte zu exemplifizieren (vgl. Bourdieu, 1979/2023, S. 444 f.).

Bei welchen Antiquaren kauft man ein, welche Ärzte besucht man, welche Juweliere bevorzugt man, welche Kleidungsmarken, Lebensmittel, Reinigungen bis hin zu Tierhandlungen. Selbst das ideale Profil der neuen Führungskraft mit einer Ausbildung an der *École des hautes études commerciales* de Paris (HEC) oder Insead wird klassenspezifisch zur Distinktion empfohlen (vgl. Bourdieu, 1979/2023, S. 472 f.). Selbst ethische Einstellungen sind klassenspezifisch (in welche Schulen geht man, ab wann darf man alleine ausgehen, gemischte Schulen ja oder nein etc., vgl. Bourdieu, 1979/2023, S. 491 f.). Bildung ist ebenfalls ein sehr wichtiger Bestandteil der gesellschaftlichen Distinktion. Dabei unterscheiden sich die unterschiedlichen gesellschaftlichen Klassen nicht darin, ob sie bestimmte Bildungsbereiche *anerkennen,* sondern inwieweit sie diese *kennen* (vgl. Bourdieu, 1979/2023, S. 500). Gute Bildung ist also nicht nur eine Frage der Intelligenz, der Förderung und des Geldes, sondern auch des Wissens um die richtige Bildung und deren elitären Institutionen (HEC, Insead etc.). Intensive politische Bildung und eine eigene Meinung dazu gehören selbstverständlich ebenfalls zum Kanon der Oberschichtbildung (vgl. Bourdieu, 1979/2023, S. 620 ff.). Entsprechend unterscheidet sich auch die Lektüre von Tageszeitungen und Wochenzeitschriften je nach Bildungsgrad (vgl. Bourdieu, 1979/2023, S. 696 ff.).

Bourdieu hat ebenso wie zuvor Veblen mit seinem Werk anschaulich gezeigt, dass der Konsum, der sich letztlich in einer konkreten ökonomischen Aktivität äußert, von vielen verschiedenen Faktoren beeinflusst wird. Sein Hauptaugenmerk liegt dabei auf der gesellschaftlichen Schicht, in der man sich befindet und der man sich zugehörig fühlt. Je nach Klassenzugehörigkeit versucht man sich zu unterschieden in seinem Konsum, geprägt durch einen distinkten Geschmack und Lebensstil. Zählt man kulturelle Faktoren und den Einfluss uns nahestehender Menschen wie etwa Familie, Freund*innen, Bekannte aber auch öffentlichen Meinungsführer und Influencer*innen hinzu, dann erhält man ein Bild der komplexen Faktoren, die in einem Konsumvorgang zusammenwirken. Dabei hat man die individuellen psychologischen Faktoren noch gar nicht berücksichtigt. Der Konsum generell und der Kauf bestimmter Produkte in Qualität und Quantität ist nicht nur die Frage des individuellen Geldbeutels und der individuellen Präferenzen, sondern auch der persönlichen Einstellung oder Bewertung. Was wäre z. B., wenn ich einem (maßlosen) Konsum generell sehr kritisch gegenüberstehe, wiewohl die finanziellen Ressourcen vollkommen ausreichen? Nicht für jeden und jede ist Konsum Lebenselixier. Was also ist das rechte Maß des Konsums? Das wollen wir uns im folgenden Kapitel etwas näher ansehen.

3.3   Das rechte Maß des Konsums

Mit dem Konsum ist es so eine Sache. Für 40 % der Deutschen ist er auf existentielle Produkte beschränkt, da sie praktisch kein Vermögen besitzen (vgl. Fratzscher, 2023). Konsum ist hier kein Freizeitvergnügen oder ein gerne ausgelebtes Ritual am Wochenende, sondern schlicht eine Notwendigkeit. Fast das gesamte Einkommen oder die Einnahmen generell gehen für die Miete und den Lebensunterhalt drauf. Die Wahl besteht vor allem darin, die begrenzten finanziellen Mittel so einzusetzen, dass die Familie über die Runden kommt und sei es mithilfe gemeinnütziger Organisationen wir der Tafel. Konsum ist rein funktional, überlebensnotwendig. Dagegen gibt es mehr als eine Million Menschen in Deutschland, die sich Vermögensmillionäre nennen können. Das oberste ein Prozent der Bevölkerung in Deutschland verfügt über 35 % des gesamten Vermögens (vgl. Fratzscher, 2023). Für diese Menschen bis hin zur oberen Mittelschicht dürfte das Kapitel Sinn machen, denn sie haben ausreichende finanzielle Mittel zur Verfügung, um nach Lebenslust zu konsumieren und nicht auf den Cent achten zu müssen. Dies ist kein Vorwurf, sondern eine nüchterne Beschreibung der Realität. Vier Millionen Menschen zahlen in Deutschland den Spitzensteuersatz von 42 % ab einem Einkommen von derzeit 68.481 € (01/2025, vgl. Finanz.de, 2025), nimmt man die gemeinsame Steuerveranlagung als Basis (vgl. Fratzscher, 2023). Das sind im Wesentlichen diejenigen Menschen, die über ein ausreichendes Einkommen und Ersparnisse verfügen, die ein entspannteren Konsum überhaupt ermöglichen. Einfach gesagt, es sind vor allem die Oberklasse und die obere Mittelklasse, die sich mit dem rechten Maß des Konsums überhaupt beschäftigen müssen.

Unser Konsum ist weitestgehend ein Ritual geworden. Man trifft sich in der Innenstadt und durchstöbert die einzelnen Läden zumeist, ohne ein konkretes Produkt kaufen zu wollen oder ein konkretes Bedürfnis zu haben. Die Tatsache, dass man neue Schuhe braucht (wirklich oder will man nur die neuesten, modischen?), da die anderen bereits in die Jahre gekommen sind, oder andere Produkte des täglichen Bedarfs dringend benötigt, macht sicherlich einen kleinen Teil des Konsums aus. Der bereits erwähnte Trendforscher Carl Tillessen hat in seinem Buch über den Konsum zurecht darauf hingewiesen (vgl. Tillessen, 2023), dass wir vieles kaufen, was wir eigentlich gar nicht brauchen. Wir kaufen, weil wir es können und sich das Produktangebot in den letzten Jahren vervielfacht hat. Der globale Kleidungskonsum hat sich seit 1960 verneunfacht (vgl. Tillessen, 2023, S. 39). Wir kaufen jetzt global ein, virtuell wie physisch. Onlinekäufe haben den Vorteil, 24/7/365 realisiert werden zu können. Global. Amazon und Co. sei Dank. Große Warenhausketten und Discounter haben die Tante-Emma-Läden verdrängt (vgl. Tillessen, 2023, S. 20 ff.). Wir kaufen hybrid d. h. wir nehmen jedes Schnäppchen mit und nutzen globale Verkaufsförderungstage wie „Black Friday" exzessiv und kaufen billigstmöglich. Einerseits. Andererseits sparen wir wie die Weltmeister auf Statusprodukte à la Chanel, Gucci, Dior, Hermès, Rolex etc., um den anderen Mitbürger*innen zu zeigen, wer wir sind und wo wir gesellschaftlich stehen. Veblen hat immer noch recht.

Wir konsumieren, da wir teilhaben wollen am Wohlstand und an dem sichtbaren gesellschaftlichen Aufstieg durch Statuskonsum. Das Belohnungszentrum in unserem Gehirn in Form von Dopamin muss bedient werden. Emotionen schlagen die Vernunft. Wir brauchen immer mehr Dopamin, je länger wir dabei sind. Was wir kaufen bestimmen Sozialisation, Schicht und Habitus. Bourdieu traf ebenfalls den Nagel auf den Kopf. Konsum hat nur vordergründig mit Ökonomie zu tun. Vor allem für die unteren 40 % der Bevölkerung, deren Konsum schlicht eine Frage des täglichen Überlebens ist. In der Vergangenheit war Besitz der einzig glücklich machende Zustand. Mieten oder Teilen ausgeschlossen. Dies scheint sich in Zeiten der Sharing-Ökonomie, des Teilens und Nicht-Besitzes von Gegenständen, zu ändern. Airbnb und Carsharing-Flotten lassen grüßen. Neueste Entwicklungen der KI analysieren unsere Konsumdaten und schlagen nicht nur auf Basis unserer Präferenzen ähnliche Produkte vor, sondern die Bestellmöglichkeiten haben sich ebenfalls potenziert. Zu Zeiten von Alexa und Co. reicht bereits unsere

Sprache aus, um einzukaufen. Zu Zeiten von Metaverse, einer virtuellen Einkaufswelt, können wir über unsere Avatare zusätzlich rein virtuell kaufen. Die Bezahlmöglichkeiten haben sich ebenfalls potenziert. Bargeld ist schon lange out. Man zahlt per Smartphone, Smartwatch oder PayPal. Wer weiß, wahrscheinlich künftig per Chip im Gehirn.

Konsum wird immer mehr zum Lebensstil. Man kennt sich untereinander. Wer nicht die richtigen Marken trägt, ist nicht nur out, sondern wird nicht auf Augenhöhe gesehen. Jede Produktkategorie wird von einzelnen, ausgewählten Luxusmarken beherrscht, die die Eingeweihten kennen oder sich spätestens von den zahlreichen Influencer*innen nennen lassen. Wie aber entkommt man dieser Spirale des gesellschaftlichen Wettbewerbs, der Statusolympiade der Kaufkräftigen? Gleichzeitig hat jeder Mensch das Recht, sein Geld für den Konsum seiner Wahl auszugeben, sowohl in Qualität als auch in Quantität. Konsum kann uns erfüllen und befriedigen. Dabei konsumieren wir immer mehr und immer schneller. Das gilt allerdings auch für unseren Verbrauch. Wir konsumieren immer schneller, ersetzen schneller und werfen weg. Wir leisten der unserer Umwelt damit einen Bärendienst. Konsum als Maßstab für unseren individuellen Wohlstand und der Lebensqualität. Ist das aber alles immer so sinnvoll? Wo liegt die Grenze? Was wäre ein vernünftiges Maß?

Der Begriff des Maßes und Maß Haltens hat Tradition. Schon Aristoteles war ein Anhänger der rechten Mitte *(mesotes)*, die gesunde Mitte zwischen einem zu viel und zu wenig (vgl. Pietsch, 2021, S. 74 f.). Materielle Dinge standen weder bei den Epikureern noch den Stoikern im Vordergrund. Im Gegenteil müsse man sich davon freimachen. Das Mittelalter folgte dieser materiellen Entsagung, ganz dem Vorbild des mittellosen Wanderpredigers Jesus von Nazareth folgend, der eher ein Kamel durch ein Nadelöhr gehen sah als einen Reichen in das Himmelreich

(Mk, 10,25). Wir stellen also die richtige Frage, wenn wir uns über das rechte Maß des Konsums Gedanken machen. Dabei gibt es viele gewichtige Gründe, den Konsum freiwillig zu reduzieren (vgl. im Folgenden Haus von Eden, 2025).

So könnten wir die Zeit, die wir für stundenlanges Einkaufen verwenden möglicherweise viel besser nutzen. Es geht nichts über die Pflege sozialer Beziehungen. Ein regelmäßiges Treffen mit Freund*innen, Bekannten oder auch der Familie oder gemeinsame Aktivitäten stehen zur Auswahl. Wir alle können viel besser vom Alltag abschalten, indem wir gemeinsam mit unseren Liebsten etwas unternehmen, spielen, reisen oder einfach in der Natur spazieren gehen. Jede*r ist natürlich selbst gefordert zu überlegen, was er oder sie alternativ unternehmen möchte. Viele, vor allem ältere Menschen sind karitativ tätig, engagieren sich etwa in der Tafel, pflegen ihre Angehörigen oder lesen Kindern vor. Die Möglichkeiten eines ehrenamtlichen Engagements sind vielfältig. Hiermit soll nicht gesagt werden, dass sämtliche Shoppingtage, die auch einmal Freude bereiten können, durch solche sozialen Events ersetzt werden sollen. Nur lohnt es sich sicher, zumindest regelmäßig darüber nachzudenken, ob nicht der eine oder andere Einkaufsausflug durch eine andere, gemeinschaftliche Aktivität ersetzt werden kann.

Stattdessen können wir auch mehr in unsere Hobbies investieren. Vielleicht ein gutes Buch oder eine Zeitung lesen, einen ausgedehnten Spaziergang in der Natur oder sich in Vereinen engagieren. Vor allem sollte man auch einmal Zeit für sich einplanen, was in der alltäglichen Arbeits- und Wochenhektik zumeist verloren geht. Nicht alles, was entspannt und Freude bereitet muss etwas kosten. Manchmal hilft es auch während des Tages ein paar Minuten innezuhalten und gar nichts zu machen. Der Soziologe Hartmut Rosa hat das in seiner Theorie der sozialen Beschleunigung gut eingefangen (vgl. Rosa, 2013). Wir werden im Alltag getrieben von den immer kürzer werdenden Fristen zur Erledigung von Aufgaben. Die Technik ermöglicht eine sekundenschnelle globale Kommunikation, der Druck nimmt ebenso zu wie die Beschleunigung des Lebens. Rosa fragt sich zurecht, warum wir immer weiter beschleunigen und nicht entschleunigen (vgl. Rosa, 2023, S. 55 ff.). Wir werden wieder sensibilisiert für die kleinen und schönen Dinge des Alltags. Zudem machen wir uns frei von den modischen Zwängen der Community, sei sie virtuell oder physisch, die uns basierend auf unserem Lebensstil und der gewünschten Zugehörigkeit zu einer sozialen Klasse die jeweils aktuelle Mode vorschreibt. Wir sind selbstbestimmt, individuell und achten eher auf uns und unsere Liebsten bzw. Menschen in Not als auf uns selbst und die neueste Mode. Wir müssen dies alles nicht, aber wir können.

Der Konsumverzicht bringt auch ökonomische Vorteile mit sich. So können wir Geld sparen und Impulskäufe vermeiden. Wir können das eingesparte Geld dafür verwenden, uns etwas Gutes zu tun und uns Zeit schenken. Zeit, die nichts kostet außer Zeit. Was sich so esoterisch anhört, muss es nicht sein. Das Plädoyer dieser Zeilen ist schlicht: Wir können alles so belassen wie es ist und uns alles gönnen, was wir wollen. Nur, wir können auch vor dem Hintergrund der Alternativen darüber nachdenken. Wir könnten z. B. das Geld auch verwenden, um es in Teilen denen zu geben, die es nötiger haben. Es gibt viele Hilfsorganisationen für bedürftige Menschen hierzulande, die dringend auf unsere Spenden angewiesen sind. Spenden gegen die Kinderarmut oder die Armut im Alter etwa. Oder wir investieren das Geld in die Bildung unserer Kinder und Enkel. Wie gesagt, wir können, müssen aber nicht. Alternativen sind allerdings da. Es hängt davon ab, wie wir diese Alternativen zum Konsum für uns *bewerten.*

Schließlich tragen wir mit unserem Konsumverzicht auch zum Erhalt der Umwelt bei. Viele Produkte, und das ist kein Vorwurf, sondern schlicht Realität, werden produziert, verpackt, zum Teil mehrfach um den Globus transportiert und nicht immer in einer Kreislaufwirtschaft der erneuten Produktion zugeführt. Jedes Produkt, das diesem Kreislauf entkommt oder gar nicht produziert wird, nützt der Umwelt. Natürlich bin ich nicht naiv und möchte nicht mit diesen Vorschlägen die Wirtschaft abwürgen. Denn natürlich steigern Unternehmen mit einem erhöhten Umsatz an Produkten ihren Gewinn und schaffen Arbeitsplätze. Doch fragen wir uns selbst, wie viele Produkte wir aus einer Laune heraus gekauft haben, die wir ein- bis zweimal verwenden, bevor sie in der Ecke verstauben oder einfach kurze Zeit später wieder weggeworfen werden. Ich nehme mich da nicht aus. Ein Umdenkprozess zur rechten Zeit hat noch niemandem geschadet. Dabei gäbe es klare Tipps und Tricks, wie wir den Konsum reduzieren könnten (vgl. Haus von Eden, 2025).

Wir könnten z. B. in einem Bereich anfangen, etwa der Anzahl unserer Sneaker und nur noch neue kaufen, wenn die alten tatsächlich abgenutzt sind. Gleichzeitig machen wir eine Bestandsaufnahme unserer Kleidung, Schuhe und vieles andere mehr und überlegen, was wir wirklich noch benötigen. Wir können uns wie im Management Ziele setzen und eine bestimmte Zeit z. B. einen Monat nicht mehr „shoppen" gehen. Dabei geht es nicht um Dinge des täglichen Bedarfs wie Lebensmittel oder Hygieneartikel, sondern etwa um modische Accessoires. Wir belohnen uns nach einer gewissen Abstinenz mit einem relativ teuren Artikel, den wir uns schon lange herbeigesehnt haben. Klare Einkaufslisten verhindern Spontan- und Impulskäufe. Wir leihen und verwenden bestimmte Dinge wieder. Wenn wir kaufen, dann achten wir auf soziale und ökologische Nachhaltigkeit. Weniger Verpackung, mehr

Inhalt. Nichts Neues aber effektiv. Einen besonders intensiven Weg in diese Richtung beschreiten die sogenannten
„Frugalisten" (vgl. im Folgenden weltsparen 2025, vertiefend zum Konzept des Frugalismus vgl. Wagner, 2019).

Von dem lateinischen Begriff *frugalis* für genügsam,
sparsam abgeleitet, sollen private Ausgaben auf ein Minimum verringert werden. Aus der Not der Finanzkrise
2008 in den USA entstanden (Bewegung FIRE, Financial
Indepence, Retire Early d. h. Frühe Rente durch finanzielle Unabhängigkeit), wollten Menschen ihr Überleben
sichern, indem sie überflüssige Ausgaben streichen oder
andere entsprechend zeitlich strecken. Das, was Unternehmen initiieren, wenn sie in finanzielle Nöte kommen, wird
hier auf den privaten Haushalt übertragen. Dabei konzentrieren sich die Frugalisten auf einen sparsamen und
bewussten Umgang mit finanziellen Ressourcen im Gegensatz zu den Minimalsten, die ihre Besitztümer mehrheitlich loswerden wollen, um nur mit dem Nötigsten zu
überleben. Es soll ihnen emotionale Ruhe geben, ganz auf
den Spuren Epikurs oder auch des berühmten Kynikers
Diogenes aus Sinope, der bekanntlich zeitweilig in einer
Tonne lebte. Die Frugalisten setzen sich individuelle, sehr
niedrige Budgets, zeichnen ihre monatlichen Einnahmen
und Ausgaben akribisch auf und suchen nach Streichpo-
tenzialen. Ähnlich wie Unternehmen, die in finanzielle
Schieflage geraten, sortieren sie unnötige und teure Investitionen aus, ersetzen die absolut notwendigen durch billi-
gere Alternativen oder verschieben sie. Klassiker sind hier
Urlaube. Weniger und billiger ist mehr.

Wesentlich im Konzept der Frugalisten ist vor allem die
langfristige Perspektive. Um mit 40 Jahren in Rente gehen
zu können (so der Titel des Buches von Florian Wagner,
vgl. Wagner, 2019), wird das gesparte Geld renditeträchtig
auf Tages- oder Festgeldkonten angelegt. Hilfreich ist auch
eine breite Streuung des Geldes auf den Aktienmärkten.

Ein Konzept, das nicht für alle Menschen gleich geeignet ist. Eine gewisse Finanzmarktexpertise wird entsprechend vorausgesetzt. Wenn ich im Alter weiterhin frugal d. h. genügsam lebe, dann kann unter bestimmten Bedingungen das angesparte Kapital reichen. Die Lebensphilosophie dahinter ist, dass nur noch absolut notwendiger Konsum getätigt wird. Dafür warten im Alter Selbstbestimmung und Freiheit, da man nicht mehr im hektischen Berufsalltag eingebunden ist und seine Zeit genießen kann. Entspannte Lebenszeit gegen Konsumeuphorie. Entschleunigung pur. So die Lebensmaxime. Dies ist natürlich nicht für alle Menschen möglich.

So können sich das nur Menschen leisten, die sich in der oberen Mittelklasse oder Oberklasse befinden. Menschen, die ein ausreichend hohes Einkommen haben, um sich monatlich etwas beiseitelegen zu können. Wie wir oben gelernt haben, trifft das auf etwa 40 % der Deutschen nicht zu. Ferner benötigt man eine gewisse finanzielle Expertise, um die geeigneten Finanzanlagen aussuchen und die Einnahmen und Ausgaben akribisch nachvollziehen zu können. Nicht nur, aber eher etwas für Akademiker*innen. Der Lebensstil muss drastisch eingeschränkt werden. Soziale Aktivitäten wie etwa gemeinsame Reisen, Urlaube oder auch Essen müssen ebenfalls eingeschränkt werden. Realistischerweise reduziert sich der Bekanntenkreis auf diejenigen, die sich ebenfalls dieser Bewegung angeschlossen haben. Wer schränkt sich sonst bei den Freizeitaktivitäten freiwillig auf ein Minimum ein. Und natürlich muss auf bestimmte Freuden des Lebens kurzfristig zugunsten der Langfristperspektive verzichtet werden. Auf der Habenseite stehen dagegen die finanzielle Unabhängigkeit, die größere Lebenszeit in freier Gestaltung, die Stressreduktion und der nachhaltige, da sparsamere und bewusstere Konsum.

Was halten wir am Ende dieses Kapitels fest? Der tägliche Konsum ist nicht nur einer, der sich nach den Präferenzen und dem Haushaltsbudget richtet, sondern auch abhängig von meiner individuellen Einstellung und Bewertung des Konsums. Weniger ist mehr könnte man sagen. Es existieren in jeder Richtung Extrempositionen. Einerseits die „Shopping-Junkies", die im Einklang mit dem Diktum Veblens konsumieren, um mithalten zu können oder gemäß Bourdieu, weil es den feinen Unterschied der Klasse aufzeigt. Andererseits die Frugalisten und Minimalisten, die zwar konsumieren könnten, darauf aber zugunsten einer Lebenseinstellung verzichten. Die meisten werden wohl in der Mitte liegen und sich wohl überlegen, wie viele Dinge sie täglich zu welchem Preis kaufen müssen. Vielleicht muss man nicht immer dazugehören, vielleicht braucht man nicht das zehnte Paar Sneaker oder die 15. Handtasche. Dabei gibt es prinzipiell keinen Unterschied zwischen Männern und Frauen. Ein Zuviel an Konsum ist geschlechterneutral. Wir alle müssen uns darüber Gedanken machen, wie viel und zu welchem Preis wir konsumieren wollen und können. Klar ist, der Konsum an sich hat viel mehr mit psychologischen und sozialen Gegebenheiten zu tun als nur mit rein ökonomischen Vorgängen. Konsum ist mit einem Wort deutlich komplexer.

Wir werden allerdings im folgenden Kapitel sehen, dass zusätzlich zu den sozialen und psychologischen Faktoren, die den Konsum auf dem klassischen Gütermarkt bestimmen, noch weitere Faktoren eine Rolle spielen. So spielt das clevere Marketing und die Werbung der Unternehmen eine große Rolle bei unseren Konsumentscheidungen, die mal bewusst und mal unbewusst ablaufen. Wir wollen uns diese Maschinerie einmal ansehen, ohne eine Wertung vorzunehmen. So ist es das primäre und legitime Ziel eines Unternehmens, möglichst viele Produkte zu einem möglichst hohen und gewinnbringenden Preis zu verkaufen. Dagegenstehen aber potenzielle Käufer*innen, die nicht immer so viel konsumieren wollen, wie sie es letztlich dann tun. Werfen wir also im Folgenden einen kleinen Blick auf die Mechanismen des Vermarktens von Produkten und Dienstleistungen im 21. Jahrhundert.

3.4 Werbung und Konsum

Konsum beruht auf einem konkreten Bedarf. Wo ein Bedarf aktuell noch nicht existiert, kann er durch modernes *Marketing* geweckt werden. Zu Beginn des 20. Jahrhunderts, in einer Zeit der zunehmenden Vielfalt und Ausdifferenzierung der Warenwelten (vgl. im Folgenden vor allem Homburg, 2012, S. 6 ff.), fing man an, sich zunehmend mit der richtigen Vermarktung von Produkten zu beschäftigen. Wurde zuvor noch weniger produziert als der Markt aufnehmen konnte, d. h. es existierte ein sogenannter „Verkäufermarkt", drehten sich die Verhältnisse ab den 20er Jahren des letzten Jahrhunderts um. Viele Unternehmen produzierten ähnliche Produkte und mussten sukzessive dazu übergehen, ihre eigenen Erzeugnisse im Vergleich zur Konkurrenz zu differenzieren. Der reine Verkauf musste durch eine entsprechende Werbung ergänzt werden. Man wollte sich schließlich nicht alleine darauf verlassen, dass die Kund*innen schon genau wüssten, was sie wollten, sondern man wollte entsprechend nachhelfen. Diese Entwicklung wurde dann zur Zeit der Weltwirtschaftskrise Ende der 1920er Jahre und in den Jahren des zweiten Weltkriegs kurzzeitig unterbrochen, da die Warenentwicklung nicht mit der enormen Nachfrage mithalten konnte und eine Mangelwirtschaft entstand.

Das änderte sich wieder in den Boom-Jahren der 1950er und 1960er Jahre, in der Bundesrepublik den

Jahren des „Wirtschaftswunders". Marketing wurde auf neue Beine gestellt und umfasste eine umfassendere Vermarktungslogik, die Preis-, Produkt-, Kommunikation und Vertriebspolitik beinhaltete. Seitdem forschten Wissenschaftler*innen auf der ganzen Welt, wie man die Preise, das Produkt, die Kommunikation und die vertriebliche Logistik so gestalten konnte, dass möglichst viele der eigenen Produkte verkauft werden können. So analysierte man im Detail, welche Produkteigenschaften mein Erzeugnis aufweisen sollte, welche Verpackung und Kundendienstleistungen aber auch wie ich mein Produkt von der Konkurrenz abheben kann (vgl. Homburg, 2012, S. 546). Die ersten Marken wurden geboren mit einem bestimmten Qualitätsversprechen und einem unverwechselbaren Gesicht gegenüber meinen potenziellen Kund*innen.

Man machte sich darüber Gedanken, welches Problem mein Produkt oder meine Dienstleistung lösen sollte, wie ich überhaupt zu neuen Produkten komme und wie ich sie am besten am (globalen) Markt einführen sollte (vgl. Homburg, 2012, S. 543 ff.). Natürlich muss ich auch eine Vorstellung davon haben, inwieweit ich meine Produkte differenziere, verbessere und insgesamt am Leben halte. Zur Differenzierung und hohen Wiedererkennung wurden Marken kreiert, die eine bestimmte Vorstellung von dem Produkt oder der Dienstleistung in den Kopf der Kund*innen projizieren (vgl. Homburg, 2012, S. 609). In der Preispolitik (vgl. Homburg, 2012, S. 649 ff.) konzentrierte man sich auf die Preisbestimmung neuere Produkte, sorgte für die Stimmigkeit mit den bereits existierenden und konzentrierte sich auf deren Durchsetzung am Markt. Dies ist vor allem deshalb entscheidend, als der vom Unternehmen zu erzielende Gewinn maßgeblich davon abhängt, inwieweit es gelingt, den Preis zu optimieren. Konkret geht es darum, den Preis zu finden, der einerseits die maximale Preisbereitschaft des Kunden und der Kundin abschöpft und andererseits sich nicht mit einem zu hohen Preis im Vergleich zum Wettbewerb aus dem Markt zu katapultieren. Gleichzeitig muss der Preis sicherstellen, dass ich zumindest einen großen Teil meiner Kosten decke. Langfristig natürlich alle.

Zudem muss ich mir überlegen, wie ich meine Produkte und Dienstleistungen so kommuniziere, dass möglichst viele Kund*innen sie haben wollen. Dies schließt die Wahl der Kommunikationskanäle wie TV, Radio, virtuell wie physisch, *Social Media* etc. genauso ein wie die Botschaft an sich und die einzelnen Kommunikationsmaßnahmen (vgl. Homburg, 2012, S. 775 ff.). Schließlich mache ich mir darüber Gedanken, wie ich mein Produkt oder meine Dienstleistung zu den Kund*innen transportiere. Also eine Antwort auf die Frage des Vertriebs- und Logistiksystems, der Vertriebspartner und des Vertriebsweges, etwa über den (Einzel- und oder Groß-)Handel (vgl. Homburg, 2012, S. 847 ff.). Im Laufe der Zeit sind zu dieser rein instrumentellen Perspektive noch spezifische Instrumentarien eines branchenbezogenen Marketings entstanden, etwa bezogen auf Automobile oder Investitionsgüter generell oder auch hinsichtlich bestimmter Institutionen. So existieren mittlerweile eine Vielzahl an Überlegungen zum Handelsmarketing, dem Dienstleistungsmarketing oder einem länderübergreifenden internationalen oder globalen Marketing.

Marketing ist mittlerweile eine komplette Philosophie geworden. Ich versuche als Anbieter von Produkten und Dienstleistungen, in die Köpfe meiner potenziellen Kund*innen zu sehen und daraufhin mein Angebot anzupassen. Um dies sicherzustellen, ist im Laufe der Jahrzehnte eine schier unübersehbare Flut an Marktforschungsliteratur und -studien entstanden, die jedes noch so kleine Teil des Verhaltens von Kund*innen rigoros und detailliert abbildet. Nichts wird mehr dem Zufall überlassen. Es gibt ganze Stäbe, die sich mit Marketingstrategien beschäftigen, die Kosten der einzelnen Maßnahmen im Vergleich zur Wirkung auf den Märkten akribisch messen oder auch die Organisation und das Personal permanent optimieren. Um Marketingstrategien gezielt ausarbeiten zu können, werden der Markt und die potenzielle Zielgruppe akribisch unter die Lupe genommen wie allgemeine Produkt- und Markttrends, Wettbewerbsaktivitäten, neueste rechtliche, technische aber auch neuerdings ethische und ökologische Entwicklungen. Was sich nach einem Einführungskurs ins Marketing in den ersten Semestern anhört, ist nichts anderes als die Feststellung, dass (kaum) ein Kundenbedürfnis einfach so entsteht, sondern im Wesentlichen von einer komplexen Marketingmaschinerie *erst erzeugt* wird.

Das kann man gut oder schlecht finden. Das ist nicht der Punkt. Mein Argument ist hier, dass die mikroökonomische Logik der freien Produktentscheidung auf Basis meiner Präferenzen und Bedürfnisse und vor dem Hintergrund meines in aller Regel begrenzten Haushaltsbudgets so in der Realität nicht existiert. Meine Präferenzen wie es so schön in den ökonomischen Lehrbüchern heißt, werden zumeist künstlich geschaffen. Dieses „Sofort-Haben-Wollen" eines Produktes oder einer Dienstleistung ist nicht nur sozial und psychologisch bedingt, wie wir in den vorherigen Kapiteln gelernt haben, sondern vor allem Dingen ein artifizielles Konstrukt einer professionellen Marketingbranche und deren Profis. Dies ist keinerlei Kritik am Marketing generell. Alle Unternehmen und vor allem das Management sind es ihren Mitarbeitenden schuldig, dafür zu sorgen, dass das Unternehmen langfristig genügend Gewinn erzielt, um die Jobs halten zu können. Das Management und die Unternehmer*innen sind für den Erhalt der Arbeitsplätze und ihres Unternehmens generell verantwortlich. Dazu setzen sie gezielte immer wieder aktualisierte Marketingmaßnahmen und -konzepte ein, die den Verkauf ihrer Produkte befeuern sollen. Dies setzt auf einer ausgefeilten Analyse der Kund*innen und deren Kaufgewohnheiten und -verhalten auf. Bevor wir zu einer Einschätzung dieser Marketingmaschinerie kommen (und der Tatsache, dass diese von den einzelnen Konsument*innen jeweils unterschiedlich bewertet wird!), müssen wir eine marketingtechnischen Sprung in das 21. Jahrhundert vollziehen. Denn zu Zeiten der KI, virtueller Warenwelten, *Social Media, Internet of Things* und *Metaverse* bieten sich den Marketingprofis eine wesentlich größere Auswahl an Möglichkeiten, die Bedürfnisse ihrer potenziellen Kund*innen zu beeinflussen. Dies wollen wir uns im Folgenden kurz ansehen, bevor wir uns fragen, wie diese unterschiedlichen Marketinganstrengungen von den einzelnen Betroffenen eingeschätzt werden und welche Rückwirkung diese Einschätzung auf ihr Kaufverhalten verursacht.

Der international bekannteste Marketingforscher, der US-Amerikaner Philip Kotler, hat 2024 ein neues Marketingbuch mit zwei Kollegen verfasst, das die neuesten Trends und Methoden des Marketings im 21. Jahrhundert sehr gut abbildet (vgl. im Folgenden Kotler et al. 2024). Marketing und seine Methoden sind nicht stehengeblieben und haben sich mit den Trends und Innovationen auf den globalen Märkten weiterentwickelt. Diese Jahre, ein Vierteljahrhundert nach der Jahrtausendwende, sind vor allem durch „Metamarketing" geprägt (vgl. Kotler et al., 2024, S. 10 f.). Dabei bedeutet *meta* aus dem Altgriechischen als Präfix „nach" oder „jenseits" und bezeichnet einen Marketing-Ansatz, der die Grenzen zwischen den physischen und digitalen Welten überschreitet. Während sich das Marketing der ersten Stunde hauptsächlich auf das Produkt und dessen Vermarktung konzentriert hat (Marketing 1.0), ging es in den folgenden Phasen vor allem um den Kunden (2.0), die Nachhaltigkeit (3.0), die Digitalisierung (4.0) und die Künstliche Intelligenz (5.0) und deren Auswirkungen auf das Marketing. Heute haben wir das Stadium erreicht, indem die Menschen eintauchen in eine Mischung aus digitaler und physischer Welt („immersive", 6.0) (vgl. Kotler et al. 2024, S. 11). Wir leben und konsumieren nicht nur off-, sondern auch online. Und beides gleichzeitig wie wir noch sehen werden. Marketing muss darauf eine Antwort parat halten und nach wie vor die Begehrlichkeit für Produkte und Dienstleistungen auf globaler Ebene aufrechterhalten.

Autos können nicht nur online konfiguriert und von allen Seiten betrachtet, sondern auch virtuell Probe gefahren werden. Sogenannte „Smart Fitting Rooms" können anhand der in die Umkleidekabinen mitgebrachte Kleidungsstücke erkennen, welche Accessoires etc. zum modischen Stil der jeweiligen Person passt (vgl. Kotler et al., 2024, S. 19). Gleiches gilt für Schuhe etc. In einer voll ausgestatteten und funktionierenden virtuellen Welt, dem sogenannten *Metaverse,* können Menschen sich durch selbst kreierte Avatare repräsentieren lassen, die für sie eine virtuelle Shoppingwelt durchlaufen. Dies alles hat mit einer neuen heranwachsenden Generation der Kund*innen zu tun, die sukzessive die Welt des Konsums bevölkern (vgl. Kotler et al., 2024, S. 25 ff.). Geboren zwischen Mitte der 1990er bis zu den frühen 2010er Jahren betritt die Generation Z die Shoppingarena zeitgleich mit der Generation Alpha, derer, die nach den frühen 2010er Jahren und heute geboren wurden. So trivial wie bedeutsam ist die Tatsache, dass diese Generationen der jungen Menschen weltweit, die zahlenmäßig auf mehr als vier Milliarden kommen (vgl. Kotler et al., 2024, S. 27, von acht Milliarden insgesamt), das Internet mit der Muttermilch aufgesogen haben. Sie spielen früh mit Smartphones, Tablets etc. und bewegen sich in der virtuellen Welt ebenso selbstverständlich wie in der physischen Welt.

Sie bewegen sich nicht nur mühelos zwischen den beiden Welten, sondern verfügen über selektive Aufmerksamkeitsspannen (vgl. Kotler et al., 2024, S. 27). Was nicht sofort auf Interesse stößt, wird erst gar nicht beachtet. Kurze, personalisierte und am besten visuell ansprechende Botschaften verfangen. Langatmige oder unpersönliche Werbebotschaften werden im wahrsten Sinne des Wortes auf dem Smartphone „weggewischt". Sie sind in höchstem Maße pragmatisch, suchen nach Authentizität und wollen sich schon sehr früh selbst ausdrücken und ihren persönlichen Empfindungen Raum geben. Die sozialen Medien sind der ideale Tummelplatz, um sich zu vernetzen, mit Gleichgesinnten auszutauschen und Meinungen zu einer Vielfalt von Themenbereichen des täglichen Lebens zu diskutieren. Sie sind weniger am persönlichen Besitz, sondern mehr an kurzfristigen (Produkt)Erfahrungen interessiert. Die sogenannte „Sharing Economy", die Produkte mit anderen kurzfristig teilt wie Car Sharing oder Airbnb bei Ferienappartements liegen daher voll im Trend. Produkte und Marken sollten idealerweise ihre Werte widerspiegeln. Diese Generationen denken tendenziell stärker in den Kategorien Nachhaltigkeit, Solidarität und Selbstverwirklichung. Sie lieben alles, was nicht unbedingt perfekt ist. Daher sollten es auch die Protagonisten in Werbevideos nicht sein. Nicht perfekt und authentisch wie sie selbst (vgl. Kotler et al., 2024, S. 37).

Die Bedeutung der sozialen Medien kann in diesen beiden Generationen nicht hoch genug eingeschätzt werden. So nutzten 2022 in den USA alleine von der „älteren" Generation Z 98 % (!) die sozialen Medien, davon 71 % mindestens drei Stunden täglich (vgl. Kotler et al., 2024, S. 42). Daher sollten Werbebotschaften kurz und prägnant in Form von Videos auftauchen und eine Möglichkeit zum sofortigen Kauf beinhalten. Vor allem in den vielfach segmentierten Sozialen Medien, in denen sich einzelne Communities mit ähnlichen Interessen zusammenschließen wie etwa bei *Reddit* oder *Discord* (vgl. Kotler et al., 2024, S. 47) können Marketingaktivitäten 6.0 gezielte Botschaften einflechten lassen. Ähnlich wirken die je nach Reichweite äußerst einflussreichen Influencer*innen oder Blogger*innen. Sie leben und bewerben in ihrer teilweise millionenfachen Fangemeinde Produkte und Dienstleistungen und schaffen durch ihre Nähe und Vertrauen in einzelne Produkte Begehrlichkeiten bei den sogenannten *Followern*. Diese persönlichen Beziehungen in den sozialen Medien ermöglichen einen intensiven, personalisierten Austausch auch über Konsumaktivitäten und schaffen die notwendige Vertrauensbasis und Authentizität, die diese jüngeren Generationen suchen.

Der Verkauf über das Internet ist am Ende des ersten Vierteljahrhunderts des neuen Jahrtausends zur Regel geworden und nichts Ungewöhnliches mehr. Neu ist, dass potenzielle Kund*innen mit den Internetangeboten interagieren können. So liefern Chatbots, KI-generierte virtuelle Helfer nötige personalisierte Hintergrundinformationen zu den Produkten, können Bücher empfehlen oder sonstige Informationen rund um das Produkt und dessen Herstellerfirma liefern. Soziale Medien können schrittweise auch zu virtuellen Schaufenstern werden, in denen Produkte beworben und verkauft werden. Die Kommunikation im Vorfeld kann dann in verschiedenen Formen erfolgen, per Chatbots, sprachunterstützter KI, Sprachassistenten oder auch KI-Apps wie *ChatGPT,* die sämtliche Fragen rund um Produkte beantworten können. Mittlerweile können sogar Produkt- und Werbeinformationen in dreidimensionale Ohrhörer, Kopfhörer mit denen auch visuelle Welten wahrgenommen werden („Video Reality Headsets") oder intelligente Brillen („smart glasses") eingespielt werden (vgl. Kotler et al., 2024, S. 54 und 56). Die neuen Medien, KI und weitere technologische Entwicklungen schaffen also immer mehr Möglichkeiten, die potenziellen Käufer*innen gezielt in ihre Richtung zu beeinflussen, Marketing wird im wahrsten Sinne allumfassend und man kann darin komplett eintauschen („immersive"). Das ist nicht als Vorwurf, sondern schlicht als beschreibende Tatsache gemeint.

Dabei drehen sich die Wünsche und Bedürfnisse gerade der jungen Generation immer schneller in verschiedene Richtungen. Sie vergleicht die Produkte im Internet, sammelt Erfahrungen der Influencer*innen. Was heute *in* ist, kann morgen schon *out* sein. Kürzere Produktlebenszyklen sind die Folge. Produkte müssen künftig die fünf Sinne ansprechen und den physischen wie virtuellen Kanal ideal miteinander verbinden. Was immer die junge Generation an Vorlieben und Konsumwünschen vorlebt, Marketing und seine Instrumente und Strategien passen sich dem in Windeseile an. Auch in der virtuellen Welt, der Welt der Influencer*innen und Metaverses werden Bedarfe geweckt und die Präferenzen der potenziellen Kund*innen gezielt im Sinne der Unternehmensprodukte beeinflusst. Wie gesagt, das ist kein Kritikpunkt an der Vermarktungsstrategie der Unternehmen, sondern beschreibt schlicht die Tatsache, dass auch heute die Wünsche und Erfordernisse der Kund*innen intensiv erforscht und in die richtigen Bahnen gelenkt werden. Bedürfnisse sind nicht angeboren und bleiben ein Leben lang unveränderlich, wie es die mikroökonomische Theorie zu suggerieren versucht.

So können Einzelhändler durch miteinander kommunizierende Geräte, etwa Kühltruhen, Regale oder Einkaufswägen das Kaufverhalten der in den Läden befindlichen Kund*innen scannen und dann gezielt über Apps auf deren Smartphones situations- und standortbezogene Verkaufsförderungen einspielen (vgl. Kotler et al., 2024,

S. 87). Befinde ich mich etwa vor dem Kühlfach mit den Joghurts, können mir bestimmte Joghurts zu einem attraktiven Preis schmackhaft gemacht werden. Mithilfe kleiner drahtloser Geräte, den *IoT beacons,* die via Bluetooth mit den Verkaufsregalen kommunizieren, können Kund*innen identifiziert und gezielt beworben werden (vgl. Kotler et al., 2024, S. 88). KI wertet innerhalb kürzester Zeit Millionen von Diskussionen in den Sozialen Medien aus und kann auf Basis geänderter Kund*innenpräferenzen in nur wenigen Monaten neue Produkte oder -verbesserungen vornehmen. PepsiCo nutzt diese Technik bereits erfolgreich (vgl. Kotler et al., 2024, S. 91).

Walgreens, eine große US-amerikanische Pharmahandelskette, nutzt intelligente Kühlschränke mit Gesichtserkennung, Verfolgung der Augenbewegungen und Bewegungssensor, um die individuelle Aktivität der Kund*innen vor der Produktauswahl nachzuvollziehen (vgl. Kotler et al., 2024, S. 93). Virtuelle und erweiterte (*„augmented")* Realität helfen, virtuelles Make-up zu gestalten oder Kleidung anzuprobieren. Bezahlt wird dann auch wieder virtuell, über Bitcoins. Es ist sehr einfach, sich vorzustellen, dass erfinderische Marketingprofis ihre Techniken auch mühelos in das Zeitalter von Metaverse transferieren können, zum Wohle der jeweiligen Unternehmen. Dabei haben wir noch gar nicht darüber geredet, dass sich zahlreiche weitere Berührungspunkte zwischen einem gezielten Marketing und dem künftigen Einsatz von Robotern und deren Technik. Sensorik, Robotik und *Natural Language Processing (NLP),* also die Verarbeitung natürlicher Sprache sind hier die Stichworte (vgl. Kotler et al., 2024, S. 187). Als Teilbereich der KI ermöglicht NLP es Computern, menschliche Sprache zu verstehen und zu interpretieren. Marketing wird mit dieser technologischen Entwicklung entsprechend mithalten und ihre Techniken noch weiter verfeinern.

Im Klartext: Alle Spuren, die wir in den sozialen Medien oder sonst irgendwo elektronisch hinterlassen, können systematisch ausgewertet und mit den sensorischen Daten unseres Einkaufsverhaltens in audio-visueller, taktiler oder sonstiger Hinsicht verarbeitet werden. Die Weckung der individuellen Bedürfnisse steht künftig nichts mehr im Wege. Sie nimmt auf meinen individuellen Standort *(Proximity Marketing)* oder meine persönliche Interesse Rücksicht *(Contextual Marketing)*. So bekomme ich, während ich eine Autosendung verfolge, gezielt eine Werbung für Autozubehör eingeblendet (vgl. Kotler et al., 2024, S. 195). Ich kann sogar virtuell durch erweiterte Realität Kleidung oder Make-Up ausprobieren (*Augmented Marketing*, vgl. Kotler et al., 2024, S. 192 ff.). Je mehr Kanäle zum Konsum sich öffnen, umso geschickter werden die Techniken werden (müssen), um die Bedürfnisse der Kund*innen in bestimmte Bahnen zu lenken. Und es wird so kommen, wenn Unternehmen weiterhin, was ihr gutes Recht ist, ihre Produkte und Dienstleistungen gewinnbringend an die Frau oder den Mann bringen wollen.

Am Ende dieses Kapitels lohnt es sich noch einmal, die wesentlichen Erkenntnisse im Sinne eines *take aways* zusammenzufassen. Unser individueller Konsum auf Basis unserer Bedürfnisse, ökonomisch: Präferenzen, ist kein eindimensionaler Prozess, der vor allem an unserem Haushaltsbudget hängt. Während dieser mikroökonomische Theorieansatz noch am ehesten für die untere Hälfte der Bevölkerung gilt, die tatsächlich nichts oder wenig Vermögen besitzen und nur konsumieren, um ihre tägliche Existenz zu sichern, gilt dies für die obere Vermögenshälfte schon nicht mehr. Habe ich nur sehr wenig Geld zur Verfügung, konzentriere ich mich darauf, im Rahmen meines Haushaltsbudgets das maximal mögliche an Lebensmitteln, Kleidung, Unterkunft etc. zu erwerben. Bleibt etwas übrig, kann ich noch minimal in Urlaube oder Hobbies investieren. Für die andere Hälfte gelten andere Regeln. Denn habe ich genügend Geld zur Verfügung, um meinen täglichen Bedarf zu decken und mich danach noch nach meinen Zusatzbedürfnissen zu richten, spielt das Haushaltsbudget eine eher untergeordnete Rolle.

Wie wir in den Unterkapiteln des Kap. 3 gesehen haben, hängen meine Präferenzen, meine Bedürfnisse von vielen verschiedenen Faktoren ab. Konsum ist Lebensstil. Das betrifft nicht nur Mode oder meine persönliche Einrichtung. Ich bin, was ich kaufe. Dabei orientiere ich mich an Vorbildern, seien es die Eltern, Geschwister, Bekannte, Verwandte oder Freund*innen. Es können auch Arbeitskolleg*innen oder die Gruppe der Gleichaltrigen sein. In Zeiten der sozialen Medien werden die anderen, an denen man sich virtuell und real orientiert immer wichtiger. Es ist in diesem Zusammenhang nicht unwichtig, aus welcher Schicht ich entstamme (Habitus, Bourdieu), aus welcher kulturellen Umgebung und welche Sozialisation mich geprägt an. Werte, Einstellungen zum Leben und zum Konsum spielen eine wesentliche Rolle wie wir gesehen haben. Wachse ich sozial und ökologisch sensibel auf, werde ich versuchen eher weniger und nachhaltiger zu konsumieren. Ist mir der Status innerhalb der Gesellschaft wichtig und möchte ich mit den reichen und Schönen auf Augenhöhe sein, werde ich eher versuchen, Luxusprodukte zu kaufen, selbst wenn ich lange darauf sparen muss.

Das Kaufverhalten eines Haushalts ist in der Summe ein äußerst komplexer Vorgang. Viele Marketinglehrbücher und psychologische Studien von Konsument*innen sprechen dazu eine beredte Sprache. Präferenzen der einzelnen Haushaltsmitglieder sind mitnichten gegeben, sondern werden größtenteils von findigen Marketingstrateg*innen erst geweckt oder gänzlich neu geschaffen. Dies ist wie bereits erwähnt kein Vorwurf, sondern beschreibt schlicht eine Realität. Die Erklärungskraft mikroökonomischer Modelle zu Konsumentscheidungen am Gütermarkt ist bestenfalls sehr eingeschränkt und deckt die allermeisten Kaufmotive gar nicht erst ab. Erst das Zusammenspiel der einzelnen Faktoren der Umwelt, der Gesellschaft aber auch psychische Faktoren prägen das gesamte Bild. Was spricht dagegen, eine interdisziplinäre Perspektive zu wählen, die eine realistische Sicht auf ökonomische Aktivitäten ermöglicht?

Wir haben es in der Wirtschaft mit Menschen zu tun. Wir werden erzogen, wachsen in einer bestimmten Umgebung auf und bilden uns langsam zu individuellen Persönlichkeiten heran. Entsprechend unterschiedlich sind unsere Vorstellungen von unserm Leben aber auch von unserem Kaufverhalten. Die Frage, was wir kaufen sollen, ist in vielen Fällen weniger eine Frage des Haushaltsbudgets, sondern mehr eine Frage unserer *individuellen Bewertung*. Vom Konsum generell und vor allem von den zu erwerbenden Produkten. Es dürfte daher klar geworden sein, dass die ökonomische Betrachtung des Haushaltsbudgets und der individuellen Präferenzen, das zu verschiedenen Güterbündeln führt, zu kurz greift. Nicht nur, dass die meisten Einflussfaktoren des Kaufverhaltens mikroökonomisch ausgeblendet werden. Die modellhaft erworbenen Kenntnisse bringen uns auch nicht weiter. Warum also nicht die gesammelten Erkenntnisse der Geistes- und Sozialwissenschaften konsolidieren zu einem realistischeren Blick auf unser Leben und unser Konsumverhalten zu werfen. Und in gleicher Weise wollen wir nun selektiv die ökonomischen Erkenntnisse und Modelle des Geld- und Kapitalmarkts durchforsten. Wir wollen prüfen, ob uns nicht dieser interdisziplinäre Ansatz auch in diesem ökonomischen Teilgebiet weiterhilft.

4

Bewertung des Geldes

4.1 Die Philosophie des Geld- und Kapitalmarkts

„Money makes the world go round" sangen Liza Minnelli und Joel Grey 1972 im Film-Musical „Cabaret", also Geld regiert die Welt, frei übersetzt. Entweder man hat es oder man hat es nicht. Kalt lässt es niemanden. Heute stellt sich immer wieder die Frage, wie man den Zustand vermeiden kann, zu wenig davon zu haben oder umgekehrt, wie leben die, die reichlich davon haben. Seit Längerem wird bereits die Frage gestellt, ob diejenigen, die zu viel haben, denen, die zu wenig haben, nicht etwas abgeben sollten. Solidarität statt Egoismus, gezwungen oder freiwillig. Oder ob es eine gesellschaftliche Obergrenze des Geldes und Vermögens pro Person geben sollte (vgl. Klein, 2025; Robeyns, 2024; Pietsch, 2025, S. 79 ff.). Ich werde darauf am Ende dieses Kapitels noch einmal zu sprechen

© Der/die Autor(en), exklusiv lizenziert an Springer Fachmedien
Wiesbaden GmbH, ein Teil von Springer Nature 2025
D. Pietsch, *Bewertung,*
https://doi.org/10.1007/978-3-658-49201-4_4

kommen. Dabei ist Geld ökonomisch gesehen zunächst einmal nichts anderes als „ein Bündel von Aktiva, die die Menschen in einer Volkswirtschaft regelmäßig dazu verwenden, Waren und Dienstleistungen von anderen Menschen zu erwerben" (Mankiw & Taylor, 2012, S. 760). Geld hatte also eine bestimmte Funktion, in diesem Fall Waren und Dienstleistungen zu erwerben.

Geht man in die Geschichte zurück, dann stellt man fest, dass vor der Erfindung des Geldes ein reger Tauschhandel eingesetzt hatte. Bereits in der Steinzeit wurde Ware gegen Ware getauscht (vgl. im Folgenden Ellrich, 2012 und etwas ausführlicher North, 2009). Manche sammelten Beeren, andere fertigten Kleidung an, andere jagten und erlegten Tiere und boten diese zum Tausch an. Schon damals existierten Arbeitsteilung, Spezialisierung und Tausch innerhalb der kleineren Sippen und Stammesgesellschaften untereinander. Wurden zunächst Waren gegen Waren bzw. Naturalien getauscht, wurde das erste Geld wohl um 4500 vor unserer Zeitrechnung in Mesopotamien, dem heutigen Irak, genutzt. Gebräuchlich waren damals wohl Silbermünzen. Auch die Ägypter entwickelten früh eine Zahlungssystem mit Zahlungsmitteln aus Gold, Silber und Kupfer, zumeist in Form von Barren oder Ringen. Im Mittelmeerraum wurde gegen 2000 vor unserer Zeitrechnung bereits Metallgeld verwendet. Das hatte den unschlagbaren Vorteil, dass der Wert durch den Aufdruck leichter zu ermitteln war und schwieriger zu fälschen. Noch fälschungssicherer war das Münzgeld, wohl vom Perserkönig Dareios 700 vor unserer Zeitrechnung lanciert und mit Siegel, Stempel und Bild versehen. Dieses Münzgeld verbreitete sich rasch in der Antike, vor allem in den viele Länder umspannenden griechischen und römischen Einflussbereichen.

So praktisch es war, Münzen statt schwerer und umständlich zu transportierender Ware zu tauschen, so kompliziert wurden umfangreiche Transaktionen. Neben den Unsummen an Münzgeld, die dazu notwendig waren, wurde auch langsam das zur Münzprägung nötige Metall knapp. Die Lösung boten bedruckte Scheine, die den Wert des Geldes symbolisieren sollten. Der Ursprung der heutigen Geldscheine. Das erste Papiergeld entstammt anscheinend aus China gemäß den Funden aus dem 9. Jahrhundert. Um sich vor Fälschungen zu schützen, wurde jeder Geldschein eigens angefertigt und mit einer eigenen Nummer versehen. In Europa existierte das erste Papiergeld wohl in Schweden, das sich dann ab dem 18. Jahrhundert in ganz Europa als Zahlungsmittel verbreitete. Heute kommen noch weitere Spielarten des Geldes hinzu. Neben dem Natural-, Münz- und Papiergeld existiert das Giral- und Buchgeld wie es auf den Bankkonten auf aller Welt gehalten wird. Dazu kommen im Zeitalter der Digitalisierung noch *Bitcoins* als digitales Zahlungsmittel, eine sogenannte Kryptowährung.

Geld verfügt heute über drei verschiedene Funktionen (vgl. Mankiw & Taylor, 2012, S. 761 f.). Es fungiert *erstens* als Tausch- und Zahlungsmittel, vor allem wenn wir Waren oder Dienstleistungen erwerben wollen. *Zweitens* stellt es eine Recheneinheit dar, um den Preis eines Gutes anzugeben oder die aufgelaufenen Schulden zu beziffern. Schließlich bedeutet Geld *drittens* ein Wertaufbewahrungsmittel. Geld stellt in der Regel sicher, dass meine heutige Kaufkraft auch in die Zukunft fortgeschrieben werden kann. Es sei denn, die Inflation schlägt zu und entwertet im Laufe der Zeit den Wert dessen, was ich mir mit einem bestimmten Geldbetrag kaufen kann. Der sicherlich einflussreichste und bedeutendste Ökonom des 20. Jahrhunderts, John Maynard Keynes (vgl. Pietsch, 2022, S. 191 ff.) hat die Bedeutung des Geldes für den Menschen klar erkannt und in seinem Hauptwerk, der „Allgemeinen Theorie" (vgl. Keynes, 2017) nachvollziehbar herausgearbeitet. Gemäß Keynes herrschen vor allem vier Motive vor, Geld nachzufragen und zu halten (vgl. Keynes, 2017, S. 168 f.):

Erstens das *Einkommensmotiv.* Bargeld wird vor allem deshalb gehalten, um die zeitliche Differenz zwischen der Geldausgabe und dem Bezug des Einkommens als Geldeinnahme zu überbrücken, Dies ist unmittelbar ersichtlich, wenn ich etwa regelmäßig meine Miete zahlen muss und mein Einkommen erst nach dem Stichtag auf mein Konto überwiesen wird. Oder aber ich erhalte meine Gehaltsüberweisung Ende des Monats, muss aber diverse Ausgaben innerhalb des Monats begleichen.

Zweitens das *Geschäftsmotiv.* Dies dient zur Überbrückung der Zeit zwischen eingehenden und ausgehenden Zahlungsströmen. Zur Vorbereitung meines Autokaufs habe ich Kosten für die Reparatur, die Innen- und Außenreinigung, Werbekosten etc. Der Käufer zahlt mir aber den Kaufpreis erst zu einem gemeinsam festgelegten Stichtag.

Drittens das *Vorsichtsmotiv.* Ich berücksichtige bereits in der Zukunft auf mich zukommende Zahlungen wie etwa eine neue Waschmaschine oder möchte mir Geld zur Seite legen, um einen Spontankauf tätigen zu können, etwa ein neues Kleidungsstück oder einen Artikel aus einer unerwarteten Rabattaktion.

Viertens schließlich das *Spekulationsmotiv.* Ich halte (Bar)Geld vor, um in Aktien, besondere Wertpapiere oder sonstige Anleihen investieren zu können, in der spekulativen Hoffnung auf eine kurz- bis mittelfristige Wertsteigerung.

Geld ist also wie wir gesehen haben eine sinnvolle und wertvolle Angelegenheit. Zur Überwachung und Steuerung dieses Systems sind Banken verantwortlich (vgl. im Folgenden Mankiw & Taylor S. 765 ff.). Das Geldsystem eines Landes wird durch die Zentralbanken überwacht und gelenkt, die auch die Geldmenge und damit

das Geldangebot beeinflussen. Besondere Bedeutung
haben hierbei die *Federal Reserve Bank* der USA, die *Bank
of Japan,* die *Bank of England* und im Zuge des Euro die
Europäische Zentralbank (EZB). Die Geldmengen der
Europäischen Union sind in drei Maße kategorisiert, je
nachdem, welche Geld- und Geldbestandteile in die Be-
rechnung mit einfließen. So umfasst die Geldmenge M1
täglich fällige Einlagen und der Umlauf an Bargeld. M2
setzt darauf auf und addiert zusätzlich Einlagen mit einer
Kündigungsfrist von bis zu drei Monaten und/oder einer
Laufzeit von bis zu zwei Jahren. M3 wiederum integriert
zusätzlich zu M2 Wertpapierpensionsgeschäfte, Geld-
marktfondsanteile, Geldmarktpapiere und Schuldver-
schreibungen mit einer Laufzeit von bis zu zwei Jahren
(vgl. Mankiw & Taylor, 2012 Tab. 29.1, S. 764). Zentralbanken haben vor allem die Aufgabe, die Preisstabilität in
dem vor ihr verantworteten Währungsraum, die EZB also
im Euroraum, sicherzustellen und damit die Inflation zu
begrenzen.

Wie kann eine Bank aber die Preisstabilität und die Inflationsrate beeinflussen? Preise steigen u. a. dann, wenn
zu viel Geld im Umlauf ist. Einfach gesagt, kommen
Verbraucher*innen und Unternehmen leichter an Geld,
was die Nachfrage anregt und die Preise für Waren und
Dienstleistungen steigen lässt. Ein ähnlicher Effekt ergibt sich durch die Senkung des Leitzinses, den die Zentralbank als ein mögliches Instrument vornehmen kann.
Dadurch werden Banken in die Lage versetzt, Geld günstiger bei der Zentralbank zu leihen und entsprechend an
ihre Kund*innen weiterzugeben. Investitionen von Unternehmen lassen sich nun leichter über Kredite finanzieren.
Denken Sie etwa an die Senkung der Bauzinsen, die nicht
nur die Bauunternehmen zu zahlen haben, sondern auch
deren Kund*innen. Dieser sogenannte Refinanzierungssatz
der Zentralbank hat einen Einfluss darauf, wie viel Geld

in Form von Krediten aufgenommen wird und kann so die Geldmenge aber auch die Konjunktur beeinflussen. Darüber hinaus stehen der Zentralbank zwei weitere wesentliche Instrumente zur Verfügung, um das Geldangebot und damit die am Markt befindliche Geldmenge zu beeinflussen: Die Offenmarktpolitik und die Ausgestaltung der Mindestreserveanforderungen (vgl. Mankiw & Taylor, 2012, S. 774 ff.).

Offenmarktpolitik

Geld wird nicht vom Hubschrauber über einem Land abgeworfen, sondern wird „geschöpft". Diese Geldschöpfung erfolgt dadurch, dass die Zentralbank auf dem Anleihemarkt festverzinsliche Wertpapiere erwirbt oder Kredite an Geschäftsbanken vergibt. Dazu muss sie zusätzliches Geld drucken und investieren. Das erhöht die auf dem Markt befindliche Geldmenge mit dem oben genannten Effekt auf die Preise und die Inflation. Um das Geldangebot auf dem Markt zu verknappen, verkaufen Zentralbanken entsprechend Wertpapiere auf dem Markt und nehmen dafür Geld entgegen, das sie so dem Markt entziehen. Die Geldmenge reduziert sich.

Mindestreserveanforderungen

Geschäftsbanken sind gezwungen einen Teil ihres hinterlegten Geldes als Mindestreserve zu halten. Ähnlich wie es private Haushalte idealerweise auch handhaben. Der Notgroschen wird zurückgehalten für alle Eventualitäten. Die Zentralbank kann nun festlegen, welchen Prozentsatz an Mindestreserve pro Einlage die Geschäftsbanken zu halten haben. Erhöht sie den Prozentsatz, stehen den Geschäftsbanken eine geringere Geldmenge zur Verfügung, die als Kredite an die Kund*innen und Unternehmen vergeben werden können. Entsprechend sinkt die am Markt zirkulierende Geldmenge. Im umgekehrten Fall kann durch einen geringeren Mindestreservesatz der mögliche Kreditrahmen, den Banken vergeben können, deutlich erweitert werden. In der Folge steigt die Geldmenge am Markt.

Die Rolle des Geldes in der gesamtwirtschaftlichen Steuerung ist seit Jahrzehnten umstritten. Die prominentesten Widersacher im Streit um die Rolle der Geldpolitik sind sicherlich die einflussreichsten Ökonomen des 20. Jahrhunderts, Milton Friedman und John Maynard Keynes (vgl. Pietsch, 2022, S. 191 ff.). Mit seiner Forschungskollegin Anna Schwartz erhielt der US-Ökonom Milton Friedman vom *National Bureau of Economic Research*, in etwa die Zentralbehörde zur ökonomischen Forschung, den Auftrag, den Einfluss der Geldpolitik auf die konjunkturelle Entwicklung der USA zu untersuchen (vgl. Pietsch, 2022, S. 227). Dabei untersuchten beide Forscher in ihrem Buch von 1963 die Geschichte des Geldes in den USA über einen Zeitraum von fast 100 Jahren, nämlich von 1867 bis 1960. Sieben Jahre lang sichteten und werteten beide umfangreiche und detaillierte Statistiken aus und kamen zu einem verblüffenden Ergebnis. Während John Maynard Keynes in seiner Allgemeinen Theorie (s. o.) im Wesentlichen der Geldpolitik keine wesentliche Rolle zugewiesen hatte, entdeckten Friedman und Schwartz, dass die Geldmengenentwicklung sehr wohl eine entscheidende Rolle für die Inflation und Konjunktur spielte. Eine stark ansteigende Geldmenge führte zu einer deutlichen Konjunkturbelebung, heizte aber auch die Inflation an. Umgekehrt führte eine gesunkene Geldmenge zum gegenteiligen Effekt gedrosselter Konjunktur bei sinkender Inflation.

Vor allem in den Krisenjahren von 1929 bis 1933–1929 war das Jahr des Zusammenbruchs der Börse, das die Welt in eine Wirtschaftskrise hineinzog – reduzierte sich die Geldmenge um mehr als ein Drittel. Dadurch stand den Geschäftsbanken deutlich weniger Geld zur Verfügung. In der Konsequenz verknappte sich das Geldangebot auf dem Markt dramatisch, Unternehmen investierten und produzierten weniger, Privatpersonen kaufen entsprechend weniger Waren und Dienstleistungen. Die Konjunktur wurde regelrecht abgewürgt. Ab 1933 stieg die Geldmenge wieder an und die Unternehmen konnten wieder ausreichend Kredite von den Geschäftsbanken beziehen. Folglich hellte sich die Konjunktur wieder auf. Die *Federal Reserve* hätte, so das Ergebnis der Langzeitanalyse von Friedman und Schwartz, in Zeiten verringerter Geldmenge diese durch frisches Geld wieder erhöhen sollen, um die gedrosselte Konjunktur nicht gänzlich abzuwürgen. Friedman sah in der Zentralbank vor allem eine staatliche Institution und kritisierte vor allem deren fehlende oder falsche Steuerung der Geldmenge. Der Staat verursachte also die Fehlentwicklungen, die ohne ihn so nicht oder in geringerem Maße eingetreten wären.

Friedman kam am Ende seiner Überlegungen zu dem Schluss, dass Keynes falsch gelegen hatte. Keynes wollte die fehlende gesamtwirtschaftliche Nachfrage durch staatliche Investitionen in die Wirtschaft kompensieren, etwa in Infrastruktur wie Straßen, Brücken, Immobilien. Das Geld sollte am Kreditmarkt und nicht über höhere Steuern aufgenommen werden, um die Nachfrage der privaten Haushalte und der Unternehmen nicht abzuwürgen. Geld spielte wie bereits erwähnt dabei bei Keynes eine untergeordnete Rolle. Dagegen wandte Friedman ein, dass die staatlichen Investitionen kontraproduktiv seien. Abgesehen davon, so das Credo von Friedman, dass der Staat nicht besser wisse, wo und wann zu investieren sei als der Markt, würden höhere Steuern die private Nachfrage verringern. Im Falle der zusätzlichen Kreditaufnahme des Staates auf dem Kapitalmarkt würden in der Konsequenz die Zinsen ansteigen und dadurch die Kreditaufnahme vor allem der Unternehmen erschweren. Die Folge wären geringere Investitionen der Unternehmen aber auch der privaten Haushalte und ein Konjunkturabschwung.

Wer jetzt Vergleiche zur aktuellen Situation sieht, hat vollkommen recht. Eine ähnliche Diskussion tobt zum Zeitpunkt des Abfassens dieser Zeilen auch in Deutschland, Das Stichwort lautet hier die Schuldenbremse. Die Schuldenbremse legt seit 2016 fest, dass sich Deutschland jedes Jahr bis zu 0,35 % des Bruttoinlandsproduktes neu verschulden darf. Das entspricht aktuell ungefähr neun Milliarden Euro im Jahr (vgl. Schneider & Toyka-Seid, 2025). Dahinter steckt die Idee, dass der amtierenden Regierung ein Maximalwert vorgegeben wird, um die Gesamtverschuldung des Landes zu deckeln und nicht unbegrenzt Geld für politische Versprechen auszuschütten. Befürworter und Gegner dieser Schuldenbremse prallen in ihren Argumenten hart aufeinander. Es ist abzusehen, dass nach der Bundestagswahl zur Bewältigung der ökonomischen Krise und Rezession in Deutschland diese Schuldenbremse zumindest reformiert werden dürfte. Damit müssen die dringend notwendigen Investitionen in die Bildung, die Infrastruktur, etwa marode Brücken und Straßen, aber auch in den Wehretat finanziert werden. Angesichts der drohenden außenpolitischen Herausforderungen, vor allem resultierend aus dem Ukrainekrieg und der geänderten Außenpolitik der USA, wird dies dringend nötig sein. Unterstützung erhält diese Argumentation von der aus der post- keynesianischen Theorie entstammenden Idee der *Modern Monetary Theory* (MMT), die umfangreichen staatlichen Investitionen vorsieht, ohne das Risiko zu sehen, dass der Staat sich überschuldet (zu der interessanten Theorie vgl. vertiefend Ehnts, 2022).

Vor allem der vorangegangene Abschnitt verdeutlicht das Prinzip, dem wir im Rahmen dieses Buches auf den Grund gehen wollen. Der Unterschied in der Vorgehensweise ist schlicht die *individuelle Bewertung der Geldpolitik,* des Geldes generell und der Maßnahmen, die daraus resultieren. Hier der Befürworter einer gezielten Steuerung der Geldmenge in Form von klar vorgegebenen Bandbreiten (Friedman). Dort der Befürworter einer staatlich gesteuerten Investitionspolitik bei Vernachlässigung der Geldpolitik (Keynes). Der Grund liegt aber nicht nur in der unterschiedlichen Rolle, die dem Staat in der Wirtschaftspolitik zugebilligt wird, sondern vor allem in der unterschiedlichen Auffassung in Bezug auf das Geld an sich. Der Chef des Deutschen Instituts der Wirtschaft in Berlin, der Ökonom Marcel Fratzscher, hat in seinem 2022 erschienen Buch über das Geld die grundlegenden Einstellungen der Deutschen zu Geld aufgezeigt. Dabei hat er zurecht darauf verwiesen, dass die private Haushaltsführung im Sinne von Ersparnis und der Umgang mit Geld eine kulturelle Eigenschaft von uns Deutschen darstellt. So beschreibt Fratzscher sehr pointiert unser Verhältnis zum Geld wie folgt:

> „Das Verhältnis von uns Deutschen zum Geld ist geprägt von Angst, Scham und Schuld. Wir haben große Angst vor einer Inflation und fürchten eine Enteignung durch die Geldentwertung. Für viele sind Geld und Moral eng miteinander verbunden, und ein tugendhaftes Leben gilt als eines, das von Bescheidenheit geprägt ist. Vermögen wird nicht nach außen getragen, aber nach dem Tod möglichst reichlich an die eigenen Kinder und Enkel weitergegeben. Wir empfinden es als schamlos, wenn wir unser Geld und den damit verbundenen Erfolg zur Schau stellen. Und Schulden werden nicht selten mit Scheitern verbunden, in der Schuld anderer zu stehen und über die eigenen Verhältnisse zu leben." (Fratzscher, 2022, S. 10)

Diese Haltung, die Fratzscher aus meiner Sicht treffend, wenngleich auch etwas zugespitzt, wiedergibt, ist auch einer der Gründe dafür, dass die Schuldenbremse aus Sicht von Teilen der Bevölkerung und der politischen Klasse nicht gelockert werden sollte. Mein Punkt ist hier allerdings weniger die Frage, was inhaltlich richtig ist. Vielmehr möchte ich deutlich herausstellen, dass die Einschätzung zur Sinnhaftigkeit der Schuldenbremse keine (rein) ökonomische, sondern vielmehr eine Frage der individuellen Bewertung ist. Soll der Staat in dem Maße sparen, wie das auch im privaten Leben der Fall ist? Oder gelten hier andere, eigene Gesetzmäßigkeiten? Aus meiner Sicht ganz klar ja. Ich verfolge mit meiner privaten Ausgabenplanung ein anderes Ziel als der Staat, der mit seinen Investitionen in die Infrastruktur, Bildung etc. nicht nur das Wohl des Individuums oder einer Familie, sondern aller Bürger*innen im Auge haben muss. Und da spielen die makroökonomischen Wirkungen einer Investition eine ganz andere Rolle als eine familiär getätigte Investition. Staatliche Investitionen können Beschäftigung schaffen, Unternehmen stabilisieren und den Konsum anregen. Gleichzeitig werden die bestehenden Defizite in der Bildung, der Digitalisierung oder den zum Teil maroden Klassenzimmern und Kitas bzw. der staatlichen Infrastruktur sukzessive beseitigt.

Generell spielt die Bewertung des Geldes nicht nur eine ökonomische, sondern auch eine gesellschaftliche Rolle. Nicht umsonst hat der deutsche Philosoph und Soziologe Georg Simmel im Jahr 1900 ein wirkmächtiges Buch zur „Philosophie des Geldes" verfasst (vgl. Simmel, 1900/2009). Ursprünglich mit dem Titel „Psychologie des Geldes" versehen (vgl. im Folgenden auch Schlitte 2011, hier S. 4), versuchte Simmel, einen interdisziplinären Blick auf das Phänomen Geld zu legen. Für ihn stand Geld symbolisch für die Kultur seiner Zeit. Daher war für ihn nicht nur die Frage, welche Funktion Geld heute (um 1900) hat, sondern vor allem, welche Rückwirkung Geld auf die innere Welt der Menschen hat, konkret „auf

die Verkettung ihrer Schicksale, auf die allgemeine Kultur"
(vgl. Simmel, 1900/2009, S. 14 f.). Dabei wendet er sich
bewusst nicht an Ökonomen, „Keine Zeile dieser Untersu-
chungen ist nationalökonomisch gemeint." (vgl. Simmel,
1900/2009, S. 15). Geld wird in mehreren Hinsichten als
Symbol gesehen, einerseits ökonomisch, andererseits gesellschaftlich und als Sinnbild moderner Kultur (vgl. im
Folgenden Schlitte, 2011, S. 6 ff.).

Geld stellt zunächst ein Zeichen des Warenwerts dar.
Je nach Preis und subjektiven Wünschen bezahle ich mit
meinem Geld den Wert der Waren. Der Wert des Geldes beruht lediglich auf seiner Funktion, den Tausch von
Waren gegen Geld zu ermöglichen. Geld ist *per se* also cha-
rakterlos (vgl. Simmel, 1900/2009, S. 690), dient lediglich zu einem bestimmten Zweck. Dadurch, dass das Geld
den Tausch in eine begehrte Ware ermöglicht, wird es zu
einem Wert an sich. Geld wird praktisch nur deshalb ge-
liebt, weil man gelernt hat, was man alles damit tauschen
bzw. erwerben kann. Die Beziehung zwischen den Menschen wird durch das Geld objektiviert und auf quantita-
tive Größenverhältnisse gebracht und prägt dadurch die
Kultur insgesamt.

Mit seinem analytischen Blick legt Simmel die Funktion des Geldes tiefer. Voraussetzung des Tausches ist u. a.,
dass der Mensch mit seinen unterschiedlichen subjektiven Wertvorstellungen (vgl. Simmel, 1900/2009, S. 23
und 28) Objekte unterschiedlich begehrenswert findet
(vgl. Simmel, 1900/2009, S. 39). In seinem sehr lesens-
werten sechsten Kapitel und letzten Kapitel seines mehr
als 800-seitigen Werkes über den Stil des Lebens verweist
Simmel auch auf die Negativaspekte des Geldes. Allerdings sind nicht die Menschen, die am Tausch beteiligt
sind bedeutsam bzw. verfügen über einen Wert, sondern
nur das Geld (vgl. Simmel, 1900/2009, S. 691). Geld
kann in den falschen Händen auch seine negativen Seiten

entfalten. So zeigt sich der logisch-rationale Charakter und der Egoismus „auch an der vollen und rücksichtslosen Ausnutzung des Geldbesitzes" (Simmel, 1900/2009, S. 706). Erstaunlich aktuell im Hinblick auf kritische Stimmen zu großen Vermögen bemerkt Simmel (Simmel, 1900/2009, S. 709):

> „Die Struktur der geldwirtschaftlichen Verhältnisse, die Art, wie das Geld Renten und Gewinn erzielt, bringt es mit sich, dass es von einer gewissen Höhe ab sich wie von selbst vermehrt, ohne durch verhältnismäßige Arbeit des Besitzers befruchtet zu werden."

Und weiter (Simmel, 1900/2009, S. 810) „…Die bloße Vermehrung des Geldquantums, das man auf einmal in der Hand hat, vermehrt, ganz unabhängig von allen Überlegungen ihrer bloßen Relativität, die Versuchung zum Geldausgeben und bewirkt damit einen gesteigerten Warenumsatz, also eine Vermehrung, Beschleunigung und Vermannigfaltigung der ökonomischen Vorstellungen."

Zusammengefasst kann man aus den Überlegungen Simmels festhalten, dass Geld nicht neutral ist, sondern neben seiner Funktion als Tauschmittel auch die Kultur beeinflusst. Vor allem die negativen Aspekte des Geldes und die unnatürlichen Anhäufung des Geldes sind heute wieder sehr aktuell geworden. Wer meint, dass Geld rein ökonomisch diskutiert werden sollte, vor allem im Rahmen einer Geldpolitik zur Bekämpfung der Inflation, Belebung der Konjunktur und der Stabilisierung des Preisniveaus, der macht die Rechnung ohne den Wirt. In letzter Zeit häufen sich die Publikationen, die neben einer Diskussion über die zunehmende Ungleichheit in Einkommen und Vermögen, vor allem das Thema Geld thematisieren. Nicht nur zu wenig im Sinne der Armut ist ein Thema, sondern vor allem die Begrenzung des Geldes, sprich des gesellschaftlichen Reichtums. Konkret: Wir reich darf man in Deutschland sein? Was wäre die Höchstgrenze für Vermögen? Darf man „leistungslos" von seinem ererbten Vermögen leben? Eine Frage, die nicht automatisch mit ja beantwortet wird, sondern zunehmend kritisch aufgeworfen und diskutiert wird.

Ich möchte an dieser Stelle vor allem auf zwei Publikationen kurz eingehen, die aktuell solche Fragen diskutieren und die deutlich machen, wie eine entsprechende Anhäufung an Geld bewertet wird. Die eine ist das Buch der belgisch-niederländischen Wirtschaftsethikerin Ingrid Robeyns, das sich mit den Grenzen des Reichtums beschäftigt (vgl. Robeyns, 2024). Die andere Publikation des Psychologen und Unternehmer Sebastian Klein konzentriert sich auf die Frage, warum extremer Reichtum die Demokratie gefährdet (vgl. Klein, 2025) und wie dem zu begegnen ist. Die an der Universität von Utrecht lehrende Ethikerin Ingrid Robeyns gilt als Begründerin des sogenannten „Limitarismus" (vgl. dazu im Folgenden auch meine Ausführungen und Bewertung in Pietsch, 2025, S. 78 ff.). Im Begriff Limitarismus steckt der Begriff des Limits, der Grenze, die es auch bei Vermögen einzuhalten gelte. Die Quintessenz der Ausführungen von Robeyns laufen darauf hinaus, dass in einem Land, in dem es bereits eine breite staatliche Gesundheitsversorgung, Bildung, gefördertes Wohnen etc. gäbe, bräuchten die Bürger*innen kein so hohes Privatvermögen mehr. Da jeder und jede auskömmlich leben könne, seien solche hohen Vermögen nicht erforderlich (vgl. Robeyns, 2024, S. 48). Konsequenterweise plädiert sie für eine „ethische Obergrenze" von einer Million Euro pro Person und einer politischen Obergrenze von etwa zehn Millionen pro Person (vgl. Robeyns, 2024, S. 49 f.). Denn (Robeyns, 2024, S. 29):

„Ich hoffe meine Leserschaft zu überzeugen, dass es uns
allen in einer Welt, in der es keine Superreichen gibt, besser gehen würde; in einer Welt, in der die „nur" Reichen
bereit wären, nachdem sie ihre Steuern bezahlt haben,
mehr von ihrem Vermögen mit den weniger Wohlhaben-
den zu teilen. In einer solchen Welt würde es uns allen
nicht nur besser gehen – es gäbe darin auch erheblich weniger Ungerechtigkeit aller Art."

In eine ähnliche Kerbe schlägt der Psychologe und Unternehmer Sebastian Klein. Klein wurde durch den Verkauf
von Blinkist, einem kostenpflichtigen Aboservice, der die
wesentlichsten Aussagen von Sachbüchern zusammenfasst,
zum Multimillionär. Er entschied sich allerdings, einen
großen Teil seines Vermögens gemeinnützig zu spenden.
Von den ursprünglich über fünf Millionen Euro, die er
aus dem Erlös seines Unternehmens besaß, behielt er lediglich etwa eine halbe Million Euro (vgl. Klein, 2025,
S. 15). Passend zu seinem eigenen Vorbild hat er Anfang
2025 ein Buch verfasst, dass den extremen Reichtum in
Deutschland heftig kritisiert („Toxisch reich. Warum extremer Reichtum unsere Demokratie gefährdet", vgl. Klein,
2025). Nach schwierigen Anfängen als Start-up Unternehmer und ehemaliger Strategieberater hatte Klein nach seinem Durchbruch mit dem Unternehmen Blinkist festgestellt, dass Geld für ihn ein immer bedeutsameres Thema
geworden ist und zunehmend sein Leben beherrschte.
Seine Gedanken drehten sich immer mehr darum, wie er
sein einstelliges Millionenvermögen noch auf ein zweistel-
liges steigern könne (vgl. Klein, 2025, S. 14).
    Die Hauptmotivation für sein Handeln war, dass er sich
eine Gesellschaft wünsche, in der möglichst alle Menschen
in einem Vermögensbereich leben können, der nicht zu
wenig aber auch nicht zu viel Geld beinhaltet (vgl. Klein,
2025, S. 15). Dazu hat er Gespräche mit zahlreichen

Expert*innen und Meinungsführer*innen geführt, u. a. über die Ungleichheit in Deutschland, und kommt wenig überraschend zu dem Schluss, dass ein großes Vermögen mit einer entsprechenden politischen Macht einhergeht (vgl. Klein, 2025, S. 49). Er kritisiert die ungleichen Startchancen der Menschen in Bezug auf Bildung – selbst der Unternehmer und Multimilliardär Bill Gates entstammte ja einer sehr reichen Familie, die ihm ein Studium an einer Eliteuniversität finanzieren konnte und die Kontakte bereithielt, um das junge Start-up zu fördern (vgl. Klein, 2025, S. 69). Reiche Menschen seien auch überproportional für die Klimakrise verantwortlich (vgl. Klein, 2025, S. 71 ff.). Ungleichheit schade im Übrigen der Wirtschaft, in der viele Menschen ihre Potenziale nicht entfalten könnten (vgl. Klein, 2025, S. 90). Zudem führe dies zu Politikverdrossenheit vor allem der armen Menschen, die sich nicht ausreichend repräsentiert fühlten (vgl. Klein, 2025, S. 99). Kurz, ungleiche Gesellschaften seien schlechtere Gesellschaften (vgl. Klein, 2025, S. 121 ff.).

Das Rezept dagegen sei, ähnlich wie es auch das Limitarismus-Konzept von Robeyns vorsieht, die Bezahlung von Jobs danach zu richten, ob sie „extraktiv" oder „regenerativ" sind (vgl. Klein, 2025, S. 132 ff.): Extraktive Jobs seien diejenigen, die einer Gesellschaft mehr nehmen, als sie ihr geben, etwa Unternehmensberater*innen und Investmentbanker*innen. Umgekehrt seien regenerative, also gesellschaftlich relevante Jobs wie etwa Pflegeberufe zu schlecht bezahlt. Folglich seien regenerative Jobs besser zu bezahlen (vgl. Klein, 2025, S. 138). Auf Basis einer erhöhten Transparenz z. B. über die Vermögensverteilung in Deutschland (vgl. Klein, 2025, S. 146) sollten, so Klein, Erbschaften höher besteuert (vgl. im Folgenden Klein, 2025, S. 150 ff.), die Vermögenssteuer wiederbelebt, die Kapitalertragssteuer und die Einkommensteuer erhöht werden etc. Das so eingenommene Geld solle der Staat in

Infrastruktur und Bildung investieren. Schließlich fordert Klein neue Eigentumsformen wie das „Verantwortungseigentum" (Investor*innen haben keine Stimmrechte im Unternehmen und alle Gewinne müssen reinvestiert oder gespendet werden, (vgl. Klein, 2025, S. 175) oder Genossenschaften. Zudem plädiert er für eine gemeinwohlorientierte Marktwirtschaft analog dem Gedanken von der „Gemeinwohlökonomie" von Christian Felber (vgl. Klein, 2025, S. 172 und Pietsch, 2025, S. 61 ff.). Am Ende kommt Klein zu dem für ihn überzeugenden Fazit (Klein, 2025, S. 182):

„Wenn ich mit Menschen in meinem Umfeld darüber spreche, gewinne ich den Eindruck: Die meisten finden eine Obergrenze für sinnvoll."

Klein hat auch klare Vorstellungen des Umgangs mit dem Kapitalmarkt. Der Kapitalmarktlässt sich als Markt für alle mittel- und langfristigen Kapitalanlagen bzw. -aufnahme definieren. Am bekanntesten ist dabei der organisierte und staatlich kontrollierte Kapitalmarkt an der Börse und die nicht organisierten zwischen Unternehmen („Lieferantenkredite"), Unternehmen und Haushalten und privaten Haushalten (vgl. Michler, 2025). Klein fordert einen Kapitalmarkt, der nach gesellschaftlicher und nicht nach finanzieller Rendite strebt (vgl. Klein, 2025, S. 187). Größtes Übel seien die Investor*innen, die überdurchschnittliche Renditen erzielen wollen und dazu die Kontrolle über die Unternehmen haben wollen, an denen sie beteiligt sind. Die Quintessenz Kleins lautet dabei (Klein, 2025, S. 186):

„Unternehmen, Kapital und Vermögen müssen den Menschen dienen und nicht umgekehrt. Geld darf kein Selbstzweck mehr sein, sondern muss Mittel zum Zweck werden, um eine solide und dauerhafte Finanzierung bereitzustellen, die Mitarbeitenden fair zu bezahlen und die positiven Wirkungen auf die Gesellschaft ausweiten zu können."

Ohne auf die einzelnen Ideen und vorgeschlagenen Maßnahmen von Robeyns und Klein im Detail einzugehen (vgl. dazu auch Pietsch, 2025, S. 81 ff.), möchte ich doch meine Sicht der Dinge kurz skizzieren. Der Idee, den Reichtum willkürlich zu begrenzen und idealerweise keine Milliardäre oder Millionäre über einer gewissen Vermögensgrenze z. B. von 10 Mio. € pro Person zuzulassen, kann ich nichts abgewinnen. Es ist nicht nur rechtlich unzulässig, sondern kommt schlicht einer Enteignung gleich! Noch dazu sind die Vermögensgrenzen willkürlich gezogen und berücksichtigen noch nicht einmal die unterschiedlichen Lebenshaltungskosten in den einzelnen Ländern oder Städten. So dürfte ein Leben in Deutschlands teuerster Stadt München deutlich schwieriger zu finanzieren sein als in einem kleinen Ort außerhalb der großen Ballungszentren. In manchen Ländern dieser Welt lebt es sich wieder anders als hier in Deutschland etc. In München wird man, bei aller Liebe, mit einer Million Euro, kaum in der Lage sein, ein lebenslanges unbeschwertes Leben mit seiner Familie zu genießen und dann auch noch ausreichend Geld zur Verfügung zu haben. Das scheiterte bereist an den extrem hohen Immobilienpreisen. Selbstverständlich ist das kein Vergleich zu den in Armut lebenden Menschen in Deutschland. Doch auch Reichtum ist relativ.

So bewundernswert ich die Eigeninitiative von Sebastian Klein finde, fast sein gesamtes Vermögen wohltätigen Zwecken zukommen zu lassen, staatlich verordnen lässt sich das nicht. Es stimmt auch nicht, dass Milliardäre oder andere hochvermögende Menschen ihr „leistungslos" ererbtes Vermögen genießen und sich darauf ausruhen. In aller Regel

sind diese Menschen unternehmerisch tätig, halten Firmen-
anteile und engagieren sich in den Unternehmen, die viele
tausende Jobs schaffen und sicherstellen. Ich stimme explizit
auch nicht mit der Meinung Kleins überein, dass Berufe wie
Unternehmensberater*innen oder Investmentbanker*innen
keinen gesellschaftlichen Mehrwert schaffen. Nicht selten helfen Unternehmensberater*innen, deren Markt in
Deutschland sehr diversifiziert ist in IT-Beratungen, strategisch Unternehmensberatungen, Personalberatungen, Grün-
dungsberatungen etc. Unternehmen, ein profitables Wachstum zu erwirtschaften und zahlreiche Arbeitsplätze abzusichern oder sogar neu zu schaffen!

Investitionen auf dem Kapitalmarkt, die Unternehmen
zugutekommen und für die nötige finanzielle Ausstattung
sorgen, sind für die (internationale) Expansion unverzicht-
bar. Gleiches gilt für den Kapitalmarkt generell. Einzelne
Fehlentwicklungen sind selbstverständlich kritisch zu
sehen wie die sprichwörtliche Wette auf fallende Kurse –
u. a. *Shortselling*: Anleger verkaufen geliehene Aktien und
kaufen sie nach gefallenen Kursen wieder günstiger – zurück oder Wetten auf Lebensmittel, die in der Folge die
Lebensmittel für die ärmsten Länder unerschwinglich machen und den Hunger der Bevölkerung verstärken (vgl.
Oxfam, 2025).

Doch nicht alle Ideen und Beschreibungen in den trotz
aller Kritik und unterschiedlicher Bewertung sehr lesens-
werten Büchern gehen ins Leere. So ist es sicherlich richtig,
dass Pflegekräfte gemäß ihrer gesellschaftlichen Bedeutung
eine hervorragende Arbeit leisten und besser bezahlt werden sollten. Doch wer wird am Ende die gestiegenen Löhne
und Gehälter auffangen müssen? Die Krankenkassen und
damit gemäß dem Solidarprinzip wir alle. Doch nicht jeder
und jede kann sich die gestiegenen Kosten leisten. Verdient
haben sich die Pflegekräfte eine deutlich höhere Bezahlung
allemal! Viele erwähnte Punkte wie die steigende Ungleich-

heit in Einkommen und Vermögen vor allem in Deutschland und etwa den USA sind tatsächlich ein Problem. Nur bekommt man das mit einer Enteignung der Vermögen oder gar einer Begrenzung nicht in den Griff.

Mein Punkt ist an dieser Stelle ein anderer. Die Unterschiede in der Auffassung von Geld und die Überlegung, wieviel Geld jemand in einer Gesellschaft haben sollte, ist weniger eine Frage der Effizienz oder der sprichwörtlichen ökonomischen Optimierung, sondern vielmehr *eine Frage der subjektiven Bewertung*. Dabei spielt es eine Rolle, auf welcher Seite der Vermögensrangliste ich selbst stehe. Gehöre ich eher zu den Gewinner*innen mit großem, zum Teil ererbten Vermögen, oder bin ich in Armut oder irgendwo dazwischen aufgewachsen. Auch innerhalb des reichsten Teils der Bevölkerung, bei den Millionär*innen und gar Milliardär*innen gibt es unterschiedliche Bewertungen des Reichtums. Marlene Engelhorn, Millionärserbin und Mit-Gründerin der Initiative *„taxmenow“*, und andere gehören zu der Gruppe der Reichen, die hohe Vermögen in einer Gesellschaft als ungerecht empfinden und daher entweder ihr Vermögen mehrheitlich spenden oder zu einer höheren Besteuerung aufrufen (vgl. Engelhorn, 2024). Die unterschiedliche Bewertung ökonomischer Vorgänge macht auch hier wieder den Unterschied. Gleiches gilt im Übrigen auch für die Gewinnerzielungsabsicht von Unternehmen. Bei diesem Thema kann man auch unterschiedlicher Meinung sein, was wir uns im folgenden Kapitel ansehen wollen.

4.2 Profitorientierung von Unternehmen

Unternehmen streben nach Gewinnmaximierung, so heißt es immer wieder in den ökonomischen Lehrbüchern (vgl. im Folgenden exemplarisch Mankiw & Taylor, 2012,

S. 324 ff.). Dabei ergibt sich der Gewinn als Differenz von Umsatz oder Erlös und den dafür aufgewendeten Kosten. Wenn wir Autos verkaufen wollen, dann ergibt sich unser möglicher Umsatz als der am Markt erzielte Preis abzüglich aller Rabatte, der sogenannte „Transaktionspreis", multipliziert mit der Anzahl der verkauften Einheiten. Verkaufe ich die Fahrzeuge auch im Ausland, dann muss ich mögliche Fremdwährung entsprechend in die hiesige konvertieren. Im Beispiel eines deutschen Automobilunternehmens in Euro. Diesen Markterlösen stehen diverse Kosten gegenüber u. a. die Rohstoffe, die Zulieferteile wie Sitze, Armaturen, Elektronikkomponenten, Batterien, Reifen etc. Häufig werden diese Teile modular d. h. in ganzen Teilaggregaten angeliefert, die der Zulieferer bereits vorher passgenau hergestellt und für die Produktion angeliefert hat.

Neben den direkt zurechenbaren Materialkosten, ökonomisch gesprochen den Inputfaktoren, schlagen die direkten Personalkosten zu Buche. Alle Mitarbeitenden am Band oder in der Produktion generell. Zusätzlich beeinflusst die Art und Weise, wie ich die Autos produziere, meine Kosten. Konkret bedeutet das, dass meine Kosten davon abhängen, wie viele Fahrzeuge ich mit wie vielen Maschinen und Arbeitskräften pro Zeiteinheit herstelle. Je mehr Fahrzeuge ich etwa in einer Stunde herstellen kann, desto geringer werden meine Kosten pro Fahrzeug und desto mehr Gewinn kann ich erzielen, wenn ich den Marktpreis als gegeben sehe. Diese Relation zwischen der Faktoreinsatzmengen *(Input)* und der erzielten Produktionsmenge (*Output*) wird in der (Industrie)Ökonomik Produktionsfunktion genannt (vgl. Mankiw & Taylor, 2012, S. 330).

Die (Gesamt)Kostenkurve zeigt dagegen den Zusammenhang zwischen der Produktionsmenge und den damit verursachten Kosten. Neben den direkt zurechenbaren

Kosten der Produktion wie Material, Maschinen und Mitarbeitende müssen noch die indirekten Kosten der Verwaltung berücksichtigt werden. Jeder Mitarbeitende im Controlling, im Vertrieb, im Personalwesen, im Einkauf etc. wird anteilig auf die Kosten des Fahrzeugs umgeschlüsselt und ergibt den Gesamtkostenblock, der in der Kostenkurve symbolisiert wird. Dabei entsprechen die direkt zurechenbaren Kosten wie etwa die Materialkosten den variablen Kosten und die nur umlegbaren, permanent vorhandenen Kosten den fixen Kosten. Fixe Kosten sind kurzfristig nicht veränderbar, variable schon. Produziere ich weniger Fahrzeuge, benötige ich weniger Materialkosten. Allerdings sind die Mitarbeitenden in der zentralen Verwaltung z. B. kurzfristig konstant und damit fixe Kosten.

Gemessen wird in der ökonomischen Theorie vor allem in sogenannten Grenzeinheiten oder auch Marginalwerten. So gibt das sogenannte Grenzprodukt den Zuwachs der Produktionsmenge an, der durch eine zusätzliche Einheit an Faktoreinsatzfaktoren erzielt wird (vgl. Mankiw & Taylor, 2012, S. 330). Je mehr Fahrzeuge ich bereits produziert habe, desto geringer wird das Grenzprodukt normalerweise, da ich meine Effizienzmöglichkeiten in der Produktion bereits ausgeschöpft habe und irgendwann ein Zeitpunkt erreicht ist, an dem auch zusätzliche Maschinen und Mitarbeitende die Anzahl der produzierten Fahrzeuge pro Stunde nicht mehr wesentlich erhöhen kann. Es ist wie beim Biertrinken auf dem Münchner Oktoberfest. Eine Maß Bier schmeckt herrlich (wenn man Bier mag). Die zweite bringt einen enormen Zusatznutzen, vor allem wenn man in Feierlaune ist. Die dritte wird schon weniger zusätzliche Freude bringen. Spätestens ab der fünften Maß (selbst erprobt!) wirkt die zusätzliche Biermenge eher kontraproduktiv, von der körperlichen Fitness am nächsten Tag einmal ganz abgesehen! Der Zusatznutzen sinkt also schrittweise. Häufig ist es zusätzlich so, dass mit steigender

Produktionsmenge die (Durchschnitts)Kosten pro Einheit
abnehmen, da ich bis zu einem gewissen Grad die Maschi-
nenleistung steigern kann, ohne etwa die Anzahl der Mitarbeitenden zu erhöhen. Veränderungen der Produktion
bei kleineren Losgrößen führen zusätzliche Umrüstkosten
mit sich und verteuern die Produktion. Daher sinken die
Durchschnittskosten, wenn eine größere Produktionsmenge mit den gleichen Maschinen und Mitarbeitenden
produziert werden kann. Die Erhöhung der zusätzlichen
Produktionsmenge pro Zeiteinheit bei unveränderter Ma-
schinenausstattung und Zahl der Mitarbeitenden nennt
man dann höhere Produktivität.

Unternehmen maximieren ihren Gewinn, wenn sie
an einen Punkt gelangen, wenn sich Erlöse und Kosten
einer zusätzlichen Einheit die Waage halten. Das bedeutet: Solange ich mit den zusätzlichen Kosten immer noch
einen höheren zusätzlichen Gewinn erziele, produziere
ich weiter. Ist es dann aber soweit, dass die Kosten jeder
weiteren Einheit die erzielbaren Erlöse überschreiten,
lasse ich es lieber. Ich will ja keine Verluste produzieren.
Ökonomisch gesprochen sind an dieser optimalen Stelle
Grenzkosten und Grenzerlöse gleich groß (vgl. Mankiw
& Taylor, 2012, S. 355). Unternehmen operieren allerdings nicht im luftleeren Raum. Sie sehen sich anderen
Unternehmen gegenüber, die am gleichen Markt um die
gleichen Kund*innen kämpfen. Ich muss also qualitativ
besser, billiger sein als die Konkurrenz oder andere (Produkt)Eigenschaften aufweisen, mit denen ich mich im
Wettbewerb beweisen kann. Der Wettbewerb dient in diesem Fall den Verbraucher*innen, da sich jedes Unternehmen ins Zeug legen muss, um das beste Produkt und/oder
die beste Dienstleistung herzustellen, wenn sie am Markt
bestehen wollen. Dies gelingt natürlich nur dann, wenn
der Wettbewerb freie Hand hat, ökonomisch gesprochen
bei vollkommener Konkurrenz. Monopole etwa, d. h. ein

Anbieter für den gesamten Markt ohne relevantes Ersatzprodukt (vgl. Mankiw & Taylor, 2012, S. 377 ff.), können einen höheren Preis festsetzen und ihren Gewinn damit optimieren. Der Verbraucher, die Verbraucherin hat lediglich die Wahl, ob sie das Produkt kaufen oder nicht kaufen möchte.

Monopole können temporär sein oder nur partiell. So bietet die Lufthansa z. B. Flüge auf Strecken an wie etwa von Frankfurt nach München, die konkurrenzlos sind. Google besitzt quasi ein Monopol bei den Internetsuchmaschinen, Facebook und WhatsApp beherrschen die soziale Medienlandschaft. Pharmakonzerne verfügen über temporäre Monopole bei einzelnen Medikamenten, wodurch diese die umfangreichen Entwicklungskosten ihrer Medikamente zumindest zeitweise über eine patentgeschützte Monopolsituation wieder hereinholen können. Das ist in diesem Fall durchaus legitim, wird dadurch doch die uns allen zugutekommende Innovationsfähigkeit im Pharmamarkt gestärkt. Prinzipiell führen Monopole aber auch Sicht der Verbraucher*innen zu Wohlfahrtsverlusten, da begehrte Produkte nur bei einem Anbieter erworben werden können und diese den Preis fast nach Belieben setzen können. Ähnlich ist es bei Oligopolen, bei dem zwei oder mehrere Anbieter in überschaubarer Zahl den Markt unter sich aufteilen. Hier besteht neben der Durchsetzung höherer Preise die zusätzliche Gefahr von Absprachen, die den Preis, die Menge und sonstige Marktaktivitäten umfassen können. Sprechen sich etwa zwei Hersteller ab, sich gegenseitig nicht in den Marktpreisen zu unterbieten, führt das in der Summe zu einem höheren Gewinn für beide aber einem höheren Marktpreis, der zulasten des Verbrauchers bzw. der Verbraucherin geht. Und dies ist zurecht unter Strafe verboten.

Daher haben die Väter der sozialen Marktwirtschaft, Ludwig Erhard und Alfred Müller-Armack bereits von

Anfang an Wert daraufgelegt, den Wettbewerb zwischen den Unternehmen aktiv zu gestalten (vgl. Müller-Armack, 1946/1990, S. 103 ff.). In den Worten Müller-Armacks (Müller-Armack, 1946/1990, S. 106):

> „Die Aufgabe der Wettbewerbspolitik muss hier nach zwei Richtungen gehen. Sie hat einmal die äußeren Wettbewerbsbehinderungen auszuschalten, aber nicht minder zu achten auf die überaus gefährlichen Hemmnisse, die dem Wettbewerb seitens der an ihm Beteiligten drohen."

Kartelle werden somit ebenso unterbunden wie Absprachen zwischen Wettbewerbern in jeglicher Form. Unternehmen haben prinzipiell zwei Möglichkeiten, ihren Gewinn zu maximieren. Sie können die Erlöse steigern, vor allem durch Wachstum d. h. Steigerung der verkauften Einheiten. Andererseits sind alle Hebel in Bewegung zu setzen, um die Gesamtkosten zu senken. Das Ziel eines profitablen Wachstums ist somit zwingend dieser Logik eingeschrieben. Warum ist das so? Ich habe bereits in meinen früheren Veröffentlichungen auf den Wachstumszwang von Unternehmen hingewiesen (vgl. Pietsch, 2024, S. 143 ff.) und möchte die Kernargumente hier nur kurz skizzieren. Es müssen nicht nur die anfallenden Kosten gedeckt werden, sondern es muss auch noch ein auskömmlicher Gewinn übrigbleiben, da der Unternehmer bzw. die Unternehmerin schließlich von dem Unternehmen leben müssen. Zugleich verzichten sie alternativ darauf, als Angestellte in einem Unternehmen zu arbeiten und müssen ihre „Opportunitätskosten" der entgangenen Arbeit dagegen rechnen.

Die Produktivität steigt mit der Erfahrung und Ausbringungsmenge weiter an, sodass entweder mit der gleichen Anzahl der Mitarbeitenden mehr Einheiten des Produktes hergestellt werden oder weniger Mitarbeitende benötigt werden. Jetzt könnte man sich theoretisch bei steigender Nachfrage nach den Produkten und Dienstleistungen eines Unternehmens mit einem Maximalgewinn begnügen. Doch die einmal geweckte Nachfrage z. B. nach einer bestimmten Softwarelösung wird dann zwangsweise von einem anderen Anbieter gedeckt. Den zusätzlich möglichen Gewinn erwirtschaften dann andere Spieler auf dem Markt mit der Gefahr, den etablierten Marktteilnehmer auszubooten. Zusätzlich müssen Qualität und Kosten des Produktes weiter erhöht bzw. gesenkt werden, da ansonsten die Gefahr bestünde, sich aus dem Markt zu preisen. Hierbei spielen bei international tätigen Unternehmen vor allem die Personalkosten in unterschiedlichen Ländern eine Rolle. Der Wettbewerb verlagert sich damit von der Unternehmensebene auf den Standort, die Kommune, das Land selbst, in dem das jeweilige Unternehmen tätig ist.

Ferner verlangen Geld- und Kreditgeber*innen eine Mindestrendite auf ihre Anlagen, seien es Aktionär*innen, Wagniskapitalgeber*innen oder sonstige Interessengruppen *(„Stakeholder")*. Zusätzlich steigen die Aktienkurse bei Ankündigung eines Wachstumskurses unter bestimmten Bedingungen. Hier spielen auch die Erwartungen der kritischen Öffentlichkeit eine Rolle. Was glauben Sie, wie lange sich das (Top) Management eines U nternehmens halten würde, wenn es den Anteilseigner*innen einen Schrumpfungs- anstelle eines Wachstumskurses vorschlüge? Selbst genossenschaftlich organisierte Unternehmen müssen zwar nicht zwingend Gewinne erwirtschaften bzw. könnten mit einem Mindestgewinn auskommen. Doch unterliegen sie den gleichen betriebswirtschaftlichen und volkswirtschaftlichen Zwängen. Schließlich sinken die durchschnittlichen Kosten pro produzierte Einheit mit der Ausbringungsmenge und verschaffen den Unternehmen entsprechende Wettbewerbsvorteile.

Volkswirtschaftlich gesehen werden durch das Wachstum des Unternehmens neue Jobs geschaffen bzw. die bisherigen stabil gehalten. Dies setzt einen Kreislauf in Gang. Mehr Mitarbeitende verfügen über sichere und langfristig stabile Jobs und konsumieren für sich und ihre Familien, was wiederum die Konjunktur ankurbelt. Die Tourismus-, Gastronomie- und weitere Branchen boomen infolge des ansteigenden Konsums, was wiederum die Jobs der in diesen Unternehmen Beschäftigten sichert. Die daraus resultierenden Steuereinnahmen können dann wieder dazu verwendet werden, u. a. in die staatliche Infrastruktur zu investieren. In der Folge werden marode Straßen, Brücken aber auch Schulen und weitere öffentliche Gebäude mehr saniert und es bleibt auch noch Geld übrig für die ansteigenden sozialen Herausforderungen zur Vermeidung von Armut und Wohnungslosigkeit. In der Quintessenz ist daher das permanente profitable Wachstum – ein Wachstum mit Verlusten führt nur ob kurz oder lang in die Insolvenz – von Unternehmen zwingend.

Die Wege des Wachstums sind so unterschiedlich wie die Unternehmen und ihre Branchen. Unternehmen können mit ihren angestammten Produkten wachsen, neue entwickeln oder modifizieren. Automobilunternehmen bringen im Schnitt alle sieben Jahre neue Modelle heraus und versehen sie innerhalb des Lebenszyklus mit einem sogenannten „Facelift", einer moderaten technischen und optischen Überarbeitung. Unternehmen können international in weitere Märkte expandieren, neue Märkte mit neuen Produkten erschließen. Sie können andere Unternehmen in der gleichen oder unterschiedlichen Branche aufkaufen etc., um weiter zu wachsen. Natürlich steht als oberstes Ziel der Unternehmen gemäß der ökonomischen Theorie die Profit- und Gewinnmaximierung. Man könnte es neutraler formulieren, Unternehmen und ihr Management verfolgen eine Gewinnerzielungsabsicht. Was ich hier vergleichsweise nüchtern und sachlich als betriebs-wirtschaftliche und volkswirtschaftliche Logik des Wachstums, des Wettbewerbs und der Gewinnorientierung dargelegt habe, kann unter Umständen von kritischen Beobachter*innen des Marktes und des kapitalistischen Systems vollkommen anders bewertet werden (vgl. im Folgenden Pietsch, 2024, S. 79 ff.).

So führe das permanente Wachstum von Unternehmen zu einem Anstieg des Ressourcenverbrauchs der Erde, was mit den ökologischen Zielsetzungen für die Erde konträr läuft. Plakativ formuliert sei ein unendliches Wachstum in einer endlichen Welt nicht möglich. Selbst ein sogenann-tes „grünes Wachstum", das auf die Umweltgegebenhei-ten Rücksicht nimmt und umweltschonendere Techniken einsetzt oder auf erneuerbare Energien setzt ("grüner Was-serstoff") wird kritisch gesehen. Neben der ökologischen Kritik am Wachstum wird auch die soziale Komponente gesehen. Arbeitseinkommen steigen nur im Gleichklang mit dem Bruttoinlandsprodukt (BIP), während Kapital-einkommen überproportional das Vermögen vermehren. Noch dazu drifteten die Einkommen von einfachen Mitar-beitenden und dem (Top)Management immer weiter aus-einander. Die soziale Schere in Einkommen und Vermö-gen steige dadurch immer weiter an. Zusätzlich sehen sich die Frauen im Erwerbsleben benachteiligt nicht nur in den Führungspositionen, sondern auch in der Bezahlung. Sie sind es, die mehrheitlich die Kindererziehung stem-men müssen und häufiger in Teilzeit arbeiten und/oder in schlechter bezahlten Branchen wie den Pflegeberufen etc. unterwegs sind (vgl. ausführlicher Pietsch, 2024, S. 96 ff.).

Bestimmte Begriffe und wirtschaftliche Phänomene wie das profitable Wachstum, die Profitorientierung gene-rell aber auch die Wettbewerbssituation unterliegen einer unterschiedlichen Bewertung und sind zum Teil emotio-nal aufgeladen. Ein paar wenige kritische Stimmen dazu sollen zunächst ausreichen (vgl. vertiefend Pietsch, 2024, S. 57 ff.). So kritisiert vor allem die Jugend u. a. die Profit- und Wettbewerbsorientierung der Wirtschaft, Themen, die wir gerade als wesentlichen Bestandteil des unternehmerischen Handelns beschrieben haben. So definieren Heinisch et al. die Ökonomie als (Heinisch et al., 2019, S. 83):

„Wirtschaft, das heißt in Zukunft, nicht den Profit, sondern die Förderung des Gemeinwohls zum übergeordneten Zweck unseres Handelns zu machen. (…) Eine Wirtschaft, die ein gutes Leben für alle im Blick hat, muss weg vom skrupellosen Wettbewerb und sinnlosen gegeneinander, hin zur Kooperation. Die immer weiter fortschreitende Ökonomisierung des ganzen Lebens muss gestoppt werden."

Hier wird die Gewinnerzielungsabsicht von Unternehmen, die nötig ist, um ein Unternehmen am Leben zu halten, Arbeitsplätze zu sichern und in Zukunft weiter zu wachsen und gedeihen umgewertet als Gegensatz zum Gemeinwohl. Der Wettbewerb gilt auch nicht dem Ringen um die beste Lösung, der die Menschen anstachelt, das Beste aus sich und dem Unternehmen herauszuholen. Wettbewerb wird eher als gnadenloser Selektionsprozess gesehen, bei dem viele auf der Strecke bleiben, deren Ellenbogen sprichwörtlich nicht stark genug sind. Manche Beobachter der Wirtschaft sehen gar einen „Ego-Kapitalismus" am Werk (vgl. Kaczmarczyk, 2023). Stattdessen solle eine Wirtschaft entstehen, die statt auf ein Modell des Ego-Kapitalismus auf die Beseitigung von (vgl. Kaczmarczyk, 2023, S. 184):

„… Armut, Prekariat, Ungleichheit, Umwelt, gesellschaftliche Spaltung und internationale Konfrontation… "ausgerichtet ist. Generell sehen viele Kritiker*innen des

Kapitalismus mit seiner Logik des Gewinnmaximierens eine zunehmende Ökonomisierung zutage treten. Das bedeutet, dass nahezu alle Bereiche des täglichen Lebens immer mehr einer marktwirtschaftlichen Logik unterworfen werden. Freundschaftsdienste oder Nachbarschaftshilfen werden monetär abgewogen, um einen möglichst hohen materiellen Profit für sich zu erzielen. Die Zivilgesellschaft, die ehrenamtlich dort Lücken schließt, wo staatliche Stellen überfordert oder unterfinanziert sind, etwa bei der Altenpflege, würde zunehmend ökonomischen Gesetzmäßigkeiten folgen. Polemisch könnte man die Tendenz zur Ökonomisierung unserer Handlungen mit dem französischen Ökonomen Timothée Parrique folgendermaßen auf den Punkt bringen (Parrique, 2024, S. 139):

„Wenn ich etwas kaufe, muss ich den Preis immer minimieren, und wenn ich etwas verkaufe, muss ich ihn immer maximieren. Egal, was an wen verkauft wird, wird die Vielfalt der sozialen und moralischen Anreize auf ein rein monetäres rationales Kalkül reduziert. Je mehr Zeit wir damit verbringen, das Spiel der Marktwirtschaft (…) zu spielen, desto mehr wird die Mentalität der Geldgewinnmaximierung zum Gemeingut."

Schließlich warnte der ökumenische Schweizer Theologe Hans Küng in seinem Buch über wirtschaftsethische Fragestellungen vor der übertriebenen Gier nach Profiten und verweist am Ende sogar auf das „Wallstreet-Casino", das gespielt würde zur Erzielung gigantischer Gewinne ohne Bezug auf die Realwirtschaft (vgl. Küng, 2010, S. 132 ff.). Küng prangert vor allem die überzogene Gier nach Gewinnen an, bei der Geld und Ökonomie alles andere im Leben dominiere (Küng, 2010, S. 132):

„Weil ungezügelte Profitgier immer wieder durch das ganze Finanzsystem mit seinen Vergütungen und Boni (…) gefördert wurde, kam und kommt es zu einem *Wirtschaften aus Gier* (Kursivschreibung im Original), bei dem das Geld, der Profit, die Ökonomie alles dominiert. Profitgier wird zu einem systemischen Problem. Das zeigt sich vor allem an der Börse."

Jeder dieser von den zitierten Autoren genannten Punkte ließe sich auch anders bewerten. So dient die Börse in erster Linie dazu, Anleger*innen, die langfristig Geld investieren wollen mit Unternehmen zusammenzubringen, die für zukünftige Investitionen frisches Kapital benötigen. Damit erfüllt die Börse eine wesentliche Funktion für die gesamte Volkswirtschaft und hilft, die Unternehmen und den Wohlstand einer Gesellschaft abzusichern. Sie ist ein Marktplatz zur Anlage und Aufnahme von Kapital. Die Fehlentwicklungen der Börse wie eine mangelhafte Regulierung oder die globalen Spekulationen wie etwa die Wette auf fallende Kurse oder steigende Lebensmittelpreise können der Funktion Börse nicht angelastet werden. Stattdessen sollten sich die handelnden Akteur*innen befragen, ob die Maximierung von Gewinnen ohne Bezug auf die Realwirtschaft, d. h. ohne, dass es den Unternehmen in ihren Produktverkäufen zugutekommt, ethisch verantwortlich ist. Doch solange keinerlei gesetzliche Regelungen dagegen existieren, wird diese Praxis sicherlich nicht aufhören.

Was halten wir nun als Fazit dieses Kapitels fest? Die ökonomische Theorie, in diesem Fall die Theorie der Unternehmung konzentriert sich auf die Gewinnmaximierung und analysiert die wesentlichen Faktoren, die diese hervorbringen. Doch so plausibel die Betrachtung der Kosten und Erlöse, die Produktionsfunktionen in ihrem Input- und Output-Verhältnis zu sein scheinen, so umstritten sind selbst Wachstumskonzepte von Unternehmen zur Optimierung des Gewinns. Schließlich werden auch grundlegende Konzepte wie der Wettbewerb und die ökonomischen Grundbedingungen kritisch hinterfragt. Die Profitorientierung wird generell infrage gestellt zugunsten einer Gemeinwohlorientierung, was auch immer das konkret bedeutet. Ein unendliches Wachstum gefährde die Umwelt, setze die Menschen zusätzlich unter Druck und könne in einer endlichen Welt so nicht weitergehen. Der Wettbewerb gerate zu einem entsolidarisierenden Kampf der Menschen untereinander, in der der jeweils Schwächere unterliege. Hier wird stärker die Solidarität anstelle eines egoistischen Ellenbogendenkens eingefordert. Zu guter Letzt wird sogar das generelle ökonomische Prinzip des optimierten Gebens und Nehmens angeprangert, da es zu Lasten eines gedeihlichen Zusammenlebens führt.

Ökonomische Sachverhalte, und das ist hier mein Punkt, sind *nicht wertfrei* zu haben. Die gleichen intersubjektiv nachprüfbaren ökonomischen Phänomene wie der Wettbewerb, die Gewinnerzielungsabsicht von Unternehmen, das nötige Wachstum etc. unterliegen alle einer individuellen, subjektiven Bewertung. Um es ganz konkret und plakativ zu formulieren: Die Aussage, Unternehmen müssten ihre Gewinne maximieren und profitabel wachsen und dabei im Rahmen des Wettbewerbs bestehen, wird von den unzähligen Marktbeobachter*innen und -teilnehmer*innen unterschiedlich gesehen und bewertet. Diese scheinbar nachvollziehbare und unvermeidliche Logik ist mitnichten eine ökonomische Regel, die so undifferenziert verfochten werden kann. Lehrbücher, die diese Theorien unreflektiert präsentieren, stoßen auf Widerstand derer, die zu einer anderen Bewertung kommen. Auch wenn ich persönlich der Meinung bin, dass Unternehmen nur langfristig überleben können, indem sie profitabel wachsen und im Wettbewerb bestehen, heißt das nicht, dass diese Annahme von allen geteilt wird.

Vermutlich werden wir nur so betriebswirtschaftlich erfolgreich sein. Doch wenn immer mehr Angehörige der jüngeren Generation diese ökonomischen Grundregeln anzweifeln oder sogar ablehnen, dann wird es in Zukunft schwierig werden, Unternehmen auf den Profitabilitätspfad zu bringen. Ökonomische Theorien werden nicht dadurch wahr, dass sie mathematisch oder grafisch überzeugen, sondern nur durch die individuelle Bewertung als wahr empfunden werden.

Es gibt Unternehmer*innen, die sich mit einem Mindestgewinn und/oder einem maximalen Wachstum begnügen oder genossenschaftliche Modelle, die ihren Gewinn an die Mitglieder und Mitinhaber*innen ausschütten. Die unterschiedliche Bewertung fließt auch in das unternehmerische Handeln ein. Dieser Aspekt der fehlenden Wertfreiheit in der Ökonomie wird immer stärker in der wirtschaftswissenschaftlichen (Theorie)Diskussion mit aufgenommen, wie der Beitrag des (ehemaligen) Studenten der Ökonomie Heinz Bohne zeigt (Bohne, 2019):

„Doch diese Wertfreiheit gibt es nicht. Ein Doktortitel in Ökonomie befreit nicht vom eigenen biographischen Hintergrund und damit auch nicht von eigener Wertgebundenheit. Die Modelle beruhen auf Annahmen, die niemals neutral sein können. Sie werden mit wirtschaftlichen Tatsachen gespeist, die selbst nicht wertneutral gewählt sind. Denn als Tatsache kann immer nur ein kleiner Ausschnitt der Realität dienen. Zwangsläufig werden also bestimmte Aspekte beachtet und andere vernachlässigt. Wirklich problematisch wird der Glaube an Wertfreiheit jedoch, wenn er sich mit dem Anspruch auf wirtschaftspolitische Gestaltung verbindet. Wer glaubt, wertfrei und unpolitisch zu argumentieren, macht Politikempfehlungen alternativlos und Debatten überflüssig."

Wir werden auf die Auswirkungen der Bewertung auf die Wirtschaftspolitik vor allem im Kap. 6 noch ausführlich zu sprechen kommen. Auch hinsichtlich der Bewertung von Geldströmen, die zumeist virtuell um den Globus gejagt werden, kann man unterschiedlicher Meinung sein. Das wollen wir uns im nächsten Kapitel ansehen.

4.3 Geldvermögen und Ungleichheit

Der Versicherungskonzern Allianz veröffentlicht jedes Jahr den sogenannten „Globale Wealth Report", indem das globale private Geldvermögen und dessen Veränderung analysiert wird (vgl. im Folgenden Fend & Ehrmann, 2024). Es stieg 2023 im Vergleich zum Vorjahr um 7,6 % auf 239 Billionen Euro weltweit. Analysiert wurden dabei 57 Länder ohne Berücksichtigung der Preisentwicklung. Konkret bedeutet das, dass die Inflation in die Steigerung des Geldvermögens nicht einberechnet wurde. So betrug in Deutschland etwa der Anstieg des Geldvermögens 6,8 %. Bereinigt man diese Steigerung um die Inflation, dann bleiben netto nur noch 0,7 % übrig. Zum Geldvermögen zählen die Analyst*innen Aktien, Versicherungen und Sparguthaben. Nicht eingerechnet ist das Immobilienvermögen, wohingegen die private Altersvorsorge in Form von Pensionsfonds Berücksichtigung gefunden hat. Wesentlich für den Anstieg des Geldvermögens in 2023 war im Vergleich zu 2022, das einen Rückgang um 3,5 % zu verzeichnen hatte, das starke Wachstum der US-Wirtschaft. Während Aktien im Schnitt um 11 % an Wert gewannen, erhöhten sich die Bankeinlagen wie etwa Spareinlagen um 4,6 %.

Bricht man das Geldvermögen pro Kopf der Bevölkerung herunter, so ergibt sich eine Top 10 Rangliste, die wenige Überraschungen bietet (vgl. Fend & Ehmann,

2024, erste Tabelle). So führt die Schweiz mit einem pro Kopf Brutto-Geldvermögen von knapp 383.000 €, gefolgt von den USA mit etwa 315.000 € Geldvermögen und Dänemark mit gut 231.000 €. Auf den Plätzen vier bis sechs folgen Singapur, Kanada und die Niederlande mit knapp 217.000 und jeweils gut 177.000 €. Deutschland rangiert mit einem pro Kopf Geldvermögen von gut 95.000 € auf Platz 17 dieser Rangliste. In den ärmsten analysierten Ländern verfügen die Menschen nur über durchschnittlich 1.651 € (Indonesien), 1.155 € (Argentinien) und 551 € (Schlusslicht Pakistan).

Interessanter ist allerdings eine andere Übersicht (vgl. Fend/Ehmann 2024, zweite Tabelle). Aus dieser geht hervor, welchen Anteil am gesamten Netto-Geldvermögen die reichsten zehn Prozent eines Landes besitzen. So verfügen in den Ländern Südafrika und Chile die reichsten zehn Prozent der Bevölkerung über mehr als 80 % des Netto-Geldvermögens (84,9 und 80,6 %), gefolgt von Brasilien, Mexiko und Peru mit knapp 80 % (79,7; 79,1; 76,8) und Thailand und Russland mit jeweils 76 und 74,1 %. Deutschland liegt auf einem Mittelplatz (24). Hier verfügen die reichsten zehn Prozent über einen Anteil von 61,1 % am gesamten Netto-Geldvermögen. Prozentual am wenigsten am Netto-Geldvermögen besitzen die zehn Prozent reichsten Bürger*innen in der Slowakei (45,9 %), Malta (44,7 %) und Griechenland (44,3 %). Interessant ist dabei, dass in den reichsten Ländern, gemessen am Brutto-Geldvermögen pro Kopf der Bevölkerung, z. B. Dänemark und die Niederlande die Verteilung des Geldvermögens deutlich gleicher ausgeprägt ist als in Großbritannien oder den USA.

Während Dänemark auf Platz drei der reichsten Länder liegt, gemessen am Brutto-Geldvermögen, rangiert es auf der Liste der Vermögenskonzentration in den Händen der reichsten zehn Prozent auf dem 52. Platz. Das bedeutet ganz konkret, dass, obwohl Dänemark zu den reichsten analysierten Ländern gehört, die Geldvermögen vergleichsweise gleich verteilt sind. Die reichsten zehn Prozent verfügen über 50,6 % des Netto-Geldvermögens. Die Niederlande, die auf Platz 6 der reichsten Länder gehört, gemessen am Brutto-Geldvermögen, befindet sich auf dem 54. Platz bei der Vermögenskonzentration. Auch in diesem vergleichsweisen reichen Land wie den Niederlanden ist das Vermögen relativ gleich verteilt. Umgekehrt verhält es sich mit den USA oder Singapur. Wiewohl auf Platz 2 der Geldvermögensrangliste, rangiert es auf Platz 11 der Vermögenskonzentration. In dem gemessen am Brutto-Geldvermögen zweitreichste Land der Welt verfügen die zehn Prozent Reichsten über gut zwei Drittel des gesamten Geldvermögens (66,9 %). In Singapur, Platz 4 der Brutto-Geldvermögens-Rangliste verfügen die reichsten zehn Prozent über ebenfalls fast zwei Drittel des gesamten Geldvermögens (62,8 %).

Die Frage ist nun, was soll das heißen? Wie bewerte ich diese ökonomischen Fakten? Welche Auswirkungen hat die ungleiche Verteilung des Geldvermögens in den Händen einzelner weniger. Man könnte der Meinung sein, dass sich Leistung auszahlen müsse und die leistungsfähigsten und leistungsbereitesten Menschen mit etwas Glück auch den größten Teil des Kuchens erhalten. Soweit, so normal. Doch der bereits erwähnte Psychologe und Unternehmer Sebastian Klein hat in seiner sehr spannend geschriebenen Schrift „Toxisch Reich" die Nachteile der Ungleichheit nachvollziehbar dargelegt (vgl. Klein, 2025, S. 85 ff.). So gehe ein hohes Vermögen auch mit hoher Machtkonzentration in den Händen weniger Menschen einher. Aus deren Sicht unliebsame wirtschaftliche Entwicklungen könnten so durch starke Lobbymaßnahmen gebremst und einseitig gemäß den Interessen der reicheren Mitmenschen gelenkt werden. Das kurzfristige

Eigeninteresse werde so über das gemeinschaftliche Wohl gestellt und durch die höheren finanziellen Mittel auch durchgesetzt. Das verringere die Dynamik der Wirtschaft.

Veränderungen in der Wirtschaft sind nur möglich, wenn auch ausreichende finanzielle Ressourcen vorhanden sind. So verfügte etwa die Hälfte der Menschen über keine bis nur sehr geringe Ersparnisse und würden etwa bei klimapolitischen Anpassungen des Verhaltens oder gestiegener Energiekosten relativ schnell finanziell überfordert (vgl. ausführlich mein Buch zum vermeintlichen Ende des Wohlstands, Pietsch, 2023). Wenn ich schon heute nicht über die Runde komme, werde ich keine Veränderungen begrüßen, die mit Kostensteigerungen einhergehen wie etwa neue Heizgesetze oder der Umstieg zu alternativen Energien. Darüber hinaus hemmt zu viel Ungleichheit auch die fairen Chancen für eine gute Bildung. Eine gute Bildung kann nicht nur durch die Genetik und die Sozialisation, d. h. das Elternhaus – Stichwort vermögendes Elternhaus, armes Elternhaus, Arbeitermilieu versus Akademikermilieu – beeinflusst werden, sondern schlicht durch die finanziellen Möglichkeiten. Die relevanten Stichworte sind hier: teure Privatschulen, umfangreiche Nachhilfeangebote, besser ausgestattete Schulen in besseren Stadtvierteln etc. Die in der Bildung vorhandenen Potenziale für eine erfolgreiche Zukunft sind durch die Vermögensungleichheiten ebenfalls gefährdet (vgl. Klein, 2025, S. 87). Klein sieht vor allem eine Wirtschaft als erstrebenswert an, die den größtmöglichen Nutzen für alle stiftet und nicht für einige Wenige. Das gehe nicht mit einer stark ausgeprägten Ungleichheit.

Klein weist noch auf einen weiteren Punkt hin, der durch die zu starke Spreizung der Vermögen befördert wird, nämlich die Politikverdrossenheit (vgl. Klein, 2025, S. 91 ff.). Die eine Gruppe der ärmeren Bürger*innen haben das Gefühl, sie werden mit ihren Sorgen und Nöten nicht gesehen und können sich nicht im gleichen Maße Gehör verschaffen wie diejenigen mit dem höheren finanziellen Potenzial. Abstiegsängste machen sich breit und der Aufbau von Feindbildern forciert („die Migrant*innen sind schuld", Klein, 2025, S. 93). Andererseits versuchten die reicheren Bevölkerungsteile ihre angestammten Privilegien abzusichern und verfügen dazu natürlich über erheblich mehr finanzielle Möglichkeiten und ein breites, mächtiges Netzwerk an Sozialkontakten. Zumeist besitzen sehr reiche Menschen eine entsprechende Nähe zu den (Spitzen)Politiker*innen und können für sich und ihre vermögenden Mitmenschen vorteilhafte Inhalte gezielt beeinflussen. Dies wiederum frustriert diejenigen, denen diese Optionen verwehrt bleiben. Sie fühlen sich nicht ausreichend repräsentiert. Am Ende, so Klein, führe eine Gesellschaft, in der die ökonomischen Unterschiede zu groß seien, zu einem Mehr an Gegeneinander und zu einem Weniger an Miteinander (vgl. Klein, 2025, S. 93). Abgegrenzte Gesellschaften, „Gated Communities", könnten schnell die Folge sein.

Diese eher pessimistische Sicht auf ein Zuviel an Vermögen beruht auf der Bewertung, dass Ungleichheit viele negative Folgen hinter sich zieht. Wir haben es gerade gesehen. Es gibt aber auch eine andere Sicht auf die gleichen ökonomischen Tatbestände. Der Journalist und Autor Nikolaus Blome wertet die Ungleichheit in den Vermögen in Deutschland nicht ganz so negativ wie etwa Sebastian Klein. So würden in den Vermögensberechnungen in der Regel die Rentenansprüche nicht berücksichtigt, die allerdings erheblich seien und sich im Laufe des Lebens summieren würden (vgl. Blome, S. 114). Rechnete man diese Rentenansprüche in Kapitalverzinsungen um, dann kämen erhebliche Geldvermögen zusammen. So bräuchte man bei einer durchschnittlichen Jahresrente von 19.200 € und einer jährlichen Verzinsung von drei Prozent schon ein (Geld)Vermögen von 620.000 €, um diesen Betrag zu erzielen. Diese in den Renten befindliche Vermögen würden in der Statistik nicht mit aufgeführt und würden das Gesamtbild verzerren. In der Summe sei die Ungleichheit in den Vermögen in Deutschland zwar zurecht zu kritisieren. Doch die Vermögensverteilung bliebe in diesem Maße konstant über die Jahre. Die Schere zwischen arm und reich vergrößere sich also nicht, sie bliebe im Wesentlichen gleich und über Jahre unverändert (vgl. Blome S. 115).

Die Lösungen für das Problem zu ungleicher (Geld)Vermögen sind dann auch abhängig von der entsprechenden Bewertung unterschiedlich. So empfiehlt Klein eine höhere Erbschaftssteuer mit einem progressiven Steuersatz, einfach gesagt, je höher das Vermögen, desto höher der Steuersatz, eine höhere Kapitalertragssteuer etwa auf Dividenden und die Wiedereinführung der Vermögenssteuer (vgl. Klein, 2025, S. 149 ff.). Nur so ließe sich die Ungleichheit sukzessive verringern und ein gerechteres Steuersystem und eine gerechtere Gesellschaft schaffen. Der liberalkonservative Ökonom Clemens Fuest, Chef des ifo Instituts in München, sieht das vollkommen anders (vgl. Fuest, 2016). Eine (Netto)Vermögenssteuer würde zu einer Kapitalflucht aus Deutschland führen, Investitionen verringern und Arbeitsplätze abbauen. Denn auch Unternehmen werden in ihrem Betriebsvermögen besteuert, was das Eigenkapital reduziert und die Investitionsmöglichkeiten vermindert. Ein geringeres Wachstum führt dann ohne Gegenmaßnahmen zu einer geringeren Beschäftigung. Gleiche Konsequenzen gälten für eine erhöhte Erbschaftssteuer.

Es gibt also keine objektive ökonomische Sichtweise auf globale Geldvermögen und ihre Verteilung innerhalb der Gesellschaft. Für die einen sind die globalen Geldvermögen und Geldströme und deren ungleiche Verteilung ein

Vehikel, die Gesellschaft zu spalten und das Gemeinwohl zu gefährden. Für die anderen scheint dieser Unterschied nicht so gravierend zu sein, zumal bestimmte Vermögensbestandteile wie die Rentenansprüche in die Gleichung nicht mitbezogen wurden. Diese Sichtweisen scheinen unvereinbar zu sein und lassen sich auch nicht mit zahlreichen Statistiken und Grafiken verrücken. Eine subjektive, individuelle Bewertung, die auch durch politische Einstellungen und Werte mitgeprägt ist, lässt sich nicht so einfach aushebeln. Vielfach sieht man nur die Zahlen und Wirkungen, die man sehen will. Schon die Auswahl des Themas als Fokus der ökonomischen Betrachtung schließt eine Bewertung des Themas mit ein. Da die Ungleichheit für die einen kaum einer Erwähnung wert ist, die anderen diese aber immer wieder oben auf ihrer Agenda haben, besteht bereits in der Auswahl dieses umstrittenen Themas eine persönliche Wertung. Dies gilt nicht nur für globale Vermögensanalysen, sondern auch für die Frage, wieviel Geld ist genug? Wir wollen uns im folgenden Kapitel mit diesem Thema auseinandersetzen.

4.4   Geldvermehrung als Endziel?

In den letzten Jahren ist die Frage vor allem in der jungen Generation verstärkt aufgetaucht, wieviel Geld genug ist (vgl. Robeyns, 2024, S. 31) und ob etwa Milliardäre abgeschafft werden sollten (vgl. etwa Die Linke, 2025). Was viele Jahrzehnte kein Thema war und als gegeben hingenommen wurde, wird in jüngerer Zeit immer stärker kritisiert (vgl. Robeyns, 2024; Klein, 2025). Vor allem in einer Zeit, in der die Armut in der Gesellschaft zunimmt, vor allem die Kinderarmut und Armut im Alter, sei es doch geradezu grotesk, dass es viele „überreiche" Menschen auf der Welt gäbe. Diese seien nicht in der Lage, auch nur einen Bruchteil ihres Geldes auszugeben. Während viele Menschen in einem reichen Land wie Deutschland hungern und/oder obdachlos sind, verschanzen sich andere hinter den großen Mauern und Gittern ihrer weitläufigen Anwesen. Was wie ein klassenkämpferisches Szenario aus dem 19. Jahrhundert zu Zeiten von Karl Marx anmutet, ist heute im Deutschland des Jahres 2025 gelebt Realität aus Sicht vieler jungen Menschen. Nicht umsonst wurde die Partei Die Linke mit ihrem Tik Tok-Star, der Co-Parteivorsitzenden, Heidi Reichinnek, von 25 % der jungen Leute unter 25 Jahren gewählt (vgl. Tagesschau, 2025). Woher kommt diese Aversion gegen „überreiche" Menschen?

Vielleicht hat es mit der Fragestellung zutun, wieviel Geld genug ist. Diese scheinbar einfache Frage lässt sich nicht so einfach beantworten, je länger man darüber nachdenkt. Es gibt sicherlich so etwas wie eine Untergrenze an Geld, das zur überlebensnotwendigen Existenz erforderlich ist. Dies hängt wiederum davon ab, wo ich lebe und wie groß meine Familie ist d. h. die Anzahl derer, die mit einem bestimmten Geldbetrag auskommen müssen. Diese sogenannten Lebenshaltungskosten teilen sich auf in fixe Kosten wie Wohnen und Energie, Verkehr, Information und Kommunikation (vgl. Yeboah, 2025). Diese Fixkosten umfassen also im Wesentlichen Miete und Nebenkosten, Ausgaben für öffentliche Verkehrsmittel oder Auto, Internet, Telefon etc. Dazu kommen noch die regelmäßig wiederkehrenden Konsumausgaben für Lebensmittel, Mobiliar, Haushaltsgeräte, Bekleidung, Gesundheit und auch Freizeitaktivitäten. Neben dem Wohnort sind natürlich die allgemeinen ökonomischen Rahmenbedingungen in die Kalkulation miteinzubeziehen, u. a. Inflation, Lohnentwicklung etc. Darüber hinaus benötigt man für unvorhergesehene Ausgaben z. B. Ersatz eines Haushaltsgerätes, Kleidungsstücks etc. gewisse Rücklagen. Diese gesamten

Geldbedarfe nennt man im Extremfall Existenzminimum und hängt im weniger dramatischen Fall natürlich vom Einkommen und Lebensstil ab. Diese existenzielle Untergrenze muss auf jeden Fall gedeckt sein, was in Deutschland häufig nicht der Fall ist. Der Lohn oder das Gehalt oder das Transfereinkommen, das die betroffenen Personen beziehen, sollte also dieses Minimum auf jeden Fall decken.

In einem nächsten Schritt können wir darüber nachdenken, wie viel Geld wir über unsere Lebenszeit zur Verfügung haben sollten. Das Minimum ergibt sich wiederum anhand der Berechnungen des vorherigen Abschnitts, wobei wir unser Alter mitbedenken müssen. Die oben aufgeführten Kostenblöcke müssen auch im Alter, sprich im Rahmen der bezogenen Rente bezahlbar sein. Die Ausgaben werden sich vor allem in höherem Alter ein Stück weit mehr in Richtung Gesundheit verschieben. Häufig sind die Angestelltenrente (manchmal durch eine Betriebsrente ergänzt), die abgezahlte Immobilie und etwaige finanzielle Rücklagen die Quellen des Vermögens im Alter. Die Untergrenze haben wir damit definiert. Ich denke nicht, dass ein Geldvermögen unterhalb des Existenzminimums als ausreichend angesehen werden kann. Darüber dürfte relativ schnell Konsens zu erzielen sein. Die Frage ist nun, welche Obergrenze können oder sollten wir definieren? Gibt es tatsächlich so etwas wie eine natürliche Obergrenze an Reichtum, über der das Geld den Besitzenden weggenommen werden sollte? Darüber hinaus ist die Frage berechtigt, ob man in unserem heutigen Rechtsstaat so einfach durchführen kann und wäre das tatsächlich sinnvoll? Schließlich, wie berechnen wir die Obergrenze des Reichtums, ohne dass es willkürlich wird und wir uns mehrheitlich darauf einigen können?

Gemäß einer Studie der Trinity-Universität aus dem Jahr 1998 (vgl. Kintrup, 2025) kann man jährlich bis zu

vier Prozent des anfänglichen Vermögens entnehmen, um
mit dem angesammelten Geld über die Runden zu kommen. Umgekehrt ausgedrückt: Ich überlege mir einen
monatlichen bzw. jährlichen Betrag, der mir zum Leben
reicht und multipliziere ihn mit 25. Dann erhalte ich das
Minimumvermögen, das ich zum auskömmlichen Leben
individuell benötige. Konkret, wenn ich mit 2000 € im
Monat leben kann, d. h. 24.000 € im Jahr, dann benötige
ich nach der „4-%-Regel" ein Vermögen von 600.000 €
(i.e. 4 % p. a. von 24.000 € oder 25 mal 24.000 €, vgl.
Kintrup, 2025). Diese Regel gilt inflationsbereinigt und
ohne Berücksichtigung der Steuern. Neuere Studien
gehen von einer maximalen Entnahmerate über 40 Jahre
von drei Prozent aus. In unserem Beispiel mit den 2000 €
pro Monat müsste ich, ungünstige Steuersituation unterstellt, sogar bis zu 1,11 Mio. auf dem Konto haben, um
die monatlichen 2000 € zu erübrigen. Dies wäre allerdings
in einer Stadt wie München überschaubar, da alleine die
Mietkosten für einen Single in vielen Fällen bereits mindestens die Hälfte der Einnahmen auffrisst.

Macht mehr Geld wirklich glücklicher? Nach ihrer aufsehenerregenden Studie von 2010, in der das Glück ab
einem Einkommen zwischen 56.000 und 84.000 Schweizer Franken kaum noch ansteigt, mussten die Wissenschaftler Angus Deaton und Daniel Kahneman diesen
Befund nach neuesten Analysen korrigieren (vgl. Handelszeitung, 2023). So steigt das Glücksempfinden tatsächlich
bei Gehältern bis zu 486.000 Schweizer Franken stetig an.
Bei vorher sehr armen Menschen steigt das Glücksempfinden bis 100.000 Schweizer Franken permanent an. Geld
macht also glücklicher, je weniger ich davon vorher hatte,
desto eher steigt mein Glücksbarometer. Doch das beantwortet noch nicht unsere Frage, wie viel Geld tatsächlich
genug ist, wenn es denn überhaupt nach oben hin eine
Grenze gibt.

Philosophisch ist das Terrain relativ klar abgedeckt. Das schiere Anhäufen von Geld des Geldes wegen wurde in den ethischen Diskussionen der Vergangenheit mehrheitlich abgelehnt (vgl. dazu ausführlich Pietsch, 2021, S. 51 ff.). In der Antike prangerten die großen abendländischen Philosophen Platon und Aristoteles die Anhäufung des Geldes an *(chrematistiké)*. Die philosophischen Schulen der Stoiker und Epikureer lehrten u. a. Bescheidenheit und Mäßigung, die besonnene Mitte *(mesotes)*. In ihren Vorstellungen vom guten Leben war von einem tugendhaften Leben und nicht von einem materiell reichen Leben die Rede. Im Extrem vertraten die ersten Philosophen sogar die Bedürfnislosigkeit und die Ablehnung eines Großteils des Besitzes und einer Behausung wie etwa die Kyniker u. a. Diogenes von Sinope (vgl. Perkams, 2023, S. 195 ff., vor allem S. 196, Diogenes Laertius, 1998, S. 304 ff.). Das christliche Mittelalter (vgl. Flasch, 2013) folgte dem Vorbild des mittellosen Jesus, der Nächstenliebe und Barmherzigkeit predigte und den Reichtum ablehnte (vgl. ausführlicher Pietsch, 2021, S. 84 ff.). Bestenfalls war der Reichtum eines Menschen unerheblich für das Leben. Auch die fernöstlichen Religionslehren und Philosophien wie der Buddhismus, die Lehren des Konfuzius und der Hinduismus aber auch der Islam lehnen übermäßigen Reichtum ab (vgl. vertiefend Pietsch 2014, S. 261 ff., 2021, S. 52 ff. und 84 ff.;). Der Weg ist also philosophisch bereitet. Doch kehren wir zu unser Ausgangsfrage zurück. Wie viel Geld ist genug?

Seit geraumer Zeit existiert eine philosophische Strömung, die sich mit der Begrenzung des Reichtums auseinandersetzt. Der *Limitarismus*, von Limit d. h. die Grenze. Prominenteste Vertreterin ist die bereits erwähnte Philosophin Ingrid Robeyns. In ihrem neuesten Werk (vgl. Robeyns, 2024, S. 31 ff.) argumentiert sie, warum aus ihrer Sicht ein übermäßiger Reichtum zu begrenzen ist und

welche Grenze aus welchem Grund zu ziehen ist. Sie beginnt mit der nachvollziehbaren Feststellung, dass die Diskrepanz zwischen den extrem reichen Menschen in ihren
bewachten, von hohen Zäunen umgebenden Villen, und
den der schlimmsten Armut in Form der Obdachlosigkeit
zum Teil schwer zu ertragen ist. Diese Erkenntnis ist nicht
neu und aus menschlicher Sicht absolut nachzuvollziehen.
Manche Menschen leben im Luxus und wissen nicht, wie
sie ihr vieles Geld ausgeben sollen und andere haben noch
nicht einmal das dringend Notwendige zu Leben. Doch
was folgern wir daraus?

Man müsse, so Robeyns, verschieden Arten unterscheiden, wie Menschen zu großen Vermögen kommen. So
existieren diese Vorzeigemodelle von wenigen Menschen,
die es von ganz unten nach ganz oben geschafft haben.
So z. B. die Autorin der weltweit erfolgreichen Harry
Potter-Reihe, die den Durchmarsch von der Sozialhilfe-
empfängerin bis zur Milliardärin schaffte. Ähnlich erging
es der Moderatorin und Unternehmerin Oprah Winfrey
in den USA. Manche gehen ihren Weg aus der oberen
Mittelschicht und bewahren sich noch ihre Einstellung
aus einer Zeit, in der sie noch nicht Multimillionär*in
waren. Im Kern haben diese Menschen ihren Weg mit
sehr harter Arbeit, besonderen Fähigkeiten aber auch
dem nötigen Quäntchen Glück gemacht. Dann gibt es,
so Robeyns, noch die angestellten Top Manager*innen,
die insbesondere in den USA durch langanhaltende Spit-
zengehälter und/oder Unternehmensanteile aus eigener
Kraft schwerreich geworden sind. Ferner gäbe es noch
die Erbengeneration, die einen enormen Reichtum in die
Wiege gelegt bekommen haben. Schließlich existierten
auch noch Menschen auf dieser Welt, die ihr unglaub-
liches Vermögen illegal angehäuft hätten. Als Beispiel zitiert sie u. a. die russischen Oligarchen (vgl. Robeyns,
2024, S. 42). Man könnte hier heraushören, dass die

Selfmade-Millionär*innen zumindest eine gewisse Berechtigung haben, ihren Luxus zu genießen. Wie dem auch sei, die Frage, die sich stellt, ist nun, auf welche Vermögensobergrenze man sich einigen könnte.

Also schickte die Ethikprofessorin Robeyns 2018 ein Team an der Universität Utrecht los, um im Rahmen einer Umfrage herauszubekommen, wo die befragten Menschen die Grenze zwischen reich und superreich ziehen würden (vgl. Robeyns, 2024, S. 44). Superreich wäre dann ein Anzeichen dafür, dass man mehr hätte als zu einem sehr guten Leben in einem gewissen Luxus möglich wäre. Und siehe da, etwa die Hälfte der befragten Personen kam zu der klaren Erkenntnis (Robeyns, 2024, S. 44):

> „…ein Lebensstil mit einer schicken Villa, einem bescheidenen Zweithaus, zwei Luxusautos, drei Urlaubsreisen im Jahr und 200.000 € Ersparnissen sei genug, um ein sehr gutes Leben in einem gewissen Luxus zu führen. Alles darüber hinaus überschreite die Schwelle zwischen „reich" und „superreich" und sei mehr, als man für einen hohen Lebensstandard brauche."

Etwa 89 % der Befragten hielten eine Familie mit zwei Kindern für „superreich", also mehr als sie für ein Leben im Luxus benötigten, wenn die Familie über ein Vermögen von mehr als 4,15 Mio. € verfügt. Daraus leitet Robeyns für die Niederlande ab, dass eine *ethische Vermögensobergrenze* bei dieser vierköpfigen Familie etwa bei einer Million Euro pro Person liegen müsste. Dabei definiert Robeyns die ethische Obergrenze als (Robeyns, 2024, S. 49) „das maximale Niveau an Geld, das man aus moralischen Gründen besitzen sollte." In den USA kursieren vor dem Hintergrund dieser Idee Zahlen von 5 Mio. US-Dollar pro Person. Natürlich sind solche absoluten Zahlen mit Vorsicht zu genießen, da sie von den individuellen

Lebensverhältnissen abhängig sind. Es macht schließlich einen Unterschied, ob man auf dem Land oder in der Stadt wohnt.

Ein Leben in Berlin und München dürfte deutlich teurer sein und ein höheres Maximalvermögen verlangen als etwa eine Kleinstadt oder ein Dorf in einer dünn besiedelten Gegend Deutschlands. Ferner spielt natürlich auch eine Rolle, welche Güter und Dienstleistungen in einer Gesellschaft vom Staat kostenlos oder subventioniert angeboten werden. Denn in einer Gesellschaft, in der die Gesundheits- und Pflegeversorgung, die Bildung, Wohnen etc. vergleichsweise günstig oder kostenlos vom Staat gestellt werden, sind geringere Vermögensobergrenzen möglich als in einer Gesellschaft, in der dies alles privat zu zahlen ist (vgl. Robeyns, 2024, S. 48). In die gleiche Richtung argumentieren der Harvard-Philosoph Michael Sandel und der französische Ökonom und Bestsellerautor Thomas Piketty. Die Bedeutung des Geldes und des Reichtums könne deutlich verlieren, wenn man bestimmte menschliche Grundgüter wie Bildung, Gesundheitsversorgung, Wohnraum etc. „dekommodifiziere", d. h. vom Markt und seiner Logik abkoppele (vgl. Piketty & Sandel, 2025, S. 22 f.).

Neben der ethischen Vermögensobergrenze spricht Robeyns auch von einer *politischen Obergrenze* von etwa zehn Millionen Euro pro Person. Sie begründet ihre Entscheidung in Kurzform folgendermaßen (Robeyns, 2024, S. 50):

„Dieser Betrag entspricht einem ausgewogenen Verhältnis zwischen dem Niveau, das moralische und politische Erwägungen als Maximum vorgeben. Es gibt eine Obergrenze, oberhalb derer ein Vermögen zur reinsten Verschwendung wird, weil es sich besser nutzen ließe, um klimabedingte Ungerechtigkeiten auszugleichen und dringende menschliche Bedürfnisse zu befriedigen. Es gibt die Obergrenze, die politische Gleichheit erfordert …"

Übermäßiger Reichtum würde ab einem gewissen Punkt eher schaden und nichts mehr zum gelingenden Leben der reichen Menschen beitragen. Da wäre das Geld bei den armen Menschen, die am oder unter dem Existenzminimum lebten, besser aufgehoben. Zudem ginge dieser hohe Reichtum mit einer überproportionalen wirtschaftlichen und politischen Macht einher und sei so demokratiegefährdend (vgl. auch die Argumentation von Klein, vgl. Klein, 2025). Weitere Argumente gegen übermäßigen Reichtum sind mittlerweile aus dieser gerechtigkeitstheoretischen Diskussion heraus entstanden (vgl. etwa Neuhäuser, 2023). So führe übermäßiger Reichtum zu einer Statusgesellschaft, die einer gleichrangigen Gesellschaft von Menschen, die sich auf ähnlicher Augenhöhe und Selbstachtung begegnen, entgegensteht (vgl. etwa Neuhäuser, 2023). Zudem sei Reichtum alleine bereits deshalb zu begrenzen, da er zur Begrenzung des Klimawandels beiträgt. Reiche Menschen und Länder emittieren mehr schädliches CO_2 als der Rest der Menschheit, da sie häufiger fliegen, größere Autos fahren etc. In der Quintessenz würde dann jeder Reichtum oberhalb der politisch definierten Grenze wegbesteuert, sei es über Erbschafts-, Vermögens- oder Einkommenssteuern (vgl. Neuhäuser, 2023).

Am Phänomen des Limitarismus wird das Problem der unterschiedlichen Bewertung des (Geld)Vermögens besonders deutlich. Die von Robeyns und anderen Anhänger*innen der Limitarismus-These vollzogene negative Bewertung des „Überreichtums" wird selbstverständlich nicht von allen Menschen geteilt, zumal das Konzept eine Reihe von Schwächen aufweist, auf die die Autor*innen bereits selbst hinweisen (vgl. Neuhäuser,

2023). Es fängt bereits mit der nahezu willkürlich definierten Vermögensobergrenze an, vor allem der politischen. Neuhäuser bringt es auf den Punkt, wenn er an-
merkt (Neuhäuser, 2023):

> „Wann genau trägt Reichtum nichts mehr zum gelingen-
> den Leben bei, wann gefährdet er die gleiche wechselseitige
> Achtung aller Gesellschaftsmitglieder und wann unterläuft
> er die Demokratie?"

Vor allem, wer definiert diese ethische und politische
Obergrenze, ohne die Betroffenen zu befragen. Neuhäuser schlägt vor, sich an konkreten Beispielen und Fällen
zu orientieren wie etwa das Vorhandensein von abge-
schlossenen Gemeinschaften, den *„gated communities",*
der Superreichen oder einzelne Verhaltensweisen („ver-
goldete Steaks"). Ein weiterer Kritikpunkt ist die leichte
Vermeidbarkeit von prohibitiv hohen Steuern etwa durch
den Wegzug aus Deutschland. Ferner sei die zu hohe oder
hundertprozentige Besteuerung von Unternehmen ab
einem gewissen Wert, der die Substanz aufzehrt und die
nötigen Zukunftinvestitionen verhindert, ebenfalls problematisch. Aber auch dagegen gäbe es Lösungen wie etwa
zinslose Staatskredite (vgl. Neuhäuser, 2023). Schließlich,
so Neuhäuser, sei die größte Hürde der fehlende politische Wille, höhere Einkommens- und Erbschaftssteuern
und eine Reaktivierung der Vermögensteuer in Deutschland durchzusetzen. Zwar betrifft die meisten Menschen
in Deutschland diese Steuererhöhungen gar nicht, doch ist
der machtpolitische Spielraum der betroffenen Personen
in Deutschland und deren Lobbynetzwerk deutlich höher.
So könnten diese Gesetze leichter verhindert werden und/
oder durch entsprechend spezialisierte Lobbygruppen oder
Berater umgangen werden (vgl. auch Friedrichs, 2024,
S. 127 ff.).

Weitere Kritikpunkte habe ich bereits in meinem letzten Buch genannt, die ich hier in aller Kürze skizzieren möchte (vgl. Pietsch, 2025, S. 81 ff. und 105 f.). In allererster Linie sind diese politischen und ethischen Vermögensobergrenzen willkürlich gewählt. Wie wir oben bereits gesehen haben, hängt die Vermögensobergrenze vor allem von den Lebenshaltungskosten einer Stadt und Region ab und davon, inwieweit bestimmte Infrastrukturleistungen über Bund, Länder und Gemeinden bereits unentgeltlich abgedeckt sind. Die willkürlich gewählte Obergrenze für Vermögen wird von verschiedenen Autor*innen unterschiedlich gesehen. Der ehemalige Gouverneur von Louisiana, Huey Long, setzte die Grenze in den 1930er Jahren auf 100 (!) Millionen US-Dollar. Diese Grenze sei gleichbedeutend mit dem Betrag an Geld und Vermögen, den die Kinder und Kindeskinder niemals im Leben würden ausgeben können (vgl. Friedrichs, 2024, S. 353). Die österreichischen Autoren des Buches über „Überreichtum", Martin Schürz und Markus Marterbauer, nannten darin die Vermögensobergrenze von einer Milliarde (!) Euro (vgl. Friedrichs, 2024, S. 356).

Der wesentlichste Punkt wurde aber noch gar nicht genannt. Begrenzte man tatsächlich das Vermögen der (Super)Reichen, dann handelte es sich *de facto* und *de iure* um eine staatliche Enteignung. Wer entscheidet in diesem Konzept darüber, wie die den „Überreichen" konfiszierten oder wegbesteuerten Gelder und Vermögen verteilt werden? Nach welchem Schlüssel? Die Bedürftigsten zuerst? Ebenso greift das Argument der Ethikprofessorin Robeyns zu kurz, dass viele Vermögen nicht rechtmäßig erworben worden seien und daher die Konfiskation der Vermögen rechtens sei. Dafür existieren Rechte und Gesetze, die im Vorfeld die illegale Anhäufung von Vermögen hätten verhindern sollen. Sicherlich ist es richtig, dass staatliche Infrastrukturleistungen stärker ausgebaut werden sollten, damit vor allem bedürftige Menschen von ihnen profitieren wie etwa kostenlose Bildungsangebote, Kitas aber auch eine auskömmliche Kinderabsicherung oder eine Mindestrente, die die Altersarmut in Deutschland verhindern oder zumindest abmildern hilft.

Außerdem wird bereits heute einiges von den Hochvermögenden getan, um gesellschaftlichen Herausforderungen zu begegnen. So steckt meistens das viele Geld in Unternehmen, die Arbeitsplätze sichern und sogar zusätzliche schaffen. Viele Reiche spenden einen Teil ihres Vermögens, auch wenn es nicht so medienwirksam passiert wie das etwa bei Bill und Melinda Gates und Warren Buffet oder hier in Deutschland bei Marlene Engelhorn der Fall ist. Robeyns selbst hat darauf hingewiesen, dass es unterschiedliche Arten gibt, wie Menschen zu großem Reichtum kommen, von eigener Hände Arbeit oder ererbt. Sollten wir einen Unterschied daraus machen, ob ich mir das Vermögen z. B. durch geschicktes unternehmerisches Handeln selbst erarbeitet habe oder „leistungslos" einfach geerbt habe? Sicherlich nicht. Zudem sind auch Unternehmer*innen der xten Generation unternehmerisch tätig, investieren in ihr Unternehmen, gründen weitere und schaffen und sichern so Arbeitsplätze nicht nur in Deutschland. Insgesamt ist das Konzept des Limitarismus ein theoretisch interessant anmutender Gedanke, der sich aber weder praktisch umsetzen lässt noch rechtlichen Anfechtungen standhielte. Der Journalist und Autor Alexander Kluy fasst seine Rezension des Buches „Limitarismus" von Robeyns entsprechend folgendermaßen zusammen (Kluy, 2024):

„Wie sich Limitarismus den Gezeiten politischer Moden, politischer Zugriffe und, noch gefährlicher, Willkür nach Kassentageslage zwischen Korruption, Klientelpolitik und Illiberalität entziehen kann, bleibt eher im Dunkeln."

Mir geht es hier an dieser Stelle weniger um die detaillierte Kritik an dem Konzept des Limitarismus oder an der Begrenzung von Vermögen generell. Viel wichtiger ist mir ein anderer Punkt. Es existiert keine objektive Sicht auf ökonomische Vorgänge und Tatsachen. Wir haben in diesem Kapitel über die unterschiedlichen geldpolitischen Instrumentarien diskutiert, die verschiedenen Denkschulen zur Wirkung des Geldes auf dem Markt erörtert (Keynes versus Friedman). Georg Simmel hat in einem gewichtigen und umfangreichen Buch über Geld an sich philosophiert und auch die Negativseiten herausgearbeitet. Wir haben uns die unterschiedlichen Sichtweisen auf die Profitorientierung von Unternehmen angesehen und die unterschiedlichen Bewertungen zwischen der Notwendigkeit zum profitablen Wachstum und der Profitgier besprochen. Wo Geld im Spiel ist, gibt es auch immer wieder Gewinner und Verlierer. Die Ungleichheit zwischen den Geldvermögen steigt weiter an. Für die einen ist das ein Problem, was mit Machtverschiebungen und ungleichen Lebensentwürfen und mangelnder Chancengerechtigkeit zu tun hat. Dagegen ist es für die anderen kein Problem, da es in einer Leistungsgesellschaft immer Gewinner und Verlierer gibt. Das Wichtigste dabei sei letztlich, dass jeder und jede die gleichen Chancen erhält.

Welcher Meinung auch immer man am ehesten zugeneigt ist, spielt in erster Linie keine Rolle. Wesentlich ist nur, dass ich die Analyse und Problembeschreibung ökonomischer Vorgänge unterschiedlich wahrnehmen und bewerten kann. Die daraus ableitbaren Maßnahmen richten sich dann danach, welcher Bewertung ich zuneige.

Im Falle von Robeyns und ihrem Limitarismus-Konzept würde ich alles über einer bestimmte Vermögensobergrenze wegbesteuern. Dass diese Bewertung äußerst individuell und vor allem subjektiv ist, kann man sich sehr leicht vorstellen. Ähnlich ist es auch bei der Einschätzung der Arbeit und des Lebens an sich. Das wollen wir uns im folgenden Kapitel etwas näher ansehen.

5

Bewertung der Arbeit und des Lebens

5.1 Arbeit und gerechte Löhne

Wer bei Wikipedia den Begriff Arbeit eingibt, erhält verschiedene Treffer, die Arbeit jeweils in einen unterschiedlichen Kontext einordnen (Wikipedia „Arbeit" 2025). So umfasst der Begriff der Arbeit philosophisch Prozesse der bewussten schöpferischen Auseinandersetzung des Menschen. Etymologisch beschrieb Arbeit die Anstrengung des Menschen im Vergleich zur Muße und Freizeit. Sie diente ökonomisch dem Lebensunterhalt und brachte als Ergebnis ein Werk, ein Produkt oder eine Dienstleistung mit sich. Von Beginn der Menschheit an war Arbeit im Sinne des Jägers und Sammlers für das eigene Überleben und das der Familie und Sippe notwendig. Später, nachdem die meisten Völker sesshaft wurden, prägte die arbeitsteilige Wirtschaft mit dem Tausch von Waren gegen Waren die Arbeit. Mit den zunehmenden Reisen in immer weiter entfernte Gebiete wurde der Warentausch ausgedehnt und

D. Pietsch, *Bewertung,* https://doi.org/10.1007/978-3-658-49201-4_5

schuf Arbeitsplätze rund um die Herstellung, die Logistik der Waren und den Verkauf und Handel. In der Antike war die Arbeit vor allem den Bediensteten, den Sklaven und den Unterprivilegierten vorbehalten. Der Adel und die reichen Bürger*innen widmeten sich dagegen stärker ihren Besitztümern, sie waren Unternehmer*innen, kümmerten sich um Staatsangelegenheiten, widmeten sich ausgiebig dem Studium der Philosophie oder der Muße.

Im Mittelalter galt es als Pflicht des Christenmenschen, zu beten und zu arbeiten (*ora et labora*). In den handwerklichen Gemeinschaften, den Zünften, lebte, arbeitete und tauschte man untereinander. Die See- und Kaufleute der Hanse transportierten und tauschten Ware weltweit und schufen so Arbeitsplätze in allen Ländern. Die industrielle Revolution mit dem großflächigen Einsatz von Maschinen schuf eine Umgebung, in der unzählige Produkte durch menschliche Arbeit hergestellt und vertrieben wurden. Die damaligen Arbeitsbedingungen wurden am prominentesten von Karl Marx kritisiert. Die Arbeite beute die Menschen aus, entfremde sie von ihrem herzustellenden Gegenstand. Die Suche nach Profit und der immer höheren Produktivität mache lediglich den Unternehmer, die Unternehmerin, den Kapitalisten und die Kapitalistin reich und lassen den Arbeiter*innen nur das unbedingt Nötigste zum Überleben. Von der Einstellung zur Arbeit im 21. Jahrhundert werden wir im nächsten Kapitel ausführlich zu sprechen kommen.

In betriebswirtschaftlicher Hinsicht dient Arbeit als geplante und zielgerichtete Betätigung eines Menschen, um in einem Betrieb Produkte und Dienstleistungen herzustellen. Berühmt wurde in diesem Zusammenhang die Definition Erich Gutenbergs, der die Arbeit als eine der drei elementaren betrieblichen Produktionsfaktoren bezeichnete, neben den Betriebsmitteln wie Grundstücke, Gebäude und Maschinen, sowie den Werkstoffen, also Roh-,

Hilfs- und Betriebsstoffe (vgl. Gutenberg, 1983, S. 11 ff.). Volkswirtschaftlich gesehen stellt Arbeit ebenfalls einen der drei klassischen Produktionsfaktoren dar neben Boden und Kapital. Dabei versteht man volkswirtschaftlich nur eine entlohnte menschliche Tätigkeit als Arbeit. Ehrenamtliche, nicht bezahlte Tätigkeiten auch der Pflegearbeit in Familien oder auch Hausfrauen und Hausmannarbeit wird gemäß dieser Definition nicht als Arbeit angesehen und auch nicht im Bruttoinlandsprodukt als Maßzahl der Wertschöpfung eines Landes berücksichtigt. In der Physik bezeichnet die Arbeit lediglich die bei einem Vorgang freigesetzte Energiemenge aus Kraft mal Weg.

Der Begriff der Arbeit ist vielschichtig und nicht eindimensional zu begreifen. So schreibt der Philosoph und Bestsellerautor Richard David Precht zurecht über den Begriff der Arbeit (Precht, 2022, S. 131):

> „Keine Definition ist hinreichend, erschöpfend und exklusiv. Entweder finden sich die Kriterien auch bei Tätigkeiten, die wir nicht als Arbeit bezeichnen, oder sie gelten beileibe nicht für alles, was gemeinhin als Arbeit gilt. Tatsächlich lässt sich das, was Arbeit sein soll, nur aus dem sozialen Kontext heraus erklären. Arbeit ist das, was von mir selbst und von anderen als Arbeit empfunden und gedeutet wird. (…) Der gesellschaftlich akzeptierte Begriff der Arbeit schließt all das aus, was wir allein aus eigenem Antrieb tun und dessen Bedeutung sich vor allem uns selber erschließt. Genau deshalb arbeitet man auch nicht als Schriftsteller, Philosoph oder Rockstar – selbst dann nicht, wenn zu der starken intrinsischen Motivation noch eine Entlohnung in Form von Geld dazukommt. Auch ein Buch wie dieses zu schreiben, ist keine Arbeit, sondern (bezahlte) Selbstverwirklichung."

Letzterem ist hundertprozentig zuzustimmen! Arbeit ist mehr als nur ökonomisch zu sehen. Natürlich müssen wir unser Leben finanzieren und benötigen dafür für uns und unsere Familie ein regelmäßiges Einkommen. Dies kann durch angestellte Lohn- und Gehaltsarbeit, selbstständige Tätigkeit, künstlerisch-wissenschaftliche Arbeit oder vieles andere mehr erfolgen. Arbeit ist ein Menschenrecht. Sie erlaubt es, Mitglied der produktiven und wertschöpfend tätigen Gesellschaft zu werden, eine eigene Identität auszubilden und sich selbst zu verwirklichen. Dabei müssen in diesem Sinne auch Arbeiten berücksichtigt werden, die klassischerweise nicht entlohnt werden wie Erziehungs- und Pflegeleistungen oder auch Ehrenämter. Sie schafft Selbstvertrauen, ermöglicht soziale Anerkennung, Sinnstiftung und Teilhabe am gesellschaftlichen und politischen Leben. Kaum ein Mensch bleibt freiwillig der Arbeit fern, wenn er sie für seinen Lebensunterhalt benötigt. Welche Folgen es hat, wenn der Mensch plötzlich ohne Arbeit weiterleben muss, haben wissenschaftliche Studien gezeigt. Eine der bekanntesten darunter ist die Studie aus einem Dorf bei Wien.

Zwei österreichische Sozialwissenschaftler*innen, Marie Jahodas und Paul Lazarsfeld, haben 1933 in besagtem Dorf Marienthal nahe Wien, die psychosozialen Auswirkungen der Arbeitslosigkeit untersucht (vgl. Pietsch, 2017, S. 119 ff.). Nachdem der maßgebliche Arbeitgeber des Dorfes, eine Textilfabrik, schließen musste, verloren nahezu alle Bewohner*innen ihre Jobs. Die beiden Wissenschaftler*innen untersuchten daraufhin die Änderungen in den Lebensgewohnheiten der Menschen. So wurden weniger Bücher und Tageszeitungen gelesen. Ursächlich dafür waren aber weniger die Kosten, da die Bücher auch von der Stadtbibliothek ausgeliehen werden konnten, oder die Zeit, die nun mehr als reichlich zur Verfügung stand. Stattdessen gaben die Befragten zu Protokoll, dass sie den Kopf zum Lesen nicht frei hätten, da sie ihre eigene Lebenssituation im Kopf hätten und das wirtschaftliche Überleben ihrer Familien sicherstellen müssten. Vor allem die betroffenen Männer gingen nicht mehr so schnell zu Fuß wie vorher, verbrachten den Tag, den sie zunehmend als Last empfanden, ohne sich am Ende daran zu erinnern, was sie den ganzen Tag gemacht hatten. Resignation, Antriebslosigkeit und Isolation stellten sich rasch ein (vgl. Pietsch, 2017, S. 120).

Allerdings konnten Jahoda und Lazarsfeld auch beobachten, dass sich nicht alle Betroffenen gleich verhielten. Es gab auffallend drei verschiedene Gruppen, die sich in ihrem Verhalten und vor allem ihrer Einstellung gegenüber dem Leben deutlich unterschieden. So gaben 25 % der sogenannten „Apathischen" ihr Leben bereits auf, vernachlässigten ihr Äußeres und ihre Familie. Sie verloren mit der fehlenden Struktur im Leben auch den Halt und flüchteten sich nicht selten in Alkohol, bettelten und stahlen, um über die Runden zu kommen. Die zweite Gruppe namens „Die Verzweifelten", mit 11 % die zahlenmäßig kleinste der vier Segmente, war zwar ebenfalls ohne große Hoffnung, aus diesem ökonomischen und gesellschaftlichen Elend wieder herauszukommen. Sie versuchten aber dennoch, eine gewisse Struktur im Leben aufrechtzuerhalten und sich an Recht und Gesetz zu halten. Die dritte Gruppe., mit 48 % die zahlenmäßig größte, „die Resignierten", hegten zwar ebenfalls keine großen Hoffnungen, bemühten sich aber, wenigstens ihren Kindern das größte Elend zu ersparen. Sie kümmerten sich um ihre Ausbildung, schickten sie in die Schule und sparten das Geld für deren Ernährung und Kleidung zulasten ihrer eigenen Versorgung. Die letzte, die vierte Gruppe der „Ungebrochenen", die 16 % der Befragten ausmachte, gaben ihre Zuversicht auf ein Ende der Arbeitslosigkeit zu keinem Zeitpunkt auf. Sie versuchten, sich gegen ihr Schicksal zu stemmen, zeigten Tatkraft, schmiedeten Pläne für die Zukunft und zeigten sich verhalten optimistisch.

Diese sowohl bedrückende als auch Mut machende und erhellende Studie von vor fast hundert Jahren zeigt, dass der Arbeitsmarkt und die Frage nach der Arbeit an sich nicht nur ökonomisch, sondern auch psychosozial zu betrachten ist. Natürlich folgt auch der Arbeitsmarkt dem Gesetz von Angebot und Nachfrage. Löhne und Gehälter steigen bei einem Nachfrageüberhang seitens der Unternehmen, wie wir spätestens seit der Phase des Fachkräftemangels wissen. Umgekehrt sinken die Löhne und Gehälter oder verharren zumindest auf einem bestimmten Niveau, wenn das Angebot der Unternehmen an Arbeitsplätzen mit der Nachfrage nach Arbeit nicht Schritt halten kann (vgl. Mankiw & Taylor, 2012, S. 467 ff.).

Gründe für Arbeitslosigkeit gibt es viele. Unternehmen aber auch der Staat suchen Arbeitskräfte mit einer bestimmten Qualifikation, die bestimmte Tätigkeiten übernehmen können. Diese Nachfrage steigt, wenn das Unternehmen expandiert, neue Märkte erschließt, neue Produkte entwickelt oder schlicht von den bestehenden Produkten mehr verkauft. Zwar erhöht sich ständig die Produktivität d. h. mit gegebener Arbeitsmenge und Arbeitskräften kann immer mehr produziert werden, doch wird ein überproportionales Wachstum immer zu einer höheren Nachfrage nach Arbeit führen. Im umgekehrten Fall, wenn die Produkte eines Unternehmens nicht mehr den Absatz am Markt finden oder wie aktuell die Energiepreise stark angestiegen sind, sinkt die Profitabilität und Unternehmen müssen sparen. Da häufig die Personalkosten den größten Fixkostenblock darstellen, versuchen Unternehmen dort zuerst zu sparen.

Dies ist aktuell vor allem in der Automobilbranche zu erkennen, die von den internationalen politischen Entwicklungen rund um Zölle, abschwächendem Markt wie etwa in China oder auch brancheninternen Ursachen, Stichwort Umstieg auf Elektromobilität, betroffen ist.

Die Nachfrage nach Arbeitskräften ist also eine abgeleitete Nachfrage aus dem Konsum der Verbraucher*innen und der generellen Profitabilitätssituation. Diese ist vor allem von den künftigen Marktchancen und der individuellen Kostensituation der Unternehmen abhängig. Die Nachfrage nach Arbeit kann, so die volkswirtschaftliche Theorie, u. a. durch geringere Kostenbelastungen in Form niedrigerer Unternehmenssteuern, geringerer Zinsen und durch schlankere, unbürokratischere Prozesse gesteigert werden. Unternehmen werden vor allem dann in die Zukunft investieren, wenn sie die mittel- bis langfristigen Aussichten ihres Unternehmens und der Wirtschaft als positiv einschätzen. Regelmäßige Unternehmensbefragungen, etwa durch das Münchener ifo-Institut, legen hier regelmäßig die die Hand an den Puls der Zeit.

Aus Sicht der Arbeit Nachfragenden steht nicht nur das persönliche Bedürfnis nach Sinn stiftender Arbeit und Teil eines großen unternehmerischen und gesellschaftlichen Ganzen zu sein, im Vordergrund, sondern schlicht die Frage des Lebensunterhalts. Die nachgefragte Arbeit muss einerseits mit der jeweiligen Qualifikation des Bewerbenden übereinstimmen, andererseits auch die nötige Bezahlung sicherstellen. Dies ist nicht immer der Fall. So verdienten vor der Einführung des gesetzlichen Mindestlohns von 8,50 € in der Stunde 54 % der in der Gastronomie und gut 42 % der in der Landwirtschaft Beschäftigten weniger als 8,50 €. Über alle Branchen waren es gut 20 % der Beschäftigten. Darüber hinaus sind bei den Post- und Kurierdiensten aber auch dem Einzelhandel Niedriglöhne sehr verbreitet (vgl. Hans Böckler Stiftung, 2024). Der Grund, warum der Mindestlohn eingeführt wurde, liegt vor allem darin, dass die Menschen von ihrer Arbeit leben können müssen. Folgt man rein den Marktgesetzen und der ökonomischen Theorie, dann gäbe es aus der Schnittstelle zwischen Nachfrage und Angebot am Arbeitsmarkt einen Gleichgewichtspreis des Lohns bzw. Gehalts, der dann die jeweilige Lohnhöhe bestimmt. Doch kommen solche Gleichgewichte auch bei sehr niedrigen Stundenlöhnen zustande, von denen kaum jemand in Deutschland leben kann.

Die Bezahlung einer Tätigkeit wird zwar ökonomisch ermittelt, blendet aber häufig die gesellschaftliche Relevanz bestimmter Berufsgruppen aus. Wir haben vor allem während der Zeit der Corona-Pandemie festgestellt, welche gesellschaftliche Relevanz bestimmte Berufe besitzen. So ging ohne Kranken- und Altenpfleger*innen, Kindergartenmitarbeitende oder auch Paket- und Kurierdienste so gut wie nichts mehr. Im Gegenteil, es wurden dadurch viele Leben gerettet. Dennoch werden die Angehörigen dieser Berufe relativ niedrig bezahlt. Umgekehrt werden z. B. Hedgefonds-Manager*innen außergewöhnlich gut gezahlt, deren gesellschaftlicher Wert zumindest sehr umstritten ist (vgl. dazu auch Klein, 2025, S. 130 ff.). Infolgedessen greift der Staat in die Lohnbildung ein und definiert ein unteres Minimum an Lohn pro Stunde, der nicht unterschritten werden darf. Die Kritik daran reichte von dem unzulässigen Eingriff es Staates in den Markt, über die Kostensteigerung für Unternehmen bis hin zu Wegfall von Arbeitsplätzen. Doch mittlerweile gilt der Mindestlohn als etabliert und akzeptiert. Im Gegenteil, die Vorteile für den Mindestlohn überwiegen (vgl. im Folgenden Gehalt.de 2025).

Der Mindestlohn bekämpft die Lohn- und Altersarmut, stemmt sich gegen Lohndumping und schafft faire und motivierende Arbeitsbedingungen. Er hilft, die unterschiedliche Bezahlung von Frauen und Männern vor allem im Niedriglohnsektor zu beenden und schafft eine Orientierung für alle Arbeitnehmer*innen. Berufseinsteiger*innen erhalten einen fairen Einstiegslohn, was zusätzlich den Konsum ankurbelt, da mehr verfügbares

Einkommen ermöglicht wird. Als nachteilig erweisen sich die Preissteigerungen in den betroffenen Branchen, etwa der Gastronomie, in der die erhöhten Lohnkosten zum Teil an die Verbraucher*innen weitergegeben werden. Zudem wird die Tarifautonomie geschwächt und es entsteht ein höherer Grad an Bürokratie, da die Durchsetzung des Mindestlohns kontrolliert werden muss. Tatsächlich sind nicht alle Unternehmen in der Lage, den Mindestlohn zu bezahlen und bieten entsprechend weniger Jobs an. Praktika verteuern sich für Unternehmen ebenfalls und werden im Zweifel eher weniger oft angeboten.

Prinzipiell stehen sich auch hier zwei ökonomische Lager bei der Bewertung des Mindestlohns gegenüber (vgl. Keller, 2025). Die einen, die Jobverluste auf Basis von ökomischen Studien befürchten im Vergleich zu denen, die dies nicht sehen. Tatschlich hat sich herausgestellt, dass die Befürchtungen des umfangreichen Jobverlusts nicht eingetreten sind. Aktuell wird eine Anhebung des Mindestlohns für 2026 auf 15 € (von 12,82 €) diskutiert (vgl. Lehmann, 2025), da die Inflation natürlich dafür sorgt, dass die Kaufkraft real gesunken ist und regelmäßig an die Lebenswirklichkeit der Menschen angepasst werden muss.

Am Ende dieses Kapitels können wir festhalten, dass die ökonomischen Theorien von Angebot und Nachfrage und einem Gleichgewichtslohn zu kurz greifen. Arbeit ist mehr als nur ein ökonomischer Faktor und zeigt Auswirkungen auf den Menschen in sozialer und psychologischer Natur. Arbeitslosigkeit ist nicht nur ein ökonomisches Phänomen wie die Studie von Jahoda und Lazarsfeld eindrücklich gezeigt hat. Anbieter und Nachfrager von Arbeitsleistungen agieren nach unterschiedlichen Gesichtspunkten und Bewertungen. Unternehmen nehmen ihr Profitabilitätspotenzial ins Visier und werden nur dann neue Arbeitsplätze schaffen, wenn sie oberhalb der Produktivität wachsen können, die Marktnachfrage stimmt und sie die Kosten im Griff behalten können. Arbeitende werden ihre Arbeitskraft dann zur Verfügung stellen, wenn sie mit ihrer Qualifikation und ihrem Zeitbudget eine geeignete Stelle finden, die sie ausreichend attraktiv und bezahlt empfinden. Marktbedingte Gleichgewichtslöhne können dabei unterhalb eines bestimmten Mindestexistenzminimums angesiedelt sein und schaffen so prekäre Arbeitsbereiche, die sogenannten *„working poor".* Dem abzuhelfen war Ziel des staatlich definierten und regelmäßig inflationsbedingt angepassten Mindestlohns.

Vor der Einführung eine solchen Mindestlohns prallten unterschiedliche Sichtweisen und Bewertungen der Ökonom*innen aufeinander. Die einen, die die Marktgesetzmäßigkeiten ausgehebelt sahen mit steigender Arbeitslosigkeit und höheren Kosten für die Unternehmen. Die anderen, die die prekären Jobs abschaffen wollen und den Staat nutzen, ein Lohnniveau zu garantieren, von dem die Menschen leben können. Auch hier treffen wieder identische ökonomische Mechanismen auf eine unterschiedliche Bewertung. Viele, die den staatlichen Mindestlohn befürworten setzen sich zudem dafür ein, dass Berufe zunehmend nach ihrer gesellschaftlichen Relevanz bezahlt werden. So dürften nach diesem Prinzip Berufe in der sogenannten *„Care*-Wirtschaft", der Pflegeberufe, künftig noch besser bezahlt werden zu Lasten der Jobs, die diesen gesellschaftlichen Mehrwert eher wenig bis gar nicht aufweisen. Neben dieser Frage des Mindestlohns und der Gesetzmäßigkeiten auf dem Arbeitsmarkt gesellt sich seit geraumer Zeit, vor allem durch den Eintritt der jüngeren Generationen auf den Arbeitsmarkt, neue Fragen. Die prominenteste unter ihnen ist die Frage, wie halte ich es mit der Balance aus Arbeit und Freizeit. Daher wollen wir uns im nächsten Kapitel diesem Thema widmen.

5.2 Arbeit und Freizeit

Bevor wir uns mit der Realität des Arbeitsmarkts in Deutschland des Jahres 2025 und den Kerntrends auseinandersetzen, lassen Sie uns einen kurzen Blick auf die gängigen Arbeitsmarkttheorien der Ökonomie werfen (vgl. im Folgenden Keller & Henneberger, 2025). Das neoklassische Modell geht davon aus, dass in einem der Markt der vollkommenen Konkurrenz freier Marktzu- und -austritt existiert. Dies erscheint auf den ersten Blick plausibel, da der Arbeitsmarkt in Deutschland prinzipiell jeder arbeitssuchenden Person zur Verfügung steht. Die neoklassische Theorie unterstellt dabei, dass die Arbeitsplätze alle homogen und substituierbar sind und demzufolge alle Arbeitnehmenden und Arbeitsplätze vergleichbar sind. Alle Arbeitnehmenden sind grenzenlos mobil und arbeitsbereit, verfügen über vollkommene Markttransparenz und können sich an Veränderungen der Marktgegebenheiten in Windeseile anpassen. Der Staat konzentriert sich am Arbeitsmarkt lediglich auf die Durchsetzung rechtlicher Rahmenbedingungen wie z. B. die Eigentumsrechte. Löhne und Preise sind vollständig flexibel und die Kosten des Jobwechsels werden der Einfachheit vernachlässigt. Jean Baptiste Say hat in seinem gleichnamigen Theorem darauf hingewiesen, dass in diesem Szenario sich das Angebot, hier: am Arbeitsmarkt, seine Nachfrage selbst schafft. Es stellt sich damit automatisch ein Gleichgewicht auf dem Arbeitsmarkt ein.

Gemäß einer weiteren Theorie, dem Grenznutzentheorem, versucht der Arbeitnehmende seinen Nutzen zu maximieren und teilt sein zur Verfügung stehendes Zeitbudget auf Arbeit und Freizeit auf. Ökonomisch gesprochen arbeite ich dann so viel, bis der Grenznutzen einer zusätzlichen Arbeitseinheit genau dem Grenznutzen der entgangenen Freizeit entspricht. Einfacher und in der Sprache der Nicht-Ökonom*innen ausgedrückt: Ich arbeite so lange, bis der Nutzen, den ich aus einem mehr an Lohn oder Gehalt erziele, den entgangenen Nutzen des Verzichts auf Freizeit kompensiert. Ich habe z. B. die Wahl, ob ich einen interessanten, aber zeitlich auf 35 h begrenzten Job bevorzuge, der mir eine Befriedigung verschafft, dafür aber entsprechend auch geringer bezahlt werde. Alternativ kann ich versuchen, einen Job als Unternehmensberater*in zu bekommen, der im Schnitt das Doppelte an Arbeitszeit verschlingt und der deutlich besser bezahlt wird und bessere Aufstiegschancen bietet. Gemäß den Grenzproduktivitätstheorem, versuche ich dann abzuwägen, was mir die entgangene Freizeit wert ist und ob die Bezahlung diese doppelte Arbeitszeit kompensiert.

Nehmen wir an, dass ich für die doppelte Arbeitszeit in der Beratung weniger Geld pro Stunde erhalte als im Falle der 35 h. Dann verfüge ich über einen geringeren Stundenlohn als Berater*in im Vergleich zum 35 h Job. Die Entscheidung dafür oder dagegen ist die Frage, wie ich meine entgangene Freizeit bewerte. Wenn ich sie eher geringer bewerte als das höhere Einkommen in der Summe mir Vorteile z. B. im zusätzlichen Konsum oder einer erhöhten Karrierechance erbringt, dann werde ich für die Beratung votieren. Umgekehrt werde ich mich für den 35 h Job entscheiden, wenn mir meine Freizeit wertvoller ist und sie nicht durch ein höheres Gehalt kompensiert werden kann. Es kommt also irgendwann der Punkt, an dem ich zugunsten von mehr Lebens- und Freizeit auf zusätzliches Geld und Karriere verzichte.

Dies ist natürlich eine zutiefst individuelle und subjektive Entscheidung und beruht auf meiner persönlichen Bewertung von Arbeit und Freizeit. Umgekehrt werden Unternehmen auch einem ähnlichen Prinzip, dem Grenzproduktivitätstheorem, folgend so lange eine zusätzliche Arbeitskraft nachfragen, bis der zusätzliche Ertrag der Arbeit eines Arbeitnehmenden seinem Reallohn entspricht. Oder einfacher: Solange ein Arbeitnehmender mit einer zusätzlich hergestellten Produkteinheit mehr an Erlös produziert als ich ihm oder ihr an Gehalt zahlen muss, mache ich als Unternehmer*in noch Gewinn (wenn ich nur die direkt zurechenbaren Arbeitskosten berechne). Sind beide, Erlöse der zusätzlichen Einheit und Reallohn gleich, verdiene ich mit dem weiteren Produkt nichts mehr. Dreht sich das Verhältnis um, werde ich spätestens dann mit der Einstellung weiterer Arbeitskräfte aufhören, da ich mit jedem zusätzlich produzierten Produkt Verluste einfahre. Arbeitslosigkeit existiert in diesem neoklassischen Modell nicht, da sich die Löhne flexibel nach oben und unten bewegen können und so die wechselnde Nachfrage nach Arbeitskräften auffangen können. Es kommt immer wieder zu einem Gleichgewichtslohn.

Diese zutiefst unrealistische Arbeitsmarkttheorie wurde im Laufe der Jahrzehnte und Jahrhunderte immer weiter der Realität angenähert. So gehen die Suchtheorien von unvollkommener Information und nicht vergleichbaren Arbeitsplätzen aus (vgl. Keller & Henneberger, 2025), deren Auffinden Suchkosten verursachen, die mit dem Nutzen individuell zu vergleichen sind. Platt gesagt, Unternehmen müssen erst einmal aus der Heerschar potenzieller Arbeitnehmenden die richtigen finden, ansprechen und für das Unternehmen gewinnen. Umgekehrt müssen Arbeitnehmende die für sie relevanten Stellen in den für sie infrage kommenden Unternehmen erst einmal finden. Kontrakttheorien berücksichtigen die Tatsache, dass Arbeitnehmende risikoscheu sind und die Arbeitsplatzsicherheit einem permanent steigenden Lohn vorziehen. So kann es dann vorkommen, wie es häufiger in der Realität geschieht, dass Arbeitnehmende temporär auf Gehalt und/oder Zusatzleistungen verzichten, wenn es dem

Unternehmen wirtschaftlich schlecht geht und sie einen Beitrag zur Arbeitsplatzsicherung leisten wollen.

Humankapitaltheorien berücksichtigen dann noch unterschiedliche Begabungen und Fähigkeiten und geben damit die Annahme homogener Arbeitsplätze auf. Es muss neben den normalen Arbeitnehmenden auch Führungskräfte geben, die aufgrund ihrer Ausbildung, Erfahrung und Kompetenz in der Regel dann auch einen höheren Lohn bzw. Gehalt beziehen. Effizienzlohntheorien berücksichtige darüber hinaus die Tatsache, dass sowohl für die Unternehmen als auch für die Mitarbeitenden sogenannte Transaktionskosten des Jobwechsels existieren. Es macht meistens mehr Sinn, Arbeitnehmende, deren Produktivität aus verschiedenen Gründen sinkt, nicht zu ersetzen und eher mit Produktivitätsprämien oder weiteren Boni im Unternehmen zu halten. Das ist in vielen Fällen effizienter als permanent neue Mitarbeitende einzustellen, die wieder kostenintensiv eingearbeitet werden müssen, denen aber die Unternehmens- und Joberfahrung fehlt.

Abschließend sollen an dieser Stelle noch zwei weitere Arbeitsmarkttheorien erwähnt werden, die sich mit ihren Modellannahmen immer stärker der Realität annähern: *Segmentationstheorien* und *Insider–Outsider-Theorien* (vgl. Keller & Henneberger, 2025). Die Segmentationstheorien gehen davon aus, dass sich der Arbeitsmarkt in zwei Segmente unterteilen lässt. Einerseits existieren im *primären* Segment gut und sehr gut bezahlte Löhne mit vergleichsweise guten Arbeitsbedingungen, einer hohen Arbeitsplatzsicherheit, guten Karrieremöglichkeiten etc., wo u. a. die Mitarbeitenden an den Unternehmensentscheidungs-prozessen stärker eingebunden werden. Ein klassisches Beispiel dafür sind Automobilkonzerne mit einer starken Gewerkschaft und einer hohen Zahl gut dotierter Jobs in Produktion und Verwaltung. Das *sekundäre* Segment zeichnet sich dagegen durch relativ niedrige Löhne, hoher Fluktuation, geringerer Karriereaussichten etc. aus. Beispiele hierfür sind typischerweise Jobs im Transport- und Logistikwesen, die Paket- und Zustelldienste aber auch Pflegeberufe. Dieses klassische Niedriglohnsegment wurde durch die Segmentationstheorie in seinen originären Ausprägungen und spezifischen Problemstellungen so ebenfalls berücksichtigt. Die zwei Segmente könnten auch durch den internen und der externe Arbeitsmarkt gebildet werden. Damit trägt man der Tatsache Rechnung, dass viele, vor allem größere Unternehmen, freiwerdende Jobs durch interne Mitarbeitende besetzen. So können die Such- und Transaktionskosten geringer gehalten werden, da die Unternehmen normalerweise eine hohe Transparenz über die eigenen Mitarbeitenden und deren Qualifikation verfügen. Zudem haben diese bereits einen gültigen Arbeitsvertrag und sind mit der Unternehmenskultur gut vertraut. Das spart Einarbeitungszeiten und ermöglicht einen reibungsloseren Übergang.

Insider–Outsider-Theorien des Arbeitsmarkts schließlich gehen davon aus, dass es drei Gruppen von Arbeitnehmenden gibt: Personen, die bereits im Unternehmen arbeiten (*Insider*), neu eingestellte Mitarbeitende (*Entrants*) und aktuell nicht erwerbstätige potenzielle Arbeitnehmende (*Outsider*). Zwischen diesen drei Gruppen existieren unterschiedliche Kosten, die sich vor allem durch deren unterschiedlichen Erfahrungshintergrund ergeben. So spart man bei einer internen Jobbesetzung durch *Insider* Einstellungs-, Einarbeitungs- und Entlassungskosten, da der Mitarbeitende bereits im Unternehmen tätig ist. *Entrants* müssen noch eingearbeitet und mit der Unternehmenskultur und deren Kernprozessen bekannt gemacht werden. Gleiches gilt für *Outsider*. Ferner interagieren die unterschiedlichen Gruppen jeweils wieder miteinander (vgl. Keller & Henneberger, 2025). So viel zur theoretischen Hinführung aus ökonomischer Sicht.

Warum diese Vorbemerkungen? Weil die Realität erstens im Jahr 2025 beim Abfassen dieser Zeilen etwas anders aussieht und zweitens die individuelle Bewertung vor allem der Arbeitnehmenden nicht ausreichend berücksichtigt wurde. Die Stichworte hier sind Generation Z und jünger und ihre geänderten Werte und das neue Verhältnis zwischen Arbeit und Freizeit, die sogenannte *Work Life Balance*. Auf diese Punkte werde ich im Folgenden eingehen.

Die gerade beschriebenen Arbeitsmarkttheorien führten in der Vergangenheit dazu, dass durch die Aufgabe der einen oder anderen Prämisse oder der weiteren Differenzierung und Segmentierung des Arbeitsmarkts die Modelle zur Beschreibung der Realität immer besser wurden. Doch vergessen diese Modelle schlicht den Menschen um den es geht. Nicht irgendeine anonyme Nachfragefunktion trifft am Arbeitsmarkt auf und konzentriert sich vor allem auf die Lohnhöhe. Im Gegenteil, es geht dort viel vielschichtiger und komplexer zu. Arbeitnehmende sind keine undifferenzierte Menge, sondern gliedern sich nach diversen Kriterien wie jung und alt, nach Qualifikation aber vor allem nach der Wertorientierung. Bewertung hat natürlich vor allem damit zu tun, welchen Wert ich der Arbeit, einem wesentlichen Teil meines Lebens widme. Und diese Wertorientierung inklusive der ökonomischen und gesellschaftlichen Stimmung beeinflussen wiederum die Nachfrage am Arbeitsmarkt. Zahlreiche Studien spiegeln diese Stimmung auf globaler Ebene wider.

So führt z. B. der Personaldienstleister Randstad seit 2003 jährlich eine Studie namens Arbeitsbarometer durch, die die Erwartungen und Einstellungen von Berufstätigen in 35 Ländern in Europa, Asien-Pazifik und Amerika analysiert. Die Umfrage fand Ende 2024 online bei 26.000 Arbeitenden im Alter zwischen 18 und 67 statt (vgl. Im Folgenden Randstad, 2025, hier S. 41). Kernergebnisse der Studie sind vor allem, wie der CEO von Randstad, Sander van't Noordende, resümiert, dass die *Work-Life-Balance* erstmalig der wichtigste Motivator für die Arbeit geworden ist. Und dies noch vor der Vergütung (vgl. Randstad, 2025, S. 4). Die Befragten definieren ihre Erwartungen an die Arbeit neu und stellen vor allem drei Aspekte in den Vordergrund (vgl. Randstad, 2025, S. 6 ff.):

1. Motivation durch Personalisierung
2. Förderung des Gemeinschaftsgefühls
3. Chancen durch Qualifikation

Ich möchte im Folgenden etwas näher auf diese Faktoren eingehen, da sie erstens in der Zeit des Fachkräftemangels immer bedeutsamer für die Unternehmen werden. Zweitens zeigen sie deutlich, dass selbst neue Arbeitsmarkttheorien nicht weit genug in ihrem Erklärungsmodell gehen, da sie menschliche Faktoren wie Erwartungen, Einstellungen und individuelle Bewertungen der Arbeitnehmenden nicht oder nicht ausreichend berücksichtigen.

1. *Motivation durch Personalisierung*

Eine wesentliche und nicht überraschende Erkenntnis der Studie ist, dass die befragten Arbeitnehmenden höhere Ansprüche an ihre Arbeit stellen (vgl. Randstad, 2025, S. 6). Sie erwarten schlicht, dass die Arbeit mit ihren persönlichen Werten, Zielen und Lebensumständen übereinstimmt. Zwar bleibt die Vergütung nach wie vor wichtig, schiebt sich aber leicht hinter die Stimmigkeit mit den persönlichen Werten. Der Job wird nur dann angenommen, wenn er mit den eigenen sozialen und ökologischen Werten übereinstimmt. Unternehmen, die sie soziale Orientierung bei ihren Mitarbeitenden vermissen lassen oder dem ökologischen Handeln wenig Gewicht beimessen, werden bei den dafür sensibilisierten Mitarbeitenden mit Missachtung bestraft. Im Zweifel kündigen sie. So machen 48 % der Befragten die Stimmigkeit der Werte zur Voraussetzung ihrer Job-Wahl. Das sind 10 Prozentpunkte mehr als 2024 (!). 29 % würden sogar kündigen, wenn sie mit den Ansichten der Unternehmensleitung nicht einverstanden sind, 38 % mehr als noch in 2024. Dennoch bleibt die persönliche Entwicklung ein wesentlicher Faktor und hat sich gegenüber 2024 noch leicht verstärkt. 31 % haben wegen mangelnder Aufstiegschancen gekündigt.

Am deutlichsten ist die Bedeutung der sogenannten *Work-Life-Balance* angestiegen (vgl. Randstad, 2025, S. 12). Die Vereinbarkeit von Beruf und Privatleben besitzt mittlerweile über alle Altersgruppen die gleiche Priorität wie die Arbeitsplatzsicherheit. Jeweils 83 % sehen diese beiden Faktoren als entscheidendste für ihre Arbeit an. Dabei gewichten die Altersgruppen die *Work-Life-Balance* unterschiedlich. Die *Generation Z* der 1995 bis 2010 Geborenen sehen diese mit 74 % als deutlich wichtiger an als das Gehalt (68 %). Auch die psychische Gesundheit wird höher bewertet als die Vergütung. Die *Baby Boomer*, also die Generation der 1950 bis 1964 Geborenen, halten die Vergütung mit 87 % für etwas wichtiger als die Vereinbarkeit von Arbeit und Freizeit. Allerdings ist auch hier diese hohe Bedeutung der Freizeit in dieser Gruppe sehr interessant. Hohe Wertschätzung genießt über alle Altersgruppen die freie Ortswahl der Arbeit und die Flexibilität der Arbeitszeit (vgl. Randstad, 2025, S. 13). Das wundert nicht, da vor allem Homeoffice Jobs eine bessere Vereinbarkeit von Familie, Arbeit und Freizeit erlauben. Nicht erledigte Tätigkeiten können dann zu anderer Zeit nachgeholt werden. Vor allem die junge Generation legt auf diese Flexibilität wert und sieht darin den neuen Standard für ihr Arbeitsleben.

Die größte Diskrepanz herrscht zwischen der Sicht der Arbeitnehmenden und den Unternehmen *in puncto* Anwesenheit im Büro. Während die Befragten eine drei-Tage Woche im Büro und den Rest im Homeoffice bevorzugen, sähen Unternehmen am liebsten eine 5 Tage-Woche im Büro (vgl. Randstad, 2025, S. 14). Interessant ist dabei, dass 50 % der Befragten kündigen würden, wenn ihren Forderungen nach besseren und flexibleren Arbeitsbedingungen nicht nachgegeben würde (vgl. Randstad, 2025, S. 14). In der Quintessenz steigen die Erwartungen der Arbeitnehmenden an die Unternehmen signifikant an. Kommen die Unternehmen diesen gestiegenen Forderungen etwa an Flexibilität und Wertorientierung nicht ausreichend nach, sind die Arbeitnehmenden eher bereit, die Konsequenzen zu ziehen als das vorher der Fall war. Lieber kündigen sie, als ihre Vorstellungen einer Work-Life-Balance zu opfern.

2. *Förderung des Gemeinschaftsgefühls*

Wenn in der Ökonomie von Arbeit die Rede ist, dann geht es vor allem um die Frage der Lohnhöhe, das Verhältnis von Arbeit und Freizeit und den Gleichgewichtslohn. Doch die Ökonomie gehört zu den Sozialwissenschaften, was gerade in diesem Zusammenhang von besonderer Bedeutung ist. So geht es Menschen nicht nur um ein fair bezahltes Arbeitsangebot, sondern vor allem auch um ein sinnvolles Arbeiten in der Gemeinschaft mit Gleichgesinnten (vgl. im Folgenden Randstad, 2025, S. 18 ff.). Leistung und Produktivität hängen u. a. damit zusammen, ob sich die Arbeitnehmenden dem Unternehmen und seiner Gemeinschaft zugehörig fühlen. Über alle Altersgruppen wollen 83 % ein Gemeinschaftsgefühl am Arbeitsplatz erleben und sind zu 55 % bereit zu kündigen, wenn das Zusammengehörigkeitsgefühl nicht (mehr) gegeben ist.

Im Vorjahr waren es lediglich 37 %, die ihren Job aufgeben würden, wenn die Gemeinschaft nicht mehr zu ihnen passt. Wie wichtig das Zusammengehörigkeitsgefühl für die tägliche Arbeit ist, zeigt auch, dass die Mehrheit sich regelmäßig mit den Kolleg*innen austauscht, sie sogar als Freund*innen ansieht und sich auch außerhalb des Büros trifft. Das gute Gemeinschaftsgefühl bringt auch für die Unternehmen den Vorteil, dass die Mitarbeitenden motivierter und leistungsfähiger sind und sogar bereit wären, auf einen Teil ihres Gehaltes zu verzichten. Voraussetzung dafür ist, dass die Arbeit auch ihr Sozialleben bereichert und sie das Gefühl haben, mit ihrem Job etwas für die Gesellschaft zu leisten. Dieses Gefühl ist vor allem in der Generation Z überproportional verbreitet.

Die Erwartungen der Mitarbeitenden an die Unternehmen sind in den letzten Jahren deutlich angestiegen. So sehen sie den Arbeitgeber in der Pflicht, für eine positive Arbeitsatmosphäre, ein Gefühl der Zugehörigkeit, den Aufbau von Initiativen der Mitarbeitenden und mehr Gerechtigkeit zu sorgen. Unter mehr Gerechtigkeit verstehen die Arbeitnehmenden vor allem die Gleichstellung der Geschlechter in Bezug auf die Bezahlung aber auch die Abwesenheit von Diskriminierung in jeglicher Form. Gerechtigkeit bedeutet auch die Inklusion von Menschen mit Behinderung. Sie alle gehören zu der Gemeinschaft innerhalb der Arbeit, der sich die meisten zugehörig fühlen wollen. Schließlich fordern die Mitarbeitenden von den Unternehmen auch immer mehr Einsatz für die Nachhaltigkeit. Als Voraussetzungen für eine positive Arbeitskultur und ein tragfähiges Gemeinschaftsgefühl sehen die Befragten vor allem eine starke Führung, ein hohes Maß an Vertrauen und vor allem Wertschätzung. Das Vertrauen in die Führungskräfte und Kolleg*innen ist gemäß der Befragung über alle Beteiligten mehrheitlich gegeben. 37 % der Befragten gaben an, dass sie lieber kündigen und arbeitslos sein würden als unglücklich in ihrem Job. Sie wollen sich im Job verwirklichen und sich nicht verstellen müssen, authentisch bleiben.

Insgesamt sind Unternehmen gefordert, eine integrative, wertschätzende und vor allem vertrauensfördernde Umgebung zu schaffen. In den Zeiten des zunehmenden Fachkräftemangels und des zunehmenden Nachfrageüberhangs seitens der Unternehmen nach Nachwuchskräften werden diese Aspekte immer wichtiger im Kampf um die besten Talente. Diese sogenannten „weichen" Faktoren wie Gemeinschaftsgefühl oder der Beitrag der Arbeit für die Gesellschaft und die Umwelt werden zunehmend entscheidend für die Rekrutierung und das Halten von jungen Menschen. Vor allem die jüngere Generation der Generation Z und der Millennials wären am ehesten bereit weniger zu verdienen, wenn ihre Arbeit einen Beitrag zur Gesellschaft leistet. Die einfache ökonomische Gleichung, dass die Nachfrage nach Arbeit mit dem Lohn- und Gehaltsniveau steigt, stimmt so in der Reinform nicht mehr. Um das Verhalten am Arbeitsmarkt in Gänze erklären zu können, kommt man um einen ganzheitlichen Ansatz nicht herum, der auch gesellschaftliche und psychologische Aspekte mit in die Gleichung einbezieht.

3. *Chancen durch Qualifikation*

Mitarbeitende erwarten von ihren Arbeitgebern eine permanente Weiterentwicklung und Qualifizierung auf dem persönlichen Karriereweg (vgl. im Folgenden Randstad, 2025, S. 28 ff.). Der Schwerpunkt liegt dabei auf der Vermittlung zukunftssicherer Fähigkeiten wie KI etc. Dabei fällt gemäß der Befragung auf, dass anscheinend Angehörige der Generation Z und der Millennials deutlich stärker von den Fortbildungsmöglichkeiten profitiert haben. Als besonders bedeutend werden vor allem ausreichende

Entwicklungsmöglichkeiten und die zukunftssichere Weiterentwicklung der eigenen Fähigkeiten durch den Arbeitgeber gesehen. Fast ein Drittel der Befragten hat angege-
ben, eine Stelle wegen mangelnder Weiterentwicklungs-
möglichkeiten gekündigt zu haben. Die Weiterbildung im
Rahmen der neuesten KI-Technologien stehen einsam an
der Spitze der Weiterentwicklungswünsche, gefolgt von
IT-Technologie generell und Management- und Führungs-
fähigkeiten. Gerade diese gezielte Förderung von Qualifi-
kationen wird seitens der Mitarbeitenden angezweifelt. Lediglich 44 % der Befragten gaben an, dass sie ihren jeweiligen Arbeitgebern vertrauen, sinnvoll und zielgerichtet in
die Weiterbildung zu investieren, vor allem in Technologie
und KI. Darüber hinaus trauen nur 52 % der Arbeitnehmenden den Unternehmen zu, gleiche Aufstiegschancen
zu bieten, unabhängig von Geschlecht, Alter etc. Dies liegt
u. a. daran, dass 58 % der befragten Personalverantwortlichen nicht wissen, wie sie ein solche Weiterbildung orga-
nisatorisch umsetzen sollen. Die Bedeutung einer solchen
Weiterbildung ist 9 von 10 Personalverantwortlichen dagegen klar.

Insgesamt ist deutlich geworden, dass der gezielten Weiterentwicklung der Mitarbeitenden künftig eine deutlich
stärkere Rolle zukommen wird. Dabei dürfen auch die sogenannten „Alten" d. h. die Baby Boomer und die nach-
folgende Generation X nicht vernachlässigt werden. Auch
sie müssen im Rahmen ihrer Erfahrung Weiterbildungsan-
gebote erhalten und gezielt gefördert werden. Die älteren
Mitarbeitenden können auf einen reichen Erfahrungs-
schatz zurückgreifen, von dem die jüngeren Kolleg*innen
profitieren können. Umgekehrt können auch diese Arbeitnehmenden von ihren jüngeren, in der Regel digital
affineren Kolleg*innen etwas lernen. Diese gewinnbrin-
gende Zusammenarbeit schafft so für beide Seiten eine

vertrauensvolle und produktive Arbeitsatmosphäre der Gemeinschaft, die alle für ihre Arbeit dringend benötigen.

Was halten wir am Ende dieses Kapitels über das Verhältnis von Arbeit und Freizeit fest und was sagt es über die Arbeitsmarktökonomie aus? Die Grenzen zwischen den Welten der Arbeit und der Freizeit verschwimmen zunehmend. Kolleg*innen werden zu Freund*innen, die Gemeinschaft wird bei der Arbeit immer wichtiger. Vertrauen wird von beiden Seiten eine immer wichtigere Währung, ohne die künftig nichts mehr gehen wird, egal von wo oder wie lange die Mitarbeitenden künftig arbeiten. Unternehmen, die sich nicht rechtzeitig darauf einstellen, werden am immer stärker umkämpften Arbeitsmarkt den Kürzeren ziehen. Weiterbildung vor allem in Zukunftsfeldern wie KI und eine gezielte Förderung der Mitarbeitenden werden künftig der Schlüssel zu einer zufriedenen und motivierten Mannschaft. Oder um es in den abschließenden Worten der Autor*innen dieser Studie zu formulieren (Randstad, 2025, S. 39):

> „Durch stärkere Personalisierung der Arbeitsbedingungen, Verbesserung der Gleichstellungs- und Umweltpolitik und Schaffung von Arbeitsprozessen, die auf Unabhängigkeit und Vertrauen beruhen, wird der Mensch in den Mittelpunkt gestellt."

Das ist genau der Punkt, auf den ich in diesem Kapitel hinauswollte. Arbeit wird zunehmend von den ökonomischen Faktoren, der Lohn- und Gehaltshöhe etc., entkoppelt und folgt einer Logik, die viele verschiedene Aspekte des menschlichen Lebens miteinschließt. So wird die Vereinbarkeit und Beruf und Privatleben thematisiert ebenso wie die Arbeitsatmosphäre oder Aufstiegs- und Weiterbildungsmöglichkeiten. Sogar die absolute Gehaltshöhe wird durch die gesellschaftspolitische Ausrichtung der Arbeit beeinflusst, Gehaltseinbußen zugunsten eines sinnvollen Jobs in Kauf genommen. Der Mensch und seine Bewertung seiner persönlichen Arbeit und seiner persönlichen Lebensumstände werden immer bedeutender für die Entwicklung des Arbeitsmarktes. Auf den Punkt gebracht wird die Nachfrage nach Arbeit künftiger weniger von der erwarteten Bezahlung als von vielen weiteren Bedingungen abhängen, die nicht ökonomischer Natur sind, aber ökonomische Auswirkungen zeitigen. So strebt die nachwachsende Generation zunehmend nach dem Sinn in ihrer Arbeit. Diesen Aspekt wollen wir im folgenden Kapitel etwas näher analysieren.

5.3   Arbeit, Geld und Sinn

Der Philosoph und Bestsellerautor Richard David Precht hat ein sehr lesenswertes und zukunftsweisendes Buch über die Arbeit verfasst (vgl. Precht, 2022). Darin beschreibt er eindrücklich, wie sich die Arbeit in Zukunft verändern wird und mit ihr unsere Gesellschaft, Kultur und Leben. Neben vielen anderen spannenden Themen wie das bedingungslose Grundeinkommen und die Revolution der Arbeitswelt bringt er die Arbeit des 21. Jahrhunderts auf den Punkt. Es gehe nicht mehr nur um die Arbeit und die Entlohnung im Tausch gegen entgangene Freizeit, sondern vielmehr um *Sinn in und außerhalb der Arbeit*. Die Gesellschaft, in der wir heute leben ist entsprechend eine *Sinngesellschaft* (vgl. Precht, 2022, S. 291 ff.). In den Worten Prechts (Precht, 2022, S. 292):

> „Ich möchte vorschlagen, diese neue Gesellschaft als „Sinngesellschaft" zu bezeichnen. So wie aus der Revolution der Produktionsmaschinen im 18. und 19. Jahrhundert die Arbeitsgesellschaft entsprang, so entspringt aus

der Revolution der Informationsmaschinen seit dem letzten Drittel des 20. Jahrhunderts die Sinngesellschaft. Eine solche Gesellschaft ist heute psychisch, ökonomisch und kulturell um den Sinn gruppiert wie die alte Arbeitsgesellschaft um die Lohnarbeit." Und weiter (Precht, 2022, S. 297) „... eine Gesellschaft, die die Frage nach dem Sinn zunehmend höher gewichtet als die Frage nach der Notwendigkeit von Arbeit (..., Precht, 2022, S. 305 f.). Glücksmehrung durch wachsenden Konsum und künftige Leiden durch die Zerstörung unserer Biosphäre stehen in keinerlei sinnvollem Verhältnis."

Die alte Logik von Angebot und Nachfrage am Arbeitsmarkt, so kann man die Ausführungen von Precht zusammenfassen, sind nicht mehr das entscheidende Kriterium für die Wahl des Arbeitsplatzes, sondern vielmehr die Sinnstiftung. Einen Job, der die Umwelt vernachlässigt und die soziale Dimension vermissen lässt, wird im Zweifel links liegen gelassen, auch wenn er vielleicht sehr hoch dotiert ist. Die ökonomische Logik greift hier zu kurz. Am Ende seines Buches greift Precht den Gedanken der Sinngesellschaft noch einmal auf und beschreibt die Voraussetzungen zu deren Bildung (vgl. Precht, 2022, S. 457 ff.). Diese sieht er vor allem in einer Bildung im 21. Jahrhundert, die den Namen auch verdient. Bildung sollte zur Selbstbefähigung dienen und die Neugierde anregen. Dazu sollten Kinder (vgl. Precht, 2022, S. 485 ff.) in ihrer intrinsischen Motivation, also dem eigenen Antrieb aufgrund des Interesses und der Neugierde, gestärkt werden und individuell nach ihren Leistungsfähigkeiten lernen können. Lernen in der Gemeinschaft, in Projekten, die um interdisziplinäre Themen kreisen seien besser als einen Stoff durchzukauen. Die Vermittlung von Werten und Wertschätzung gegenüber den Schüler*innen wird ebenso groß geschrieben wie die richtige Auswahl des

Lehrpersonals, die auch einmal von außen als Quereinsteiger kommen können und vieles mehr. Im Kern wird dieses Konzept dazu führen, dass die nachwachsende Generation diese sinnvolle Arbeit immer höher bewerten wird als die reine Entlohnung. Wo wir wieder bei unserem Thema wären. Die individuelle Arbeit unterliegt einer subjektiven Bewertung der Menschen. Und diese Bewertung verändert sich im Laufe der Zeit.

Die Generationen der Baby Boomer (Jahrgänge 1955 bis 1964) und der Generation X (1965 bis 1979) unterscheiden sich deutlich in ihrem Verhältnis zur Arbeit im Vergleich zu den jüngeren Jahrgängen, vor allem der Generation Z (Jahrgänge 1995 bis 2010, vgl. im Folgenden u. a. Pietsch, 2024, S. 149 ff.). Während die ältere Generation, die noch aus den Erfahrungen und Berichten ihrer Eltern lernten, wie schwierig und materiell entbehrungsreich in Deutschland gerade die Nachkriegsjahre waren, verfolgt die jüngere Generation andere Ziele. Die Boomer etc. reihten sich ein in die Leistungsgesellschaft und versuchten, sich in dem sozialdarwinistischen Prinzip der Karriereleiter ganz nach oben zu boxen. Dies war für sie auch selbstverständlich, da sie u. a. 1964 den geburtenstärksten Jahrgang nach dem Zweiten Weltkrieg stellten und den zahlreichen Wettbewerb gewohnt waren. Der Verfasser, selbst Jahrgang 1964, kann sich noch lebhaft an die 5. Klasse des Gymnasiums mit 42 Kindern erinnern. Diese unbedingte Suche nach dem nächsten Karriereschritt oder dem auskömmlichen Wohlstand mit Hausbau, Familiengründung liegt vielen Angehörigen der nachwachsenden Generation fern.

Für diese Generation wird immer wichtiger, eine ausgewogene Balance zwischen Arbeit und Freizeit herzustellen, Zeit für die Familie zu haben und die Kinder aufwachsen zu sehen. Familiär bedingte Auszeiten, die sogenannten *Sabbaticals*, werden immer mehr zur Regel als zur Ausnahme. Für Mütter und Väter gleichermaßen. In dem

Gedanken, den Wohlstand ihrer Eltern nicht wiederholen zu können – zu mühsam und kostspielig ist der Erwerb einer Immobilie vor allem in den Großstädten geworden – wollen sie verständlicherweise ihr Leben und ihre Familie genießen. Nicht alle, aber immer mehr. Das wettbewerbsbezogene Ellenbogendenken greift immer weniger. Gemeinschaft und Solidarität, Spaß und Sinn bei der Arbeit werden häufig wichtiger als eine berufliche Karriere. Überhaupt haben formale Punkte wie Anzug und Krawatte für den Mann, Business Kostüm für die Frau mehrheitlich ausgedient. An ihre Stelle treten Jeans, Sneaker und Hoodies oder auch lässige T-Shirts. Man kleidet sich bei der Arbeit so wie man auch in der Freizeit herumläuft. Arbeit und Freizeit gehen fließend ineinander über. Hierarchien und Einzelbüros mit Vorzimmer haben ebenso ausgedient wie die als steife und förmliche Anrede empfundene Anrede des „Sie". Mit dem Du fallen die zwischenmenschlichen Schranken. Was zählt sind Fachkompetenz und Empathie- und Teamfähigkeiten.

Die junge Generation legt Wert auf eine Arbeit, die sie als sinnvoll, aber auch als gemäß ihren Werten konform empfindet. Unternehmen, die dauerhaft mit dieser jungen Generation zusammenarbeiten möchten, müssen sowohl auf die ökologische als auch auf die soziale Nachhaltigkeit ihrer Tätigkeiten achten. Viele sympathisieren mit der „Letzten Generation" und ihren Aktionen für den Klima- und Artenschutz und wollen am liebsten mit ihrer täglichen Arbeit zu diesen Zielen beitragen. Es geht dieser Generation auch mehrheitlich nicht um Besitz und (Status)Konsum, sondern vor allem um die Nutzung von Gegenständen. So werden Autos, die aus ihrer Sicht die meiste Zeit nur herumstehen im *Car Sharing* gemietet, ebenso wie Urlaubswohnungen bei *Airbnb* oder *Scooter*, elektrisch angetrieben Roller, digital angemietet und einige Kilometer später wieder abgestellt. Insgesamt spielt die

Gemeinschaft, die *Community*, bei ihnen eine viel größere Rolle. Entsprechend sind Solidarität und Hilfsbereitschaft auch gegenüber anderen Kulturen stärker ausgeprägt. Das Gefühl der Verbundenheit mit der Welt und den Gleichaltrigen, die über globale Netzwerke verbunden sind und die gleichen Informationen erhalten, steigt. Dazu trägt auch die wie selbstverständlich erlernte *lingua franca* d. h. die Verkehrssprache Englisch bei. Viele Jugendliche engagieren sich sozial oder in Klimabewegungen. Da Arbeit und Freizeit immer stärker verschmelzen, darf eine solche Tätigkeit in ihrer Arbeitsumgebung ebenfalls nicht fehlen.

Der Jugendforscher Bernhard Heinzlmaier hat in einer Studie mit 2500 16–29-jährigen aus Deutschland, Österreich und der Schweiz (vgl. Pietsch, 2024, S. 152 ff.) noch einmal eindrücklich darauf hingewiesen, dass die Jugend genau weiß, welche Zukunftsszenarien sie erwartet. So machen sie sich ernsthafte Sorgen um eine zerstörte Umwelt, ein aus dem Gleichgewicht geratenes Weltklima und sehen die weiter aufgehende Schere zwischen Arm und Reich kritisch. Sie glauben in diesem Zusammenhang auch nicht mehr an die Problemlösungsfähigkeit und Zukunftsfähigkeit der Politik aber auch der Zivilgesellschaft. Zusätzlich beschäftigt die jungen Menschen die wirtschaftliche Entwicklung mit der steigenden Inflation, den davonlaufenden Mieten und Immobilienpreisen. Darüber hinaus macht ihnen der aus ihrer Sicht zunehmend um sich greifende Egoismus Angst. Vor allem die jungen Frauen fühlen eine besondere Verantwortung für ihre Mitmenschen und fühlen sich verpflichtet zur humanitären Hilfe, vor allem für (Kriegs)Flüchtlinge.

Sie fühlen mit den Menschen in unserer Gesellschaft mit, die am unteren Existenzminimum leben aber auch mit denjenigen, die sich zunehmend ihre Wohnungen und Städte nicht mehr leisten können. Nicht umsonst setzen sie sich für pragmatische Lösungen ein wie den Zugang zu günstigen Wohnungen, höhere Löhne und Gehälter und preiswerte Lebensmittel. Es wundert nicht, dass die Partei *die Linke* mit ihrer Protagonistin, die vor allem in den sozialen Medien auf sich aufmerksam machte, Heidi Reichinnek, in der Bundestagswahl 2025 so viele Stimmen auf sich vereinigen konnte. Sie und ihre Parteikolleg*innen konnten mit ihren Themen der sozialen Gerechtigkeit aber auch mit bezahlbarem Wohnen punkten. Auch der Einsatz der Partei die Linke für eine humanere Flüchtlingspolitik fand gerade bei den jungen Wähler*innen besonderen Anklang. Ungefähr 25 % der unter 25-jährigen gab der Partei die Linke ihre Stimme, bei 8,8 % über alle Altersklassen (vgl. Kubina, 2025).

Die neueste Shell-Jugendstudie (vgl. Pietsch, 2024, S. 154 ff.) unterstreicht diese Erkenntnisse Heinzelmaiers und kommt zu dem Ergebnis, dass die junge Generation mehrheitlich gegenüber anderen Lebensformen tolerant ist, aber auch bezüglich sozialer Gruppen und Minderheiten. Die Familie ist für sie ein Wert an sich, der hochgehalten wird genauso wie der Freundes- und Bekanntenkreis aus der sogenannten „*Peer Group*". Die sozialen Medien zahlen auf dieses Netzwerk ein. Eine bewusste und gesunde Lebensführung ist für diese nachwachsende Generation wesentlich. Sie wollen sich nicht wie Teile der Generation ihrer Eltern und Großeltern aufarbeiten, um am Ende mit gesundheitlichen Problemen zu kämpfen. Lieber etwas mehr Freizeit und sportlicher Ausgleich als einen *Burn out* zu riskieren. Um den Schutz der Umwelt zu gewährleisten sind sie auch bereit, auf bestimmte Produkte zu verzichten, Autos zu leihen und wenig bis gar nicht zu fliegen. Vielfalt in der Gesellschaft ist für sie mehrheitlich ein Gewinn. Verschiedene Nationalitäten unter einem Dach zu haben, jung und alt, unterschiedliche Lebens- und Sichtweisen bereichern aus ihrer Sicht eher als dass sie die Gesellschaft negativ beeinflussen.

Materielle Dinge oder die eigene berufliche Macht-position verblassen immer stärker im Vergleich zu dem selbstlosen Einsatz für sozial Benachteiligte oder auch verlässlichen sozialen Beziehungen. Vor allem während der Corona-Pandemie wurde allen klar, dass besonders auf die Alten, Kranken und Schwachen in unserer Gesellschaft geachtet werden muss. Während dieser Zeit lag vor allem auf der Versorgung, Pflege und Rücksichtnahme auf diese Zielgruppe besonderes Augenmerk. Gerade junge Menschen haben während dieser Zeit den betagten Mitbürger*innen zur Seite gestanden und kleinere Besorgungen für sie erledigt, vom Kauf von Lebensmitteln über die Besorgung von Medizin bis hin zu telefonischen Kontakten zu einsam lebenden Menschen. Diese Aktivitäten und Werthaltungen gegenüber Menschen in Not existierten Gott sei Dank über alle Altersgruppen, sind aber in der nachwachsenden Generation besonders ausgeprägt.

Wenn man sich die Werte ansieht, für die in den Augen der jüngeren Generation der Kapitalismus steht, dann fällt sogleich der Kontrast zu deren Einstellung auf. So werden mit dem kapitalistischen Wirtschaftssystem die Begriffe Gier, Korruption, Leistungsdruck, Umweltzerstörung und zwischenmenschliche Kälte genannt (vgl. Pietsch, 2024, S. 158). Er, der Kapitalismus, fördere nur den Egoismus und die Profitgier, unterstütze die Konzentration von Macht und Reichtum in den Händen weniger Menschen. Der Kapitalismus sei schuld an der Umweltzerstörung und dem Klimawandel und sei für Hunger und Armut auf der Welt verantwortlich. Schließlich verführe er die Menschen, Dinge zu kaufen, die zwar den verkaufenden Unternehmen nützen aber nicht den Menschen an sich. Mitmenschliche Solidarität und soziale Beziehungen generell würden durch das kapitalistische System unterhöhlt. Die Suche nach persönlichen Vorteilen und endlosem Konsum schaffe eine Mentalität des Ellenbogendenkens anstelle von dringend notwendiger gesellschaftlicher Solidarität und Mitmenschlichkeit.

Materieller Wohlstand ist für die kommende Generation kein Selbstzweck mehr. Die jungen Menschen wissen, dass sie den Wohlstand ihrer Eltern nicht mehr erreichen werden. Dafür sind die Zeiten zu schlecht, die schichtspezifischen Wege zu eingefahren und die Wohnraumsituation so entmutigend. Nicht Haben ist das neue Stichwort, sondern Sein wie es der Philosoph Erich Fromm einmal ausdrückte. Konsum und Status, sei er beruflich oder privat, tritt immer mehr hinter den Sinn und das Glück zurück. Die junge Generation sieht die Realität um sie herum vollkommen klar und realistisch. Sie ist nicht mehr bereit, Ungleichheit und Diskriminierung in jeglicher Form hinzunehmen. Nicht nur der Klimawandel, sondern auch die allgemeine Weltlage bedrückt sie mit den Kriegen, Auseinandersetzungen, dem Hunger auf der Welt aber auch der Armut. Die Sensibilität für die globale Armut hat dramatisch zugenommen. So beschäftigt sie sich mit der Kinder- und Altersarmut, aber auch mit Fragen der Gerechtigkeit, seien es große Vermögen, die leistungslos vererbt würden, sei es die zu hohe Vermögenskonzentration oder auch die ungerechten Startchancen durch Bildung im Leben. Schließlich wird sogar die Sinnfrage von großem Reichtum in Deutschland gestellt (vgl. exemplarisch Klein, 2025).

In der Summe können wir am Ende dieses Kapitels festhalten, dass sich der Wert der Arbeit aus Sicht der jüngeren Generation vollkommen gewandelt hat und in Zukunft noch weiter verändern wird. Nicht maximale Löhne und Gehälter, endlose Karrierewege oder Profit- und Nutzenmaximierung wird künftig im Vordergrund stehen, sondern ein erfülltes Leben in Gesundheit, Frieden, einer intakten Umwelt und einer glücklichen Familie. Was sich wie ein esoterischer Glücksratgeber anhört ist schlicht die Quintessenz aller wesentlichen Studien der jüngeren Vergangenheit in Bezug auf die nachwachsende Generation. Im Unterschied zu früheren Zeiten werden die materiellen, ökonomischen Dinge immer mehr in den Hintergrund treten und nicht mehr die Realität auf dem Arbeitsmarkt abbilden. Wenn es stimmt, dass diese nachwachsende Generation künftig den Arbeitsmarkt bestimmen wird (was ich hoffe!), dann werden sich auch die klassischen Arbeitsmarkttheorien um soziale und psychologische Faktoren ergänzen müssen. Die unterschiedliche Bewertung, der unterschiedliche Schluss, zu dem die jüngere Generation kommt, wird den Blick der Arbeitsmarktökonomie *mehr auf das Leben* und weniger auf die rein ökonomischen Daten lenken.

Lassen wir, bevor wir uns noch einmal in einem großen Wurf die Bedeutung der Arbeit im Leben ansehen, am Ende dieses Kapitels noch einmal Richard David Precht zu Worte kommen, der zurecht darauf hingewiesen hat, dass sich Gesellschaften und damit die Arbeit permanent verändern (Precht, 2022, S. 451):

> „Und doch scheinen viele Ökonomen im deutschsprachigen Raum erstaunlich seelenruhig davon auszugehen, Arbeit, Beschäftigung und Gesellschaftsstruktur blieben in den nächsten Jahrzehnten weiterhin mit der heutigen Zeit vergleichbar."

Diesem Irrglauben unterliege ich nicht. Daher lohnt es sich, einen letzten Blick auf die Veränderung zu werfen, die das Arbeitsleben betreffen wird, nämlich die geänderte Einstellung hinsichtlich des Stellenwerts der Arbeit im Leben.

5.4 Bewertung des Lebens und der Arbeit

In diesem letzten Kapitel über den Arbeitsmarkt und seiner Ökonomie wollen wir noch einen Schritt weiter gehen als bisher und die Frage, wie viel Arbeitszeit gegen Lohn getauscht wird, *lebensphilosophisch* betrachten. Diesen Weg ist der aus Schweden stammende Philosoph und Yale-Professor Martin Hägglund gegangen (vgl. im Folgenden Hägglund, 2024, vor allem S. 209 ff. und Pietsch, 2025, S. 64 ff.). Wenn wir die Frage ernst nehmen, wie viel der kostbaren Lebenszeit ein Mensch bereit ist, wegzugeben und stattdessen zu einem bestimmten Lohn und Gehalt zu arbeiten, kommen wir schnell in den Bereich der Lebensphilosophie. Martin Hägglund hat genau dies getan und sich die Frage gestellt, wenn man nur ein endliches Leben hat, wie verbringe ich die Zeit dann am sinnvollsten. Im Mittelpunkt seiner Frage steht die damit zwangsweise verbundene Freiheit, sein Leben und seine Zeit selbst einzuteilen. In den Worten von Hägglund (Hägglund, 2024, S. 19):

> „Vielmehr sind wir frei, weil wir uns fragen können, was wir mit unserer Zeit anfangen *sollten* (Kursivschreibung im Original). All unsere Formen der Freiheit – beispielsweise die Freiheit zu handeln, sich zu äußern oder zu lieben – werden nur als Freiheiten begreifbar, weil wir die Freiheit haben, uns der Frage zu stellen, was wir aus unserer Zeit machen sollten."

Diese Frage, womit ich mich ein Leben lang beschäftigen möchte, ist nicht so trivial wie sie klingt und reicht weit tiefer in die Betrachtung des eigenen Lebens als die vorher behandelte Frage zwischen Arbeit und Freizeit. Es geht hier um die fundamentale Einstellung zum Leben und zur Nutzung der begrenzten Zeit, die uns allen auf Erden bleibt. Selbst wenn man an einen Gott und entsprechend dazu an ein Leben nach dem Tod glaubt, so verlässt man doch das irdische Leben und die Zeit bleibt auf jeden Fall begrenzt. Ganz plakativ gesprochen: Stellen Sie sich vor, Sie würden heute die Diagnose bekommen, Sie hätten eine unheilbare Krankheit und nur noch wenig Zeit zu leben. Würden Sie dann weiterarbeiten? Oder würden Sie nicht die restliche, kurze Lebenszeit nutzen, das zu tun, was Ihnen am meisten Spaß bereitet? Vielleicht verbringen Sie die restliche Zeit mit Ihrer Familie, mit Freund*innen und Bekannten. Oder Sie wollen noch einen weiteren Teil dieser Welt sehen, das Wissen über Ihr Leben weitergeben und vieles mehr. Diese Herausforderungen, die das Leben jedem von uns stellen kann, würden wir individuell unterschiedlich beantworten. Ich bin mir allerdings sicher, die wenigsten von uns würden einfach so weiterleben und arbeiten wie bisher. Unsere Bereitschaft, weiter zu arbeiten, würde sich sicherlich dramatisch verringern. Dann ist es kein weiter gedanklicher Schritt sich zu überlegen, was wir mit unserer begrenzten Lebenszeit generell anfangen. Zwar ist diese deutlich länger als in unserem fiktiven Beispiel mit der tödlichen Krankheit. Doch das Prinzip bleibt das gleiche. Was tun mit der Endlichkeit dieses Lebens? Wie viel dieser äußerst kostbaren Zeit widmen wir dann der Arbeit?

Verstehen Sie mich nicht falsch. Dieses Buch soll sich nicht zu einem Lebensratgeber wandeln und Fragen nach den letzten Dingen, den sogenannten *eschatologischen* Fragen, beantworten. Im Gegenteil, ist diese Frage eine der entscheidendsten des Lebens überhaupt. Was fange ich mit meinem Leben an? Vor allem entscheidet die individuelle *Bewertung* dieser Frage und vor allem die Antwort darauf, wie sich die volkswirtschaftliche Nachfrage nach Arbeit entwickelt. Es ist nämlich nicht nur eine ökonomische Frage, sondern eine Frage der individuellen Lebensgestaltung. Martin Hägglund bringt es auf den Punkt (Hägglund, 2024, S. 233 und 250):

> „Doch unsere Zeit gehört solange wir leben, unhintergehbar uns selbst. Verkaufen wir unsere Arbeitszeit für einen bestimmten Lohn, verkaufen wir in Wahrheit *unser eigenes Leben* (Kursivschreibung im Original) (…) Der echte Wertmaßstab besteht nicht in der Quantität unserer Arbeitszeit, sondern darin, wie viel verfügbare Zeit wir haben, um dem nachzugehen, was uns wichtig ist – der Qualität unserer freien Zeit."

Hägglund geht sogar so weit zu behaupten, dass der Wohlstand weniger materiell gemessen werden sollte, sondern als vielmehr wie sich die *„gesellschaftlich verfügbare freie Zeit"* (Kursivschreibung im Original) entwickelt. Dieses Bestreben ordnet sich der Suche nach dem Gemeinwohl unter (vgl. Hägglund, 2024, S. 263). Arbeit im modernen Sinne könnte dann auch sein, dass man sich für die Gemeinschaft einbringt und zum Teil unentgeltlich Aufgaben übernimmt, die auch allen Beteiligten zugutekommt. Damit ist weniger die sozialromantische Vorstellung eines Kommunenlebens beschrieben als vielmehr ehrenamtliche Tätigkeiten oder solidarische Hilfsaktionen. Man denkt spontan an die vielen karitativen Tätigkeiten oder Nachbarschaftshilfen oder auch an Organisationen für Menschen in der Not. Wie zum Beispiel die Tafeln, die kostenlos oder gegen ein geringes Entgelt armen Menschen Lebensmittel zur Verfügung stellen.

Diese Einstellung zum Leben und zur Arbeit muss allerdings nicht automatisch mit dem System des Kapitalismus kontrastieren. Die Profitmaximierung und der Einsatz für benachteiligte Menschen müssen sich nicht unbedingt ausschließen. Die Logik, ein demokratischer Sozialismus würde automatisch mehr gesellschaftlich verfügbare Zeit produzieren und den Gedanken an den Profit reduzieren (vgl. Hägglund, 2024, S. 269), ist nicht zwingend. Allerdings hat Hägglund recht, wenn er behauptet (Hägglund, 2024, S. 267):

> „Die Aufgabe unserer demokratischen Gesellschaft besteht darin, eine Selbstorganisation zu entwickeln, die uns intrinsisch dazu motiviert, uns zu beteiligen, zu ihr beizutragen und sie zu verändern."

In die gleiche Richtung argumentiert auch Bundespräsident Frank-Walter Steinmeier, wenn er den Staat nicht als etwas der Gesellschaft Fremdes, sondern der im Gegenteil auf einer kollektiven Anstrengung seiner Bürger*innen beruht (vgl. Steinmeier, 2024, S. 119). Der Philosoph Richard David Precht beschreibt, bezugnehmend auf den französischen Adligen Alexis de Tocqueville, in diesem Zusammenhang das Dilemma der Menschen zwischen der Konzentration auf das Materielle auf der einen und das Gemeinwohl auf der anderen Seite. Das politische Bewusstsein und damit das zivilgesellschaftliche Engagement mag man ergänzen, leide, wenn sich die Menschen zu sehr auf den persönlichen materiellen Profit und ihren Konsum konzentrieren (vgl. Precht, 2021, S. 130). Was nutzt es, könnte man frei zusammenfassen, Tag und Nacht zu arbeiten und Reichtümer anzuhäufen, wenn man am Ende kaum noch etwas davon hat oder nur noch wenige Jahre diesen Reichtum nutzen kann? Der Einsatz für das Gemeinwohl sei dann besser eingesetzt. Alles eine Sache der individuellen Bewertung. Allerdings mit entsprechender ökonomischer Konsequenz. Selbst wenn man nicht so weit geht und wie Hägglund einen Systemwechsel vom Kapitalismus hin zum demokratischen Sozialismus anstrebt (vgl. Hägglund, 2024, S. 263 ff.), bleiben die Auswirkungen

wirtschaftliche. Wir werden entsprechend weniger Arbeitszeit im Markt, sondern mehr unentgeltlich für das Gemeinwohl investieren. Stand heute werden ehrenamtliche,
d. h. unbezahlte Tätigkeiten nicht im Bruttoinlandsprodukt (BIP), der Maßzahl der ökonomischen Wertschöpfung, abgebildet.

Hägglund analysiert in diesem Zusammenhang auch die
Nutzung höherer Produktivität durch technologische Innovationen. Unternehmen investieren die frei gewordene
Zeit ihrer Mitarbeitenden, indem sie mehr Produkte in der
gleichen Zeit produzieren und mit Gewinn verkaufen. Dies
macht sicherlich aus Sicht der Unternehmensleitung Sinn.
Allerdings könnte man, so Hägglund, die frei gewordene
Zeit auch nutzen, um sich gesellschaftlich zu engagieren
oder sich mehr der Familie zu widmen oder schlicht weniger zu arbeiten (vgl. Hägglund, 2024, S. 285). Demokratische Teilhabe statt materiellen Gewinns (vgl. Hägglund,
2024, S. 291). Allerdings koppelt Hägglund dieses Streben
nach dem Gemeinwohl mit einem demokratischen Sozialismus und dem damit einhergehenden Gemeinschaftseigentum an Produktionsmitteln. Der Profit diene so der
Allgemeinheit und nicht einigen Wenigen (vgl. Hägglund,
2024, S. 295). Doch bleibt der Gedanke, weniger zu arbeiten und sich eher dem Gemeinwohl zu widmen ein Gedanke, der meines Erachtens sehr gut auch in einem kapitalistischen System umgesetzt werden kann.

Hägglund bringt einen weiteren interessanten Gedanken ins Spiel, der sich mit der kollektiven Arbeitszeit auseinandersetzt. So könne man die gesellschaftliche Arbeitszeit in der Summe untereinander aufteilen, jeder Mensch
nach seinen Fähigkeiten und Bedürfnissen, oder aber insgesamt verringern (vgl. Hägglund, 2024, S. 298 f.). Dabei
gäbe es laut Hägglund drei Möglichkeiten, die gesellschaftliche Arbeitszeit qualitativ anzureichern und bewusst
zu reduzieren (vgl. Hägglund, 2024, S. 298 f.).

Erstens: Jede*r solle sich nach seinen bzw. ihren Fähigkeiten und Talenten einsetzen, um die Gesellschaft und das Gemeinwohl in der Summe zu fördern. So ist sichergestellt, dass alle mit Leidenschaft zu Werke gehen und niemand kostbare Lebenszeit vergeude.

Zweitens: Wenn jemand mit seiner oder ihrer Arbeit nicht einverstanden ist, kann er oder sie sich im Rahmen der Möglichkeiten für einen anderen, gesellschaftlich wertvollen Job einsetzen. So werde niemand gezwungen einem Job nachzugehen, der einem keine Spaß bereitet und es entstehe auch nicht das Gefühl der Entfremdung und Ausbeutung.

Drittens: Technologische Innovationen sollten dazu verwendet werden, die Arbeitszeit zu verkürzen und im Sinne der Gesamtgesellschaft einzusetzen. Also etwa karitative Tätigkeiten anstelle von mühsamen Acht-Stunden-Schichten am Band, um es plakativ zu formulieren. Alles in den Diensten eines demokratischen Sozialismus.

Wie auch immer man diese Sicht auf die Arbeit bewertet, es scheint klar geworden zu sein, dass die Arbeitsmarktökonomie auf der Bewertung der einzelnen Wirtschaftssubjekte beruht. Je mehr ich überzeugt davon bin, dass ich nur ein Minimum meiner Zeit für die Arbeit einsetze – wenn ich überhaupt die Möglichkeit habe, denn Menschen in den unteren Lohn- und Gehaltsgruppen haben schlicht keine andere Möglichkeit als ein Maximum an Zeit in die Arbeit zu investieren, wenn sie finanziell überleben wollen – desto geringer wird die Nachfrage nach Arbeit anfallen. Unternehmen wird es so aus strukturellen Gründen auch mit noch so hohen Löhnen und Gehältern kaum gelingen, diese Menschen an Bord zu holen und auf eine lebenslange intensive Arbeitszeit zu verpflichten. Psychologische, gesellschaftliche, aber auch philosophische Perspektiven auf die Arbeit können ökonomische Auswirkungen besitzen.

Wir haben in diesem Kapitel über die Arbeitsmarkt-ökonomie gesehen, dass sämtliche Modelle, die den Menschen und seine individuelle Bewertung der Lebenssituation und seiner Arbeit nicht ausreichend berücksichtigen, ins Leere laufen. Zwar wurden in der Vergangenheit zahlreiche Versuche unternommen, die Modelle des Arbeitsmarkts schrittweise der Realität anzupassen. Doch reicht dieser Ansatz heute bei weitem nicht mehr aus. So drückt sich der Wertewandel nicht nur der jüngeren Generation dadurch aus, dass man weniger lebt, um zu arbeiten, sondern arbeitet, um zu leben. Familie, Zeit für Hobbies und Freundschaften werden wichtiger als die Karriere. Dies gilt besonders für die nachwachsende Generation. Es lässt sich ein klarer Trend ausmachen. Ob man sich die Frage der Lebensarbeitszeit philosophisch, gesellschaftlich oder auch individualpsychologisch ansieht, die Trends in Richtung Verringerung der Arbeitszeit nehmen zu. Statt einer rein materiellen Karriereorientierung wird die Frage nach dem Sinn und Zweck der Arbeit, des Arbeitens generell, heute häufiger gestellt als früher. Gerade der Fachkräftemangel erlaubt der jüngeren Generation in Deutschland auch, diese Fragen zu stellen. Dem Arbeitsmarkt stehen sie entsprechend in geringerer Zahl und Arbeitszeit zur Verfügung. In der Summe muss man also festhalten, dass man den Arbeitsmarkt interdisziplinär betrachten muss, wenn man zu validen Antworten kommen will. Denn schließlich bewerten und entscheiden die einzelnen Personen autonom, ob und in welchem Maße sie künftig dem Arbeitsmarkt zur Verfügung stehen. Eine einfache ökonomische Antwort gibt es darauf nicht.

6

Bewertung wirtschaftspolitischer Konzepte

6.1 Liberalismus und freie Marktwirtschaft

Dieses Kapitel ist sicherlich mit das anspruchsvollste und vor allem aktuellste in diesem Buch. Zum Zeitpunkt des Abfassens dieser Zeilen finden die Koalitionsverhandlungen zwischen den Vertreter*innen der Unionsparteien und der Sozialdemokratie statt, wo es u. a. um wirtschaftspolitische Vorstellungen für das Land geht. Ein großer Streit entzündete sich vor allem daran, ob ein Investitionspaket in der Höhe von einer Billion Euro, aufgeteilt in Verteidigungsausgaben und Investitionen in die Infrastruktur, auf den Weg gebracht werden sollte. Um die Stimmen der Partei die Grünen im Zuge der notwendigen Zweidrittelmehrheit zu erhalten, wurde im Rahmen dieses Sondervermögens auch ein Investitionspaket in Höhe von 100 Mrd. für den Klimaschutz beschlossen (zu den Hintergründen

© Der/die Autor(en), exklusiv lizenziert an Springer Fachmedien
Wiesbaden GmbH, ein Teil von Springer Nature 2025
D. Pietsch, *Bewertung*,
https://doi.org/10.1007/978-3-658-49201-4_6

vgl. taz, 2025). Dem vorausgegangen war während des Bundestagswahlkampfs ein Ringen um die Frage, mit welcher Wirtschaftspolitik die Ökonomie Deutschlands im dritten Jahr der Rezession wieder die richtigen Impulse erhalten soll.

Die einen wollten die Schuldenbremse einhalten und durch Priorisierung der Staatsausgaben und Einsparungen die Aufnahme von neuen Schulden vermeiden. Die anderen wollten zur Anregung der Wirtschaft hohe Investitionen des Staates in Verteidigung und vor allem die Infrastruktur, also Digitalisierung, Bildung aber auch Straßen, Brücken und Schulen etc. auf den Weg bringen. Ein brandaktuelles Thema also. Daher wollen wir uns in diesem Kapitel mit den unterschiedlichen wirtschaftspolitischen Stoßrichtungen auseinandersetzen und den Akzent auf die jeweils unterschiedliche Bewertung dieser Ideen legen. Beginnen wir zunächst mit den aus dem Liberalismus gespeisten Idee einer freien Marktwirtschaft, bevor wir uns im nächsten Kapitel mit dem Sozialismus und der dazu korrespondieren Planwirtschaft auseinandersetzen. Am Ende skizzieren wir eine Wirtschaftspolitik, wie sie heute weitestgehend in Deutschland realisiert ist und die den Grundpfeiler der sozialen Marktwirtschaft bildet. Beginnen wir also mit dem Liberalismus und der freien Marktwirtschaft.

Der Liberalismus „ist eine politische Weltanschauung, die die Freiheiten des einzelnen Menschen in den Vordergrund stellt und jede Form des geistigen, sozialen, politischen oder staatlichen Zwangs ablehnt." (Bundeszentrale für politische Bildung, 2025, Stichwort Liberalismus). Dabei geht es vor allem um das Selbstbestimmungsrecht des Menschen auf Basis seiner Vernunft und Einsicht, die Beschränkung politischer Macht und die Freiheit gegenüber dem Staat. Wirtschaftspolitisch basiert der Liberalismus auf der ökonomischen Selbstregulierung auf Basis des persönlichen Eigentums (vgl. Bundeszentrale für politische Bildung, 2025). Der klassische Liberalismus gewann vor allem seit 1789 mit der französischen Revolution an Gewicht und beherrschte vor allem das 19. Jahrhundert als politische Idee (vgl. im Folgenden Fenske et al., 1991, S. 380 ff.). Am stärksten brannte sich der Liberalismus ins allgemeine Bewusstsein ein, als in Frankreich im Zuge der Revolution am 26. August 1789 die Menschen- und Bürgerrechte erklärt wurden. Menschen werden demnach an Rechten frei und gleich geboren. Diese sind unverhandelbar, genauso wie Freiheit, Eigentum, Sicherheit und Freiheit von Unterdrückung. Die Freiheit des Einzelnen findet lediglich die Grenze in der Freiheit des jeweils anderen. Jeder kann gleichermaßen zu den Gesetzen beitragen, die dann auch für alle gleichermaßen gelten. Volksvertreter*innen werden frei und gleich vom Volk in einem demokratischen Prozess gewählt.

Die politischen Ideen und Konzepte dazu lieferten so prominente Vertreter wie Abbé Emmanuel Joseph Sieyès, Diozösankanzler in Chartres, u. a. mit seiner Schrift „Was ist der Dritte Stand"? Für die deutsche Sicht auf den Liberalismus sorgte vor allem einer der bedeutendsten Denker aller Zeiten, Immanuel Kant, der in zahlreichen Schriften für die Freiheit des Menschen eintrat. In seiner Schrift der *Kritik der praktischen Vernunft* plädierte er im Rahmen seines kategorischen Imperativs für ein freies menschliches Handeln basierend auf der Vernunft und Einsicht. In den *Ideen zu einer allgemeinen Geschichte in weltbürgerlicher Absicht* forderte er eine bürgerliche Verfassung, die auf der größtmöglichen Freiheit durch äußere Gesetze und deren Durchsetzung beruhte. Schließlich pochte Kant in seinem Werk *Zum ewigen Frieden* darauf, dass die Staaten frei seien ohne Einmischung von anderen Staaten, weder in deren jeweilige Verfassung noch in deren Regierung.

Von da aus war der Weg nicht weit zu einem wirtschaftsliberalen Denken, das den Gedanken der Freiheit in den Mittelpunkt des Denkens auch in der Wirtschaft rückte (vgl. Fenske et al. 1991, S. 389 ff. und zur Vertiefung Pietsch, 2022, S. 45 ff.). Schon der Moralphilosoph und Begründer der modernen Ökonomie, Adam Smith, hatte in seinem Buch über die *„Theorie der menschlichen Gefühle"* (*Theory of moral sentiments*) festgestellt, dass der menschliche Eigennutz das allgemeine Wohl fördere und die Vermehrung des Wohlstands eines Landes Voraussetzung für jeden Fortschritt sei. Dieses hatte er eindrucksvoll mit der „unsichtbaren Hand" und dem Egoismus des Unternehmers in seiner Theorie über den *„Wohlstand der Nationen"* (*Wealth of Nations*) formuliert.

Darauf bauten weitere liberale Ökonomen auf, etwa Jean Baptiste Say, Robert Malthus und David Ricardo. Alle drei untermauerten mit ihren Ideen und Theorien den frühliberalen Optimismus, dass die Wirtschaft alle auftretenden Probleme aus sich selbst heraus zu lösen imstande sei. Say war etwa der Meinung, jedes Angebot schaffe sich seine Nachfrage selbst, Güterproduktion und Güternachfrage seien stets gleich. Malthus behauptete, dass es eine dauerhafte Arbeitslosigkeit nicht geben könne, da sich die Löhne immer in Richtung eines Gleichgewichts bewegten. Wenn z. B. die Zahl der Arbeitssuchenden die Nachfrage nach Arbeitskräften übersteige, fielen die Löhne so lange, bis das Gleichgewicht am Arbeitsmarkt wieder erreicht sei und umgekehrt. Freies Marktspiel, automatische Rückkehr zum Gleichgewichtszustand, keine Staatsintervention, das war zusammengefasst die Devise. Ricardo entwickelte sich zum Außenhandelstheoretiker (vgl. seine Theorie der komparativen Kosten in Pietsch, 2022, S. 90 f.). Er fand heraus, dass es schon eine Form der Überproduktion gäbe, diese aber durch einen ausgedehnten Binnenhandel und vor allem den Export in andere Länder abnehmen würde. In der Quintessenz akzentuierte Ricardo in seinen Schriften die Tatsache, dass der ungestörte *Freihandel* – jedes Land konzentriert sich auf das relativ kostengünstigere Gut und exportiert das relativ teurere – stets von Vorteil für alle Beteiligten sei. Andere Denker wie Auguste Comte, Georg Wilhelm Friedrich Hegel, aber auch Alexis de Tocqueville und John Stuart Mill führten den Gedanken des Liberalismus in unterschiedlichen Facetten weiter (vgl. Fenske et al. 1991, S. 396 ff.).

Die wesentlichen Elemente des wirtschaftlichen Liberalismus sind vor allem die Freiheit im Bezug auf Verträge, die Wahl des Berufes, der unternehmerischen Tätigkeit, des Konsums und des Handels. Überall dort sollen, einmal definiert und vom Staat durch Gesetze und entsprechende Exekutive, Gerichte, Polizei etc., als Rahmenbedingungen durchgesetzt, der Markt und seine Gesetze möglichst frei und ungehindert wirken. Die Preisbildung richtet sich nach Angebot und Nachfrage, der Wettbewerb ist frei und wird nicht eingeschränkt. Die Konkurrenz ist somit vollkommen und ohne Eingriffe des Staates. Dieses liberale Gedankengut wurde bis heute stetig weiterentwickelt und mit unterschiedlichen Akzenten versehen: Mal wurde es mehr sozial abgefedert wie in der Bundesrepublik Deutschland nach dem Zweiten Weltkrieg oder in Skandinavien mit einem hohen Anteil des Staates vor allem für Sozialleistungen, mal weniger wie in den USA, Großbritannien und neuerdings in Argentinien unter Präsident Javier Milei. Dem lagen unterschiedliche wirtschaftspolitische Schulen zugrunde, die wir uns in aller Kürze ansehen wollen, bevor wir auf die jüngsten wirtschaftspolitischen Diskussionen in Deutschland zurückkehren. Dabei wollen wir zwei Denkschulen berücksichtigen: Die ordoliberale Schule und die Österreichische Schule mit ihren prominentesten Vertretern und ihren Ideen. Beginnen wir mit der ordoliberalen Schule.

Die ordoliberale Schule
In Deutschland wurde in den Jahren nach dem Zweiten Weltkrieg, basierend auf den Erfahrungen der letzten Jahrzehnte darüber nachgedacht, wie eine neue, ideale Wirtschaftsordnung für die Bundesrepublik aussehen sollte (vgl. im Folgenden Pietsch, 2022, S. 237 ff.). Wesentliche Vordenker waren damals Walter Eucken, Franz Böhm und Leonhard Miksch, die alle an der Universität in Freiburg Ökonomie lehrten. Daher der Name „Freiburger Schule". Kerngedanke bei allen dreien war, wie man einerseits eine liberale Wirtschaftsverfassung gestalten und diese gleichzeitig mit einem ordnenden staatlichen Rahmen versehen könne. In Anlehnung an die 1950 gegründete Zeitschrift ORDO – Jahrbuch für die Ordnung und Wirtschaft der Gesellschaft, wurde diese Strömung innerhalb der Ökonomie auch als *Ordoliberalismus* genannt (lat. *ordo*, für Ordnung). Der Staat solle nach dieser Konzeption den Rahmen gestalten, damit die Bürger*innen am freien Spiel des Marktes und des Wettbewerbs teilnehmen können. Konkret sollte der Staat die rechtlichen Rahmenbedingungen setzen, für deren Einhaltung sorgen und vor allem das Aufkommen von Marktmacht im Sinne von Monopolen und Oligopolen verhindern. In diesem Markt sollten sowohl eine freie Preisbildung nach Angebot und Nachfrage herrschen als auch eine vollkommene Konkurrenz, bei der viele Anbieter einer großen Zahl an potenziellen Nachfragenden gegenüberstehen. Dazu gehörte auch ein freier Zugang zu den Märkten, ein dominierendes Privateigentum an Produktionsmitteln und die Vertragsfreiheit der handelnden Parteien.

Unternehmer*innen sind für ihr eigenes Handeln verantwortlich und haften für ihre Aktivitäten im Falle einer

Insolvenz. Sie schaffen Arbeitsplätze und können diese sichern, verfolgen eine Gewinnorientierung, mit deren Hilfe sie dann zukünftige Investitionen finanzieren können. Der Staat gibt lediglich die rechtlichen Rahmenbedingungen vor, in denen sich die Unternehmer*innen bewegen müssen. Eine staatliche Rettung von Unternehmen war in diesem Konzept nicht vorgesehen. Der Staat solle lediglich dafür sorgen, dass der Rahmen erhalten bleibt. So sollten Absprachen in jeglicher Form zwischen Unternehmen zur Verringerung oder Ausschaltung des Wettbewerbs unterbunden werden. Zudem wurde ein Freihandel ohne Hemmnisse befürwortet, wie er etwa durch Zölle, Einfuhrkontrollen oder ähnliches mehr behindert werden kann. Der Staat solle dafür sorgen, dass die Preise und der Geldwert stabil gehalten werden. Zu Zeiten der D-Mark bedeutete das eine restriktive Steuerung der Geldausgabe, um die Inflation nicht anzuheizen, einhergehend mit einer Währungsauf- bzw. -abwertung. Stabile, freie Preise und eine solide Währung sind in den Augen der Ordoliberalen die Grundpfeiler der Ökonomie. In der Summe solle der Staat sich nicht in die laufenden Wirtschaftsaktivitäten einmischen, sondern sich lediglich um die Schwachen in der Gesellschaft kümmern, die sich nicht von alleine helfen können. Dieser Gedanke ist im Rahmen der Diskussion um die Abschaffung bzw. Modifizierung des sogenannten „Bürgergeldes" aktueller denn je.

Die Österreichische Schule

In eine ähnliche Richtung wie die Ordoliberalen gingen auch die Vertreter*innen der Österreichischen Schule, auch Wiener Schule der Nationalökonomie genannt (vgl. im Folgenden Pietsch, 2022, S. 165 ff.). Begründer dieser ideengeschichtlichen Schule der Nationalökonomie war der österreichische Ökonom Carl Menger, der als akademischer Lehrer viele Schüler*innen auf dem Weg

zur Professur begleitete und mit seinem Gedankenge-
bäude eine große Wirkung entfaltete. Er und seine Schüler
grenzten sich vor allem von der in Deutschland zu dieser
Zeit populären „Historischen Schule" ab. Der Kerngedanke von Vertretern dieser Historischen Schule war, dass
die ökonomischen Aktivitäten und Phänomene allesamt
von der vorherrschenden Kultur und den geschichtlichen
Begebenheiten abhängig sind. So sollten sich ökonomische Entwicklungen auf Basis von empirischen historischen Daten nachvollziehen und erklären lassen. Ferner
setzten sie ethische Schwerpunkte wie die Bekämpfung der
Arbeitslosigkeit und der Armut. Der Staat müsse, so die
Konsequenz, unbeabsichtigte Wirkungen wirtschaftlichen
Handelns korrigieren und aktiv in das ökonomische Geschehen eingreifen. Zudem stand bei den Vertretern der
Historischen Schule die Gemeinschaft mit ihren Werten
und Kultur im Vordergrund im Vergleich zu einem indi-
vidualistischen gewinn- und nutzenmaximierenden Ansatz
der Klassiker.

Gegen die Gemeinschaft setzten Menger und die Österreichische Schule den einzelnen Menschen mit seinen
einzelnen Vorlieben und Einschätzungen. Es sei das Individuum, das im Mittelpunkt der Ökonomie stehe und
dessen wirtschaftliches Handeln zu beobachten und abzuschätzen sei. So wurde der Preis auch als ein Ausdruck
subjektiver Wertschätzung des Individuums gegenüber
den einzelnen Gütern verstanden. Die Ökonomie sei Teil
der Sozialwissenschaften und nicht naturwissenschaft-
lich, mathematisch ableitbar. Viel wesentlicher in diesem
Zusammenhang ist allerdings die Einschätzung Mengers
und seiner Schule, dass der Staat sich aus dem Marktgeschehen weitestgehend heraushalten solle. Nicht staatliche
Institutionen und schon gar nicht Politiker*innen bestimmen die optimale Güterversorgung, sondern der Preis als
die subjektive Wertschätzung des Handelnden und der

freie Markt, der sich möglichst ungestört entfalten soll. Der Staat könne, so die Logik Mengers, den Preis eines Gutes nicht festlegen, da er subjektiv variiert. Menschen irren und besitzen ebenfalls nur eine geringe prognostische Fähigkeit. Sämtliche staatliche Eingriffe in die Wirtschaftspolitik, etwa zur Güterversorgung, müssen zwangsweise scheitern, da keine allgemeingültige Nutzenfunktion aller Bürger*innen existiert.

In der Folge setzten bedeutende Ökonomen wie Joseph Schumpeter und Friedrich August von Hayek den Gedankengang Mengers fort (vgl. im Folgenden Pietsch, 2022, S. 171 ff.). Schumpeter konzentrierte sich dabei vor allem auf die Rolle des Unternehmers, der durch permanente Innovationen alte Produkte und Technologien kreativ zerstöre – heute würde man von Disruption sprechen. Hayek war der festen Überzeugung, dass staatliche Eingriffe in das freie Spiel der Wirtschaft, wie etwa von dem wohl bedeutendsten Ökonomen des 20. Jahrhunderts, John Maynard Keynes, vorgesehen, Ursache für die Wirtschaftskrise sei. Keynes wollte die fehlende gesamtwirtschaftliche Nachfrage, die die Hauptursache der Arbeitslosigkeit sei, durch gezielte staatliche Nachfrage ankurbeln. Ein ähnliches Vorgehen wurde im Frühjahr 2025 auch von der wohl kommenden Bundesregierung mit den sogenannten „Sondervermögen" für Infrastruktur und Verteidigung beschlossen. Hayek hielt diese These von Keynes für eine Anmaßung von Wissen und sprach sich klar gegen die staatliche Feinsteuerung von Konsum und Investitionen der Unternehmen und des Staates aus.

In der Summe können wir an dieser Stelle festhalten, dass beide ökonomische Schulen einen freien Markt befürworteten, dessen Rahmen maximal der Staat setzen darf. In der Folge sollte sich der Staat aus der Wirtschaft heraushalten, wenn man vom Einsatz für die Schwächsten der Gesellschaft absieht. Sozialpolitik für die Ärmsten sollte schon stattfinden. Ansonsten besteht der Markt aus freien Bürger*innen und Unternehmer*innen, die im Rahmen der Gesetze frei handeln können und im Zweifel auch die negativen Folgen tragen müssen. Freie Preise, Privateigentum auch an Produktionsmitteln und vollständige Konkurrenz führen zusammen mit einem stabilen Geldwert dazu, dass sich jeder und jede nach seinen oder ihren Leistungsfähigkeiten in die Wirtschaft einbringen kann. Staatliches Handeln beschränkt sich so auf die Aufrechterhaltung einer freien marktwirtschaftlichen Ordnung. Bei uns in der Bundesrepublik wird diese zusätzlich um die soziale Komponente erweitert. Diese Bewertung und Einschätzung staatlichen Handelns und die Gestaltung einer marktwirtschaftlichen Ordnung ist nicht nur eine ideengeschichtliche Konzeption, sondern hat auch praktische Auswirkung auf den Alltag der Bevölkerung in vielen Ländern.

So entfaltete sich vor allem vor der Bundestagswahl 2025 ein intensiver Streit der Parteien darüber, wie künftig die Wirtschaftspolitik zu gestalten sei, um Deutschland aus der Rezession herauszuführen. Die Freie Demokratische Partei, FDP, folgt in der Wirtschaftspolitik am ehesten einer liberalen Wirtschaftspolitik wie sie oben skizziert wurde. Dies ist natürlich kein Wunder, da sie u. a. ihren marktwirtschaftlich-liberalen Kurs als Markenkern definiert hat. Wir werden anhand ausgewählter Beispiele aus dem Wahlprogramm der FDP leicht erkennen können, inwieweit sich der Liberalismus auch heute noch in ökonomische Programme übersetzen lassen kann (vgl. im Folgenden FDP, 2025). So kann man beispielsweise lesen, dass die Bürokratie ein „Misstrauensvotum des Staates gegenüber Bürgern und Betrieben" und daher dringend zu reduzieren sei. Die vielen Berichtspflichten, Vorschriften und Formulare führten vor allem dazu, dass die Bürger*innen zunehmend erschöpft seien und sich um ihre eigentlichen unternehmerischen Tätigkeiten kaum noch kümmern könnten (vgl. FDP, 2025, S. 11). Der Staat soll zwar den Rahmen setzen, auf die ständig steigende Flut an Vorschriften und Gesetze aber weitestgehend verzichten. Im Klartext: Weniger übergriffiger Staat mit überbordender Bürokratie, sondern mehr freies Unternehmertum. Gleiches gelte für die nächsthöhere, suprastaatliche Ebene der EU in Brüssel. Auch hier seien die überflüssigen Regularien wie etwa die EU-Lieferkettenrichtlinie oder der Aktionsplan für die Kreislaufwirtschaft einzudämmen (vgl. im Folgenden FDP, 2025, S. 12).

Darüber hinaus befürwortet die FDP ein Steuersystem, das „Leistung und Investition belohnt" (FDP, 2025, S. 13). So sollen konkret die Lohnsteuern für Überstunden bei Vollzeitarbeit entfallen, um zusätzliche Anreize zu schaffen. Der Spitzensteuersatz soll erst ab 96.600 € statt schon ab 68.000 € greifen (vgl. FDP, 2025, S. 13). Der Solidaritätszuschlag, den nur noch die oberen zehn Prozent der Einkommensbezieher entrichten müssen, soll gänzlich entfallen. Unternehmen sollen künftig nicht mehr als 25 % Steuern zahlen müssen (vgl. FDP, 2025, S. 14). Arbeit soll sich wieder stärker lohnen, die individuelle Eigeninitiative und die Leistung stehen hier im Vordergrund. Wer erwerbsfähig ist und dennoch keine zumutbare Arbeit aufnimmt, muss mit Leistungskürzungen rechnen (vgl. FDP, 2025, S. 18 f.). Man traut den Menschen mehr Eigenverantwortung zu. Wenn man diesem Menschenbild eines eigenverantwortlich, leistungsorientiert und selbstbestimmt handelnden Individuums folgt, dann braucht man auch keinen stark ausgebildeten Staat. Dann reicht auch ein schlanker Staat, den die FDP sich als Ziel auf die Fahnen geschrieben hat: (FDP, 2025, S. 34):

„Manche verdrängen es, und doch spüren es alle: In Deutschland reguliert der Staat mehr, als er verwalten kann. Er möchte Problemlöser für alles und jeden sein und

wird dadurch selbst zum Problem. Denn noch nie hatte
der Staat so viel Geld, so viel Personal und so viele Befug-
nisse zur Verfügung wie heute und trotzdem funktioniert
vieles nicht besser. Diese Überforderung kostet jeden Tag
Vertrauen und stärkt die politischen Ränder. Statt ständig
neue Aufgaben zu definieren, muss sich der Staat auf das
Wesentliche konzentrieren. Dabei stärken wir den Kern
eines schlanken Staates: Solide Finanzen sind die Basis.
Wir wollen alle Generationen vor den Lasten einer überbordenden Staatsverschuldung und den Auswirkungen des
demographischen Wandels bewahren. Subventionierungen
für Wenige schneiden wir zurück, dafür schaffen wir bessere Standortbedingungen für alle."

Stichworte hierzu (vgl. FDP, 2025, S. 34 f.) sind die Einhaltung der Schuldenbremse, keine Schulden auf europä-
ischer Ebene, weniger staatliche Subventionen und damit
weniger Eingriffe in das freie Spiel der Marktkräfte. Da
der private Investor der bessere Unternehmer sei, sollten
Staatsbeteiligungen verkauft werden. Die Verwaltung des
Staates mit seinem Apparat solle gemäß den Vorstellungen
der FDP schlanker, leistungsfähiger und unbürokratischer
werden. Hier ist weniger mehr. Stattdessen setzt man auf
effiziente Strukturen, die noch dazu durch die Digitalisierung in ihren Prozessen und Abläufen optimiert werden.
Auch im Klimaschutz setzt man auf den Markt (vgl. FDP,
2025, S. 39 ff.). Als Leitinstrument soll der europäische
Emissionshandel etabliert werden. Emittieren darf nur der,
der eine Emissionszertifikat in entsprechender Anzahl besitzt. Die Anzahl der handelbaren Zertifikate kann je nach
angestrebten CO_2-Zielsetzungen kontinuierlich gesenkt
werden. Die Emissionspreise ergeben sich dann durch
Angebot und Nachfrage. In der Verkehrspolitik, konkret
beim Schienenverkehr, soll der Wettbewerb gestärkt werden (vgl. FDP, 2025, S. 42). Selbst die Landwirtschaft soll

vor allem unternehmerisch handeln und von störender Bürokratie befreit werden (vgl. FDP, 2025, S. 44.).

In der Summe unterstreicht die FDP die Wirtschaftspolitik auch in 2025 noch die Inhalte, wie wir sie in den Überlegungen der liberalen Vordenker kennengelernt haben. Dieser liberalen Wirtschaftspolitik liegt die Bewertung zugrunde, dass der Mensch sich selbst frei und selbstbestimmt helfen kann. Zwar sieht auch die FDP ein soziales Sicherungssystem vor, das allerdings auch hier wieder um die Komponente Leistung ergänzt wird. Konkret heißt es da (FDP, 2025, S. 18):

„Millionen Menschen in Deutschland gehen jeden Tag ihrer Arbeit nach und tragen ihren Teil zum Erfolg unseres Landes bei. Zur Wirklichkeit gehört aber auch: Für einige scheint es lohnender, von Sozialleistungen zu leben, als einer geregelten Arbeit nachzugehen. Das wollen wir ändern. Denn Arbeit muss sich immer mehr lohnen als Sozialleistungen! Dafür wollen wir Freie Demokraten das Bürgergeld grundlegend reformieren. Wir wollen eine Reform der Grundsicherung, weg von einem alimentierenden Bürgergeld hin zu mehr Aktivierung, wobei Arbeit den Unterschied macht. Unser oberstes Ziel lautet: Arbeit statt Bürgergeld."

Der Blick über die Landesgrenzen zeigt, dass die Idee des schlanken Staates und die Idee eines freien, selbstbestimmten und leistungsorientierten Individuums keine urdeutsche Erfindung ist (vgl. Fukuyama, 2022, S. 19 ff.). In den 1980er Jahren des vergangenen Jahrhunderts gab es sowohl in den USA als auch in Großbritannien Regierungen, die die Freiheit des Marktes vom Staat propagierten. So standen damals die britische Premierministerin Margaret Thatcher und er US-Präsident Ronald Reagan für eine solche *neoliberale* Agenda (vgl. Pietsch, 2020, S. 76 ff.).

Unter Reagan und Thatcher wurden Staatbeteiligungen versilbert und der private unternehmerische Sektor gestärkt. Die Reagan-Administration kappte die Staatsausgaben, kürzte die Steuern auf Arbeit und Kapital drastisch herunter und senkte die Unternehmenssteuern. Analog dem aktuellen Wahlprogramm der FDP in 2025 setzte sich Reagan für die Entschlackung des Staates ein: Weniger Bürokratie und staatliche Regulierung. Die Inflation wurde durch die restriktive Steuerung des Geldangebots bekämpft, ganz wie es der marktliberale Ökonom Milton Friedman gefordert hatte. Unter Thatcher wurden sogar die Macht der Gewerkschaft eingeschränkt und die Finanzmärkte liberalisiert.

In Argentinien hat sich unter dem Präsidenten Javier Milei, einem libertären Ökonomen, eine extreme Form einer liberalen Wirtschaftspolitik durchgesetzt (vgl. im Folgenden Herrberg, 2024). Seit Jahren leidet Argentiniens Wirtschaft unter einem Haushaltsdefizit und einem überbordenden Staatsapparat. Milei ließ die Landeswährung Peso massiv abwerten, um die Exporte anzukurbeln. Staatsbedienstete wurden in großer Zahl entlassen, öffentliche Bauaufträge gestoppt und staatliche Subventionen gestrichen. Um die Inflation zu stoppen, sollten Kosten gestrichen werden. Neben der Entlassung vieler Staatsbediensteten erreichte Milei das durch das Einfrieren von Gehältern, Renten und Sozialhilfen. Sie wurden nicht an die Inflation angepasst. Als Resultat ist die Armut in Argentinien dramatisch angestiegen, der Konsum eingebrochen und das Land in eine Rezession hineingeschlittert. Staatliche Unternehmen wurden privatisiert, die Deregulierung ist in vollem Gange. In der Quintessenz verfolgt Milei seine Wirtschaftspolitik „mit der Kettensäge", indem er den Staatsapparat drastisch reduziert und Staatskosten, seien sie Subventionen oder Löhne und Gehälter aber auch Renten und Sozialleistungen einfriert.

Im Ergebnis zeigt sich im März 2025, dass zwar erstmals seit 2010 ein ausgeglichener Staatshaushalt vorgelegt wurde (vgl. im Folgenden Spiegel, 2025). Die Inflationsrate sank von 25 % pro Monat (!) zu Beginn von Mileis Amtszeit auf 2,4 %. Doch der gleichzeitige Sparkurs führt zu einem dramatischen Kaufkraftverlust gerade der Mittelschicht. Der Mindestlohn wurde von 413 Dollar auf 260 abgesenkt. Knapp 53 % der Argentinier leben unter der Armutsgrenze. Da der Peso ständig abgewertet wird, etwa ein Prozent pro Monat, sinken die Löhne in Dollar, die Preise für (importierte) Waren verteuern sich, sodass die Kaufkraft sinkt. Diejenigen, die bereits vorher gerade so über die Runden gekommen sind, gehen nun im Zuge der gesunkenen Kaufkraft förmlich unter. Während früher vor allem Brasilianer*innen in das Nachbarland Argentinien reisten, um relativ günstig an Fleisch und Rotwein zu kommen, reisen nun die Argentinier*innen ihrerseits nach Chile, um sich mit Kleidung und Elektroartikeln einzudecken. Die sind mittlerweile in Chile vergleichsweise günstiger zu haben.

Am Ende dieses Kapitels über den Liberalismus und die freie Marktwirtschaft lässt sich Folgendes festhalten: Der Gedanke der Freiheit im Zentrum führt in der konkreten Ausgestaltung der Wirtschaftspolitik dazu, vor allem vom Individuum aus zu beurteilen. Der Einzelne, dem ein Recht auf Freiheit zusteht, sich selbst zu entfalten und nach seinen eigenen Wünschen und Bedürfnissen zu leben. Der Staat darf das Individuum nicht zu stark einschränken, sondern sollte lediglich den Rahmen abdecken, seien es die dazu nötigen Gesetze, sei es deren Durchsetzung durch Polizei etc. oder Gerichtswesen. Dabei wird ein Menschenbild unterstellt, dass im Extrem sich auch jederzeit selbst helfen könne. Leistung, persönliche Anstrengung und Fleiß sind die Grundlagen eines erfolgreichen (Wirtschafts)Lebens. Verfehlt man an einem

Punkt des Lebens diese Maxime, dann kann der Staat nur ein Grundgerüst an staatlichen Leistungen vorhalten, die selbst wieder an die Leistung und Zielstrebigkeit des Einzelnen appellieren. Am besten bringt diese Haltung die Maxime „Jeder ist seines eigenen Glückes Schmid" zum Ausdruck. Der Staat wird nur benötigt, um die schlimmsten Härten des Lebens, der Krankheit, Armut etc. abzufedern.

Daher werden staatliche Leistungen auf ein Minimum reduziert. Der Markt und private Unternehmer regeln den Rest. Folglich soll sich der Markt auch frei entfalten können, das Prinzip des Wettbewerbs aufrechterhalten werden. Ein schlanker Staat heißt idealerweise weder Subventionen, Regularien noch ein großer Staatsapparat mit zahlreichen Bediensteten. Ein so im Aufgabenumfang reduzierter Staat muss auch nicht umfangreich finanziert werden. Daher sind die Steuern maximal zu senken, die bürokratischen Prozesse auf ein absolutes Minimum zu beschränken und so gut wie keine Schulden aufzunehmen. Ein schlanker Staat bedeutet auch weniger Aufgaben und Eingriffe in den Markt, aber auch weniger Einnahmen. Ein Staat, der sich auch nicht im Ausland oder bei seinem Bürger*innen verschulden muss. Dies würde dann natürlich an der nachfolgenden Generation hängen bleiben. Das Individuum geht vor, die Gemeinschaft kommt danach. Die gesamte dargestellte Sichtweise auf die Ökonomie, konkret eingefasst in eine Wirtschaftspolitik, hängt letztlich davon ab, wie man das Verhältnis von Staat und Wirtschaft bewertet. Wie wichtig ist das Individuum im Verhältnis zur Gemeinschaft? Kann ich die Wirtschaft sich frei entfalten lassen und sind dadurch auch die sozialen Maßnahmen abgedeckt?

Der Mannheimer Wirtschaftspolitiker Tom Krebs hat dazu eine klare Meinung (Krebs, 2024, S. 196):

„ … Schluss mit der Märchenstunde marktliberaler Ökonomen! Deutschland braucht eine neue Politik, die auf einem ökonomischen Realismus basiert und zwei Prinzipien in den Mittelpunkt rückt: ökonomische Vernunft und soziale Gerechtigkeit. Die ökonomische Vernunft erfordert einen Investitionsbooster für den Mittelstand, eine Strompreisbremse für alle sowie eine massive Steigerung der öffentlichen Investitionen in Infrastruktur und Bildung (Green New Deal). Die Finanzierung der öffentlichen Infrastrukturinvestitionen erfolgt über eine staatliche Kreditaufnahme und die Finanzierung der zusätzlichen Bildungsausgaben über eine Besteuerung der sehr großen Vermögen.“

Die Darstellung von Tom Krebs verdeutlicht, dass der liberalen Bewertung vieler Ökonom*innen eine Sicht diametral gegenübersteht, die sich eher der gemeinschaftlichen Solidarität verschreibt und auch ansonsten den Markt in seiner Bewegungsfreiheit einschränken will. Dies führt im Extremfall zum Sozialismus. Ihn und das mit ihm korrespondierende Wirtschaftssystem der Planwirtschaft wollen wir im folgenden Kapitel betrachten und sehen, welche Bewertung und welches Menschenbild dort dahinterstehen.

6.2   Sozialismus und Planwirtschaft

Der Sozialismus ist als Begriff schwer zu greifen, da er unterschiedliche Facetten und Schwerpunkte umfasst. Der Soziologe Werner Sombart versuchte sich bereits an ihr und identifizierte in den 1920er Jahren 260 verschiedene Definitionen (vgl. Pietsch, 2024, S. 221). Relativ gut trifft die Bundeszentrale für politische Bildung diese politische Strömung (Bundeszentrale für politische Bildung 2025, Stichwort: Sozialismus):

„Der Sozialismus ist eine politische Weltanschauung, die darauf abzielt, eine solidarische Gesellschaft zu schaffen, in der die Grundwerte Freiheit und Gleichheit verwirklicht werden. Eine zentrale Rolle nimmt dabei die Veränderung der privatkapitalistischen Wirtschaftsordnung ein, die nach sozialistischem Verständnis soziale und ökonomische Abhängigkeit begründet und der persönlichen und gesellschaftlichen Emanzipation entgegensteht."

Wesentlich für den Sozialismus sind das Streben nach Freiheit *und* Gleichheit. Große Ungleichheiten in Einkommen und Vermögen, wie sie heute in Deutschland, den USA aber auch in vielen westlichen Ländern existieren, dürfte es nach dieser Diktion nicht geben. Vor allem entzündet sich die Kritik des Sozialismus am Gesellschafts- und Wirtschaftssystem des Kapitalismus. Dieses Wirtschaftssystem wird als Urgrund allen Übels gesehen: Die einen, die Kapitalist*innen, beuten angeblich die Arbeiter*innen aus, überlassen ihnen nur wenig finanziellen Spielraum zum Leben, während sie sich selbst die Taschen vollstopfen (vgl. im Folgenden Pietsch, 2024, S. 222 f.). Die Gemeinschaft, die untereinander solidarisch ist, steht im Mittelpunkt der Überlegungen. Alle ziehen am gleichen Strang, niemand soll benachteiligt werden, keiner herausragen.

Die materiellen Lebensverhältnisse sollten einander angeglichen werden. Niemand sollte wesentlich besser leben und besitzen als der oder die andere. Gleiche Chancen für alle, ähnliche Ergebnisse der Arbeit und vor allem ein autonomes Individuum, das menschenwürdig an der Gesellschaft teilhaben kann und sein Leben nach seinem Gusto verbringen kann. Die Ellenbogengesellschaft soll gegen eine solidarische „Wir-Gemeinschaft" eingelöst werden. Anstelle eines kapitalistischen Konkurrenzkampfs und Wettbewerbs um den größtmöglichen Profit und eines Privateigentums sollte das gemeinschaftlich verwaltete Eigentum treten, vor allem das an den Produktionsmitteln. Alle Bürger*innen sollten die gleichen Rechte aber auch Pflichten haben und niemand sollte wegen seiner Religion, Hautfarbe, Geschlecht, kulturellem Hintergrund oder der sexuellen Orientierung diskriminiert werden. Die Solidarität konzentriert sich vor allem auf die Armen, Schwachen und (wirtschaftlich) Ausgegrenzten der Gesellschaft.

Konstituierend für den Sozialismus war vor allem seine Abgrenzung zum System des Kapitalismus. Dabei ist die Kritik am Kapitalismus bereits relativ alt (vgl. im Folgenden Pietsch, 2024, S. S. 57 ff.). Mit dem Aufkommen der Industriellen Revolution, angeregt durch die vielen technischen Erfindungen wie etwa die Dampfmaschine von James Watt, konnte die Produktion aus Unternehmersicht effizienter gestaltet werden. Maschinen ersetzten zunehmend die Menschen, die kleinteilige Produkte zumeist in mechanischer Handarbeit erstellten. Je weiter das Maschinenzeitalter voranschritt, desto weniger Menschen wurden pro Arbeitsschritt benötigt. Der Wettbewerb der Betriebe untereinander führte dazu, dass die Produktionstechnologie ständig verfeinert und verbessert wurde. Menschen wurden immer stärker als Hilfsarbeiter*innen zu den Maschinen degradiert, so schien es. Ihre Arbeitsschritte wurden immer feiner unterteilt, spezialisierten sich bis hin zu einigen wenigen Handgriffen und wiederholten sich täglich unzählige Male. Gleichzeitig wurde die Arbeitstaktung ständig erhöht, was die Geschwindigkeit und den Druck der Arbeit ständig erhöhte. Zudem existierten zu Beginn der Industriellen Revolution, aus England kommend und nach Deutschland weiterziehend, nahezu unerträgliche hygienische Arbeitsbedingungen für Männer, Frauen und Kinder.

Damals bereits formierte sich eine Protestbewegung, die gegen diese Ausbeutung der Arbeiter*innen und deren Entfremdung von der Arbeit, wie Karl Marx es nannte,

protestierte. So versuchten bereits die „Maschinenstür-
mer", auch Ludditen, nach ihrem Anführer *Ned Ludd*, genannt, gegen diese Verelendung und zunehmende Beherr-
schung des Menschen durch die Maschinen zu kämpfen.
Den Impuls zu den sozialistischen Ideen gaben die sogenannten „Frühsozialisten". Der britische Sozialreformer
Robert Owen etwa gründete bereits im 19. Jahrhundert
Produktivgenossenschaften (vgl. Elsässer, 1991, S. 50 ff.).
Mitglieder der Genossenschaft sollten durch ihre Kapi-
talbeiträge Miteigentum an den Fabriken erhalten und
bei der Art und Weise der Produktion mitreden dürfen.
Damit wollte Owen die Herrschaft und Dominanz der
Kapitalist*innen brechen und den Arbeiter*innen die
Möglichkeit geben, sich selbst zu verwalten und den Profit
unter sich zum Wohl aller Beteiligten aufzuteilen. Gleichzeitig sorgte er für die Schulbildung der Kinder, anstelle
sie von morgens bis abends in den Fabriken schuften zu
lassen. Zudem kümmerte er sich um saubere Arbeitsplätze,
die Beschränkung der Arbeitszeit und um viele Erleichte-
rungen mehr.

Charles Fourier kritisierte vor allem die Kaufleute seiner Zeit (vgl. Fetscher, 1991, S. 58 ff.). Er verglich sie als
Müßiggänger und Parasiten, die die arme Masse für sich
arbeiten lässt, Darüber hinaus wandte er sich gegen Monopole, kritisierte Wucher, Spekulation und dessen Profite.
Vor allem das gesellschaftliche Schicksal der Frauen war
ihm ein Anliegen. Sozialer Fortschritt, so Fourier, sei nur
im Zuge einer Emanzipation und Erweiterung der Privilegien für die Frauen möglich. Frauen sollten ebenso wie
Männer eine intellektuelle Bildung erhalten. Ähnlich wie
Robert Owen konzipierte er eine genossenschaftliche Or-
ganisationsform der Gesellschaft, in der eine überschau-
bare Zahl an Menschen (1.620) zusammenleben sollten.
Jeder und jede sollten Anteil an Gemeinschaftseigentum haben, ganz egal, welches Vermögen sie eingebracht

haben. Die einen bringen ihr Vermögen in die Genossenschaft ein, die anderen ihre Arbeitskraft. Zusätzlich ver-
ankerte Fourier eine gewissen Leistungskomponente. Die
Gewinne aus der landwirtschaftlichen Bewirtung der Genossenschaft sollten nach dem Anteil an geleisteter Arbeit,
dem eingebrachten Kapital und dem individuellen Talent
aufgeteilt werden. Die Grundversorgung der Familien mit
Lebensmitteln, Unterkunft und Kleidung wurde durch die
Genossenschaft sichergestellt.

Pierre-Joseph Proudhon (vgl. Bock, 1991, S. 97 ff.)
schließlich beschrieb in seiner aufsehenerregenden Schrift
über das Eigentum dessen Nachteile. Eigentum sei Dieb-
stahl, so die berühmte Formulierung aus seiner Denk-
schrift. Dies müsse unter allen Umständen verhindert
werden, da Privateigentum als Privileg und Monopol einzuschätzen sei, das niemandem zustünde. Jeder und jede
dürfte dagegen nur das besitzen, was sie sich durch ihre
eigenen Hände Arbeit verdient hätten. Der Ausbeutung
einer anderen Arbeitskraft als der eigenen sei dringend ein
Riegel vorzuschieben. Kapital solle sich so nicht in den
Händen einiger weniger Menschen konzentrieren. Mit Kapitalakkumulation sei zwangsläufig auch eine Machtkonzentration verbunden. Dagegen sollte gemäß den Vorstellungen von Proudhon die Gesellschaft als ein freiwilliger
Zusammenschluss ihrer Mitglieder gesehen werden. Dies
sollte alles ohne klassische Herrschaftsstrukturen geschehen, wie sie in Staat und Kirche seiner Zeit vorherrschten.
Diese „anarchische" Gesellschaftsform sollte dafür sorgen,
dass alle Menschen gerecht und gleich zusammenleben
können, ohne von einem staatlichen Machtapparat dominiert zu werden. Dies setzt natürlich, wie bei den anderen
Frühsozialisten auch, ein im Vergleich zum Liberalismus
vollständig anderes Menschenbild voraus: Ein Mensch, der
kooperativ und solidarisch handelt, und der bereit ist, alles

mit seinen Mitmenschen zu teilen und damit die Maximen Freiheit und Gleichheit hochhält.

Wir alle wissen, wie sich das Gedankengut der Frühsozialisten über Karl Marx und seinen intellektuellen Mitstreiter Friedrich Engels weiterentwickelt hat (vgl. zur Vertiefung Pietsch, 2024, S. 63 ff.). Beide knüpften an der Trennung zwischen Kapitalist*innen und Arbeiter*innen an und beschrieben die zum Teil menschenunwürdige Arbeitssituation ihrer Zeit. Arbeiter*innen würden ausgebeutet und von ihrer Arbeit entfremdet. Die Kapitalist*innen akkumulierten den Profit und den Mehrwert der Arbeit. Stattdessen überließen sie den Arbeiter*innen lediglich einen kleinen Teil des Gewinns. Gerade so viel, dass sie ihre Arbeitskraft erhielten, um für die Kapitalist*innen wieder mehr Proft zu erbringen. Die Lösung sei wie bei den Frühsozialisten auch, die Abschaffung des Privateigentums an Produktionsmitteln und vor allem die Solidarisierung der Arbeiter*innen untereinander. Am Ende stünde die gewaltsame Revolution zur Beseitigung der Klassenunterschiede und der Kommunismus (vgl. Pietsch, 2024, S. 67 ff.). Im 20. Jahrhundert griffen die Vertreter der Frankfurter Schule und Denker der „Kritischen Theorie" dieses sozialistische Gedankengut auf und passten es an die gesellschaftliche und ökonomische Wirklichkeit ihrer Zeit an. Aus ihrem Exil aus den USA, dem Mutterland des Kapitalismus, zurückkehrend, wandten sich Theodor W. Adorno und Max Horkheimer gegen die Negativaspekte des Kapitalismus. Der Einzelne würde im Vergleich zur übermächtigen Technik untergehen. Würde der Mensch nicht mehr gebraucht, würde er in der Armee der Arbeitslosen weitererernährt (vgl. Pietsch, 2024, S. 71 ff.).

Doch die Kritik am Kapitalismus hörte nicht etwa im 20. Jahrhundert auf, sondern verleitet auch heute noch Vordenker*innen aus aller Welt, sich wieder verstärkt mit dem Sozialismus und dem Kommunismus als Weltanschauung und der entsprechenden Wirtschaftsform als Alternative zum Kapitalismus zu widmen. Ich möchte an dieser Stelle nur zwei Denker exemplarisch herausheben und deren Gedankengänge kurz skizzieren: Einerseits der französische Ökonom *Thomas Piketty*, der 2014 einen Weltbestseller mit seinem Buch „Das Kapital im 21. Jahrhundert" verfasst hat und in seinem Werk „Kapital und Ideologie" seine Version eines „partizipativen Sozialismus" beschrieben hat (vgl. Piketty, 2020, S. 1185 ff.) Andererseits der japanische Philosoph *Kohei Saito*, Mitherausgeber der Marx-Engels-Gesamtausgabe (vgl. Saito, 2023, vor allem S. 173 ff.). Beide führen den Gedankengang des Sozialismus bzw. des Kommunismus von Karl Marx, basierend auf den gesellschaftlichen und ökonomischen Verhältnissen des 21. Jahrhunderts, weiter.

Thomas Piketty
Im letzten Teil seines Buches, Kapital und Ideologie, greift der Pariser Ökonom sein Konzept eines *partizipativen Sozialismus* auf. Dabei versucht auch er, über das kapitalistische System hinauszugehen und einen umsetzbaren Sozialismus zu implementieren. Er schreibt (Piketty, 2020, S. 1186):

> „Auf der Grundlage der historischen Erfahrungen, über die wir verfügen, bin ich davon überzeugt, dass es möglich ist, über das derzeitige kapitalistische System hinauszugehen und die Umrisse eines partizipativen Sozialismus für das 21. Jahrhundert zu skizzieren, um eine neue universalistische Perspektive zu eröffnen, die auf Sozialeigentum, Bildung, Wissensverbreitung und Machtaufteilung setzt."

Zu den wesentlichen Elementen eines partizipativen (von lat. *participare* d. h. jemanden an etwas teilnehmen oder teilhaben lassen) Sozialismus gehören für Piketty

Eigentum nur auf Zeit, die stark progressive Besteuerung großer Vermögen, Erbschaften und Einkommen, sowie ein Grundeinkommen und Bildungsgerechtigkeit (vgl. Piketty, 2020, S. 1186 f. und S. 1198). Progressiv meint hier, je höher das Einkommen oder Vermögen, desto höher der Steuersatz. Die durch die Vermögens- und Erbschaftssteuer (Eigentumssteuer) gewonnenen Mittel könnten dann im Zuge des Gerechtigkeitsgedankens genutzt werden, um jedem jungen Erwachsenen im Alter von 25 eine staatlich garantierte Mindestkapitalausstattung zur Verfügung zu stellen (vgl. Piketty, 2020, S. 1204). Piketty schlägt konkret vor, 60 % des Durchschnittsvermögens eines Erwachsenen als eine „Erbschaft für alle" an die besagten 25-Jährigen zu verteilen (vgl. Piketty, 2020, S. 1207). Zu den Elementen eines partizipativen Sozialismus gehören für Piketty ebenfalls eine progressive Besteuerung der CO_2-Emissionen (vgl. Piketty, 2020, S. 1233 ff.) und ein (bedingungsloses) Grundeinkommen.

Auch der Bildungsgerechtigkeit widmet sich Piketty ausdrücklich (vgl. Piketty, 2020, S. 1237 ff.). Bildungsgerechtigkeit, so könnte man das Kapitel grob zusammenfassen, ist heute nicht gegeben. Kindern kommen aus unterschiedlichen Familien mit Eltern, die akademisch gebildet sind oder nicht, reich oder nicht etc. Die Startchancen sind von vorneherein unterschiedlich, je nach Bildungsgrad, Netzwerk bzw. soziale Schicht und schließlich den finanziellen Möglichkeiten der Eltern. Basierend auf unterschiedlichen Studien kommt Piketty zu der Auffassung, dass die Grundlagen der Bildungsungerechtigkeit bereits in den ersten Schuljahren, Primarstufe und Sekundarstufe I, gelegt werden. In den Worten Pikettys (Piketty, 2020, S. 1244):

„Alle Studien zeigen, dass es frühzeitige Investitionen sind, insbesondere in der Primarstufe und Sekundarstufe I, die am ehesten Ungleichheiten des schulischen Erfolgs von Kindern unterschiedlicher sozialer Herkunft zu korrigieren vermögen."

Noch viel schlimmer: Nicht nur der schulische Erfolg basiert heute größtenteils auf der unterschiedlichen sozialen Herkunft, sondern man begegnet sich gar nicht mehr. Konkret gehen Kinder aus Akademikerfamilien und/oder aus vermögenden Schichten auf andere (Privat)Schulen und teure (Elite-)Universitäten, werden anders gefördert als die ärmeren und weniger privilegierten Kinder. Der Harvard-Philosoph und Bestsellerautor bringt es in einem Gespräch mit Thomas Piketty auf den Punkt (Piketty & Sandel, 2025, S. 109 f.):

„Es ist eine der schädlichsten Auswirkungen der in den letzten Jahrzehnten gewachsenen Ungleichheiten, dass Begüterte und Menschen mit bescheidenen Mitteln zunehmend getrennte Leben führen. Wir schicken nicht nur unsere Kinder in verschiedene Schulen, wir leben und arbeiten, wir shoppen und spielen auch an verschiedenen Orten."

In der Summe können wir festhalten, dass Thomas Piketty mit seinem Konzept des partizipativen Sozialismus den Gedanken der Gleichheit und der Teilhabe aller Bürger*innen am Wohlstand in das 21. Jahrhundert transferiert. Der Verteilung über progressive Eigentumssteuern und Einkommen steht eine Transferleistung des Staates an die Bedürftigen und/oder von jungen Menschen gegenüber. Diese sollen mithilfe der steuerlich gewonnenen Mittel ein Grundeinkommen und eine garantierte Erbschaft in Höhe von 60 % des durchschnittlichen Vermögens erhalten. Dies entspricht dem sozialistischen Menschenbild der Teilhabe am Wohlstand. Dieses System solle idealerweise auch auf die globale Wirtschaft ausgedehnt werden. Für Piketty zählt nur der Sozialismus, andere „Ideologien" wie der Liberalismus und der Nationalismus hätten ausgedient (Piketty, 2020, S. 1270):

> „In Anbetracht der Bankrotterklärung der auf dem Liberalismus und Nationalismus beruhenden Ideologie könnte alleine die Entwicklung eines wahrhaft partizipativen und internationalistischen Sozialismus, der sich auf einen Sozialföderalismus und eine neue kooperative Organisation der Weltwirtschaft stützt, die Möglichkeit eröffnen, diese Widersprüche aufzulösen."

Kohei Saito

Einen etwas anderen Weg des Sozialismus ins 21. Jahrhundert sieht der japanische Philosoph Kohei Saito. Saito nennt seinen sozialistischen Weg in die Zukunft des 21. Jahrhunderts den *„Degrowth*-Kommunismus" (vgl. Saito, 2023, S. 207 ff.). Konkret bedeutet das, dass er nicht nur für eine Rückkehr zum Kommunismus plädiert, sondern gleichzeitig die Wirtschaft zum Schrumpfen bringen möchte. Damit wird Saito keineswegs als Phantast oder Irrläufer gesehen, sondern als jemand, der tatsächlich den Nerv der Zeit trifft. Nicht umsonst verkaufte sich sein Buch in seinem Heimatland Japan eine halbe Million Mal (vgl. Weinheimer, 2023). Und das mit einem Wirtschaftssachbuch! Die Stoßrichtung dieses Buches wird bereits klar, wenn man sich ansieht, wie Saito den Kapitalismus einschätzt (Saito, 2023, S. 202):

> „Um das Reich der Freiheit zu erweitern, müssen wir ein System zerschlagen, das nichts als endloses Wachstum im Sinn hat und die Menschen zu überlangen Arbeitszeiten und schrankenlosem Konsum antreibt."

Sein *Degrowth*-Kommunismus basiert auf fünf verschiedenen Säulen (vgl. Saito, 2023, S. 224 ff.).

1. Wandel zur Gebrauchswertwirtschaft.
2. Weniger Arbeitszeit und mehr Lebensqualität
3. Wiederherstellung der Kreativität der Arbeit
4. Demokratisierung des Produktionsprozesses
5. Wertschätzung arbeitsintensiver systemrelevanter Arbeit

Kurz zu den einzelnen Punkten. *Erstens:* Der Wandel zur Gebrauchswertwirtschaft bedeutet im Klartext, dass es nicht darum geht, den (Gebrauchs)Wert einer Ware zu steigern und einen möglichst großen Profit einzufahren, sondern die Sicherstellung von Grundgütern des täglichen Lebens. Konkret: Lebensmittel, Wasser, Strom, (bezahlbares) Wohnen und den Erhalt des Ökosystems. Nicht der Konsum des Konsums willen soll gefördert werden, sondern nur die Produktion der Dinge, die alle für ein auskömmliches Leben benötigen. Dabei sollen Ressourcen und Güter möglichst in begrenzten Mengen erworben werden.

Zweitens: Es sollte weniger gearbeitet werden und wenn, dann nur in den „richtigen" Berufen. Nur das, was für die Grundgüter des Lebens benötigt wird (s. o.) sollte auch hergestellt werden. Berufsgruppen, die nur den Konsum und die Gier anregen wie etwa Marketingspezialist*innen, Unternehmens- und Investmentberater*innen sollte es in diesem Degrowth-Kommunismus nicht mehr geben. Man könnte platt sagen, nur gesellschaftlich relevante Berufsgruppen sollten existieren. Gleichzeitig sollte die deutlich verkürzte Arbeitszeit durch mehr Lebensqualität und Freizeit gefüllt werden. Ich möchte hier an dieser Stelle nicht auf die zwar theoretisch interessanten aber doch sehr weltfremden Ideen, etwa der Abschaffung ganzer Berufsgruppen, eingehen. Ich habe dies bereits an anderer Stelle getan (vgl. Pietsch, 2025, S. 76 ff.). Hier geht es vor allem darum, sozialistische (Wirtschafts)Konzeptionen des 21. Jahrhunderts, die ein weltweites Echo gefunden haben und noch finden, exemplarisch zu skizzieren.

Drittens: Saito hebt hier auf die zum Teil eintönige und monotone Arbeitsteilung in Kleinstschritte ab, die die Kreativität und Autonomie der arbeitenden Bevölkerung einschränken. Stattdessen plädiert er für eine kreativere und vor allem selbstverwirklichende Tätigkeit. Was auch immer das konkret ist. Auf jeden Fall will er wegkommen von einer stumpfen, repetitiven Tätigkeit, die den Menschen wenig herausfordert und befriedigt. *Viertens:* Saito belebt die Marxsche Diktion der Vergesellschaftung der Produktionsmittel wieder. Alle Beteiligten sollten über das Eigentum an Maschinen etc. gemeinsam verfügen und in einem demokratischen Prozess über den Energie- und Ressourcenverbrauch entscheiden. Nicht Macht und Herrschaft über die Produktionsmittel sollen diese Wirtschaft dominieren, sondern Teilhabe aller am Erfolg und Wohlstand, könnte man grob zusammengefasst die These Saitos wiedergeben. *Fünftens* schließlich soll der Fokus stärker auf gesellschaftlich bzw. systemrelevante Jobs gelegt werden wie etwa in der Alten- und Krankenpflege und weniger auf sogenannte „Bullshit-Jobs" (Saito, 2023, S. 237, zitiert nach dem Bestsellerautor David Graeber mit gleichnamigem Buchtitel) wie die bereits erwähnten Consulting- oder Marketingberufe.

In der Summe soll eine sozialistisch-kommunistische Wirtschaft schrumpfen, indem alle weniger arbeiten, nur systemrelevante Güter produzieren und sich selbst auch im Konsum beschränken. Dann, so könnte man frei zusammenfassen, wäre es auch mit einem schrumpfenden Wirtschaftssystem getan. Zurückkommend zu unserer Ausgangsthese, dass sich der Sozialismus den Idealen der Freiheit und Gleichheit widmet, möchte ich abschließend mit der Einschätzung Saitos hinsichtlich einer *Degrowth*, d. h. Schrumpfungstheorie der Wirtschaft enden (Saito, 2023, S. 104):

> „Die Degrowth-Theorie der neuen Generation fordert daher die Errichtung einer freien, gleichen, gerechten und nachhaltigen Gesellschaft mittels einer radikalen Reform der Arbeit und der Überwindung des auf Ausbeutung und Herrschaft basierenden Klassengegensatzes.“

Die Anklänge an die Theorie von Karl Marx sind unübersehbar, was auch kein Wunder ist. Saito ist, wie eingangs beschrieben, Mitherausgeber der Marx-Engels-Gesamtausgabe. Der Sozialismus und seine Kerngedanken werden, wie wir exemplarisch bei Piketty und Saito gesehen haben, zumindest theoretisch ins 21. Jahrhundert transportiert. Doch ist er auch im aktuellen politischen Diskurs vor allem bei der jungen Generation so aktuell wie nie. Davon zeugen nicht nur die knapp 9 % der Stimmen für die Partei „Die Linke“ in der Bundestagswahl 2025. Dieses Ergebnis hat nicht nur die Bevölkerung, sondern sichtlich auch die Partei selbst überrascht. Dabei gilt auch hier wie bei den globalen Bestseller-Autoren Piketty und Saito, dass die Idee des Sozialismus nach wie vor zahlreiche Anhänger*innen findet. Im Zuge dieser Entwicklung macht es sicher Sinn, einmal etwas genauer auf das Wahlprogramm der Partei „Die Linke“ zu blicken, die sozialistischen Ideen wieder salonfähig machen möchte.

Die Linke setzt sich vor allem für die Wähler*innen ein, die wirtschaftlich am unteren Ende der Gesellschaft stehen (vgl. im Folgenden Die Linke, 2025). Sie fordert eine solidarische Gesellschaft ein, in der alle ein bezahlbares Leben führen können. Das fängt mit bezahlbaren Lebensmittel- und Energiepreisen an und geht über günstigere Tarife für Busse und Bahnen bis hin zu bezahlbarem Wohnen.

Es soll u. a. dadurch erreicht werden, dass die Mehrwertsteuer auf Grundnahrungsmittel aber auch auf den öffentlichen Nahverkehr wegfallen. Dies sind hehre und nachvollziehbare Ziele. Erreicht werden soll das alles allerdings durch eine Frontenstellung von Arm und Reich. Der Staat soll kräftig in die Speichen der Wirtschaft eingreifen zugunsten der Armen. Dabei sind die Feindbilder klar: Die Reichen und Mächtigen, vor allem die Milliardär*innen, und ihre Lobbyist*innen. Gefordert wird eine andere Wirtschaftspolitik, die entsprechend von den Reichen wegschwenken soll, hin zu den Armen (Die Linke, 2025):

> „Deshalb brauchen wir eine andere Wirtschaftspolitik, damit verantwortungsvoll gearbeitet, produziert und investiert wird, und damit das, was wir gemeinsam erarbeiten, auch fair verteilt wird. Politik, die einige wenige immer reicher macht, zeugt – entgegen aller Beteuerungen – nicht von Wirtschaftskompetenz, sondern ist schlicht Lobbyismus im Sinne der Superreichen. Wir wollen hohe Einkommen stärker besteuern und niedrige entlasten. Und große private Kapitalvermögen müssen endlich gerecht besteuert werden. Wir alle sind „systemrelevant" – nur Milliardäre sind es nicht. Niemand von uns wird jemals Milliardär, aber wir alle sind irgendwann im Leben auf Unterstützung angewiesen."

Damit wird ein klares Feindbild aufgebaut, um die geplanten Umverteilungen rechtfertigen zu können. Dazu fordert die Partei Die Linke die Wiedereinführung der Vermögenssteuer mit einem progressiven Tarif. Ab einem Freibetrag von einer Million Euro für Privatvermögen (Betriebsvermögen 5 Mio. Euro) steigt der Vermögenssteuersatz linear auf bis zu 5 % bei einem Vermögen von 50 Mio. Euro. Milliardäre sollen zusätzlich eine „Sondersteuer" von 12 % entrichten. Alle Steuerzahlungen erfolgen jährlich wohlgemerkt. Dadurch soll de facto erreicht

werden, dass Milliardenvermögen über die Zeit abschmel-
zen und irgendwann tatsächlich keine Milliardär*innen
mehr vorhanden sind. Im Gegenzug sollen kleiner und
mittlere Einkommen entlastet werden. Die Spitzenverdiener sollen dafür stärker zur Kasse gebeten werden.
Einkommen oberhalb von 250.000 € sollen mit 60 %
besteuert werden und oberhalb von einer Million 75 %.
Manager*innen- und Vorstandsgehälter werden auf das
Zwanzigfache des niedrigsten Gehalts im Unternehmen
gedeckelt. Platt ausgedrückt: Der Vorstandsvorsitzende
darf nicht mehr als das Zwanzigfache einer Reinigungs-
kraft erhalten. Wie sich der Faktor 20 herleitet, ist allerdings nicht näher ausgeführt. Darüber hinaus sollen die
Erbschafts- und Schenkungssteuer deutlich erhöht werden
und Steuerschlupflöcher für Konzerne geschlossen werden.
Ferner sollen Banken verkleinert und das Investmentban-
king abgeschafft bzw. abgewickelt werden.

Mit den bei den extremen Reichen abgeschöpften Einnahmen über diverses Steuerarten (s. o.) sollen dann soziale Wohltaten finanziert werden. Das Bürgergeld sollte
deutlich auf 813 € erhöht werden. Dies soll zu einem gesamten Paket zur Absicherung vor Altersarmut geschnürt
werden (Die Linke, 2025):

„Wir wollen das Bürgergeld zu einer sanktionsfreien individuellen Mindestsicherung umbauen. Anspruch haben
alle, die kein ausreichendes Einkommen oder Vermögen
haben. Um Armut zu verhindern, orientieren wir uns an
der sogenannten Armutsgefährdungsgrenze, gegenwärtig
rund 1.400 € monatlich (inklusive Miete und sonstigen
Wohnkosten; in Regionen mit hohen Mieten entsprechend
mehr). Mit einem Mindestlohn von mindestens 15 € –
spätestens ab 2026 16 € – sowie Steuerentlastungen für
kleine Einkommen stellen wir sicher, dass sich Erwerbsarbeit lohnt."

Kinder- und Jugendarmut soll genauso bekämpft werden wie die Altersarmut. So sollen die Kindergrundsicherung und die Mindestrenten angehoben werden. Dies sind alles hehre Ziele und kein normaler Mensch würde solche Absichten infrage stellen. Niemand möchte, dass vor allem Kinder, Jugendliche und alte Menschen hungern müssen oder ein Leben auf der Straße fristen. Im Kapitel 8 des Wahlprogramms fassen die Autor*innen der Partei Die Linke ihre Ideen zu einer sozialen und ökologischen Wirtschaft noch einmal zusammen (Die Linke, 2025):

„Die Grenzen des fossilen Kapitalismus sind erreicht: Trotzdem halten Konzerne an ihrer Wirtschaftsweise fest, um ihr Geschäftsmodell und ihre Profite zu schützen. Einige wenige Großvermögende werden dadurch immer reicher, indem sie andere für sich arbeiten lassen und die Natur hemmungslos ausbeuten und das Klima anheizen. Wir wollen diese Wirtschaftsweise überwinden. Eine ökologische Energie- und Wärmewende, der sozialökologische Umbau der Industrie und Wirtschaft werden nur gelingen, wenn sie sozial gerecht, demokratisch und solidarisch erfolgen. Unser Ziel ist eine gerechte, nachhaltige Wirtschaft, die der großen Mehrheit der Menschen ein besseres Leben ermöglicht und dabei die natürlichen Grenzen des Wachstums respektiert. Wir wollen den demokratischen Sozialismus."

Wir finden hier die wesentlichen Ideen von Thomas Piketty und Kohei Saito wieder (s. o.). Der staatliche Eingriff in die Marktkräfte zur sozialen Absicherung des ärmsten Teils der Bevölkerung wird begleitet durch die Gegenüberstellung von Feindbildern: Die schützenswerten Armen, mit denen man sich solidarisch zu verhalten hat, hier, die Reichen und Mächtigen dort, die es abzuschaffen gilt. Zumindest mittel- bis langfristig. Am Ende steht idealerweise eine Abschaffung des Kapitalismus und eine

Hinwendung zu einem demokratischen Sozialismus, was auch immer das konkret heißt. So in etwa könnte man sehr vereinfacht das wirtschaftspolitische Programm der Partei Die Linke zusammenfassen.

Mit geht es an dieser Stelle weniger um die konkrete Ausgestaltung des Programms, sondern vielmehr um das dahinterliegende ökonomische Weltbild. Wer sagt, dass Milliardäre „schädlich" für die Gesellschaft sind und dringend abgeschafft gehören? Warum geraten Vermögende oder Bezieher*innen von Spitzeneinkommen unter Generalverdacht, nur weil sie anscheinend mehr verdienen als sie ausgeben können? Dies ist lediglich Teil einer Bewertung, die das dahinterstehende Weltbild von den überflüssigen Reichen, Mächtigen und Spitzenverdienern pflegt. Dabei gibt es eine sehr große Anzahl gerade an Milliardär*innen oder Menschen mit sehr großen Vermögen inklusive Top Verdiener*innen, die einen beträchtlichen Teil ihres Vermögens der Gesellschaft wieder zurückgeben. Dabei geht es nicht nur um bekannte Beispiele wie Bill und Melinda Gates oder Jeff Bezos und seine Ex-Frau MacKenzie Scott und Marlene Engelhorn, sondern viel mehr Menschen mit sozialem Bewusstsein (zu konkreten Beispielen vgl. Oldenburg, 2025). Diese Schwarz-weiß-Zeichnung beinhaltet eine klare Bewertung, die vor allem durch ein fest zementiertes Weltbild gekennzeichnet ist. Wie gesagt, der Einsatz für die Ärmsten in unserem Land ist ein lobenswertes und nachvollziehbares Vorhaben. Dafür den Hochvermögenden ihren Reichtum sukzessive durch Substanzsteuern wegzunehmen, sie quasi zu enteignen, entbehrt jeder Grundlage. Allerdings ist dies natürlich auch wieder eine Bewertung, nämlich meine! Wir kommen also aus der Bewertungsfalle nicht heraus. Es gibt hier anscheinend kein richtig und kein falsch.

Wohin ein sozialistisches Wirtschaftssystem führen kann, haben wir in zwei Versionen in der Vergangenheit bereits erlebt. Einerseits die Planwirtschaft der Deutschen Demokratischen Republik und das Wirtschaftssystem der alten Sowjetunion (vgl. im Folgenden Pietsch, 2020, S. 82 ff.). Wirtschaftssystem und Gesellschaftsform sollten Hand in Hand gehen. Eine sozialistische Gesellschaft sollte also über ein sozialistisches Wirtschaftssystem verfügen. Stichworte sind hier:

Die angebotene Menge an Lebensmitteln und an sonstigen Gütern wurde in einem staatlich festgelegten 5-Jahresplan definiert. Anstelle von Angebot und Nachfrage und dem Preis als Knappheitsindikator wurden die Mengen einfach abgeschätzt bzw. als Zielmenge vorgegeben. Bestenfalls wurde aus dem tatsächlichen Bedarf der Vergangenheit fortgeschrieben. Das Eigentum an privaten Produktionsmitteln, moderner gesprochen, freie Unternehmer*innen, existierte nicht. Stattdessen erfolgte die Produktion in staatlichen Betrieben oder Produktionsgenossenschaften. Die Grundversorgung der Bürger*innen wurde staatlich zentral gelenkt. Ein Wettbewerb zwischen den Betrieben fand quasi nicht statt. Der Einsatz der Arbeiter*innen und die Ausbildung der Nachwuchskräfte erfolgte nach einem staatlich vorgegebenen Plan. Der Bedarf an Arbeitskräften wurde abgeschätzt und entsprechend der Bildung zusätzlicher Fachkräfte angestoßen. Löhne und Gehälter wurden staatlich fixiert und unterschieden sich kaum, insbesondere nicht zwischen Arbeiter*innen und Führungskräften, Akademiker*innen und handwerklich Tätigen. Wohnungen wurden subventioniert und nach bestimmten Kriterien staatlich vergeben.

Am Ende herrschte eine Mangelwirtschaft. Legendär sind die Erzählungen von der Trabi-Bestellung, eines in der DDR angefertigten Autos, die bereits zur Geburt des jeweiligen Kindes aufgegeben wurde. Bekanntlich dauerte die Auslieferung aufgrund der sehr begrenzten Kapazitäten viele Jahre. Fehlender Wettbewerb und mangelnde Gewinnerzielungsabsicht der Unternehmen führte schnell zu einem überschaubaren, qualitativ wenig überzeugenden Angebot. Die Währung der DDR, die DDR-Mark, war nicht in andere Währungen außerhalb des Ostblocks konvertibel, d. h. tauschbar. Importe aus dem Westen mussten in Devisen, sprich ausländischer (West-)Währung bezahlt und finanziert werden. Die Produktivität der Betriebe ließ ebenfalls aufgrund des fehlenden Konkurrenzdrucks zu wünschen übrig. Da die Sowjetunion das Vorbild zu dieser planwirtschaftlichen Wirtschaftsordnung geliefert hatte, wundert es auch nicht, dass auch dort die sozialistischen Elemente vorherrschten (vgl. Pietsch, 2020, S. 84 f.).

Obwohl diese exemplarischen Beispiele von sozialistischen Wirtschaftsformen im Ergebnis nicht überzeugten – der ökonomische Kollaps der DDR und der Sowjetunion war nicht zu leugnen – verwundert schon ein wenig, dass gerade bei der jungen Generation diese Konzepte wieder stärker Anklang finden. Nicht umsonst haben rund 25 % der 18–24-Jährigen die Partei *Die Linke* mit ihrem soeben skizzierten Programm bei der Bundestagswahl 2025 gewählt (vgl. Der Spiegel, Bundestagswahl, 2025). Ich habe in der Vergangenheit bereits versucht, die kapitalismuskritische Haltung vor allem der jungen Generation nachzuzeichnen und möchte an dieser Stelle lediglich darauf verweisen (vgl. Pietsch, 2024).

Gäbe es denn eine Mischung aus freier Marktwirtschaft, die aus dem Gedanken des Liberalismus hervorgeht und dem Sozialismus wie wir ihn gerade in verschiedenen Facetten gesehen haben? Wir wollen diesen möglichen Mix im nächsten Kapitel näher beleuchten.

6.3   Der richtige Mix

Zwischen diesen in den vorangegangenen Kapiteln skizzierten Polen des Liberalismus und des Sozialismus liegt
eine nahezu unerschöpfliche Bandbreite an Schattierungen
und Differenzierungen, um eine geeignete Wirtschaftsform zu entwickeln und damit ein bestimmtes wirtschaftspolitisches Konzept zu verfolgen. So entstanden nach dem
Zweiten Weltkrieg aus den Trümmern zwei neue Staaten
im Gefolge der Besatzungsmächte. Die Wirtschaftsform
des einen Teils haben wir gerade in Form der Planwirtschaft der DDR beschrieben. Der andere Teil, die Bundesrepublik Deutschland, entwickelte eine Mischung aus
freier Marktwirtschaft und sozialen Elementen: Die *Soziale Marktwirtschaft*, fortan mit einem großen S beschrieben (vgl. im Folgenden Pietsch, 2020, S. 70 ff.). Der intellektuelle Wegbereiter, der Kölner Wirtschaftsprofessor
Alfred Müller-Armack, definierte gemeinsam mit dem
Wirtschaftsminister und späteren Bundeskanzler Ludwig
Erhard die Kernelemente dieser neuen Sozialen Marktwirtschaft. Beide hatten noch die negativen Erfahrungen
einer staatlich gelenkten Wirtschaft nationalsozialistischer
Prägung im Kopf. Sie wollten einen auf dem freien Markt
basierende Wirtschaftsordnung entwickeln, in der der
Staat nicht nur die rechtlichen Rahmenbedingungen und
den Schutz nach innen und außen gewährleisten, sondern
vor allem für den sozialen Ausgleich sorgen sollte. Das,
was der Markt von alleine nicht bewerkstelligen konnte,
sollte der Staat übernehmen: Die Fürsorge für die Menschen, die aus welchen Gründen auch immer aus dem
Marktraster herausgefallen waren und sich alleine nicht
helfen konnten. Stichworte sind hier die Bedürftigen,
Armen, Schwachen und Kranken der Gesellschaft.

Alfred Müller-Armack, zunächst Leiter der Grund-
satzabteilung bei Ludwig Erhard und später dessen

Staatssekretär, konnte seine Ideen dann auch in der Praxis umsetzen. Dabei hielt er sich an seine 1946 veröffentlichte Schrift „Wirtschaftslenkung und Marktwirtschaft" (vgl. Müller-Armack, 1946/1990). Herzstück dieser neu zu schaffenden Sozialen Marktwirtschaft war eine konstruktive Wettbewerbspolitik, die einen fairen und ungestörten Wettbewerb zulassen sollte, um die besten Ergebnisse aus den Marktteilnehmenden herauszuholen. Nach dem Motto: Konkurrenz belebt das Geschäft. Sämtliche Absprachen von Unternehmen, Kartelle, die den Wettbewerb einschränken und den Verbraucher*innen schaden, sollten staatlicherseits unterbunden werden. Der Staat sollte sich nur dann aktiv in das freie Spiel der Marktkräfte einmischen, wenn der Wettbewerb eingeschränkt oder abgeschafft zu werden droht. Grundsätzlich galten die Regeln des freien Marktes, von den am Markt frei zu bildenden Preisen als Knappheitsindikatoren des Angebots über freie Unternehmer*innen bis hin zum Privateigentum an den Produktionsmitteln.

Doch während Vertreter*innen der ordoliberalen Schule unter Walter Eucken den Staat eher als Garant der (rechtlichen) Rahmenbedingungen für den freien Markt sah, war Müller-Armack bewusst, dass eine Soziale Marktwirtschaft noch weiter gehen musste. So sollte die Wirtschaftsordnung die Werte des Sozialen und die Solidargemeinschaft widerspiegeln. Ganz konkret sah das wirtschaftspolitische Konzept von Müller-Armack bereits damals die Einführung eines Mindestlohns vor. Die freie Marktpreisbildung von Produkten, bestehend aus Angebot und Nachfrage, war davon nicht betroffen. Das sozialpolitische Konzept sah bereits die progressive Besteuerung der Einkommen vor, um einen gewissen sozialen Ausgleich sicherzustellen. Kinder sollten eine Beihilfe erhalten, sowie finanziell schlechter gestellte Personen einen Miet- bzw. Wohnungsbauzuschuss erhalten. Sein Konzept sah bereits damals vor, Mieterhöhungen im Zweifel staatlich begrenzen zu können. Der Staat solle darüber hinaus staatlich subventionierte Baukredite für private Haushalte vergeben oder sogar selbst Wohnungen bauen.

Diese staatlichen Eingriffe in das freie Spiel der Marktkräfte sah Müller-Armack als durchaus verträglich mit der Wirtschaftsordnung, da so die soziale Komponente gestärkt werde. Kleine und mittelständische Betriebe sollten gezielt gefördert werden. Eine aktive Handelspolitik, die vor allem auf den Freihandel setzte, sollte der Staat betreiben dürfen. Wichtigstes Ziel war die Sicherung der Vollbeschäftigung bei gleichzeitiger Konjunkturanregung und Sicherung der Geldwert- und Preisstabilität. Sämtliche Maßnahmen der Fiskal-, Geld- und Kreditpolitik sollten sich an diesen Zielen ausrichten. Sind die Maßnahmen des „billigen" Geldes in Form von niedrigen Zinsen ausgeschöpft, sollte der Staat ebenfalls groß angelegte Konjunkturprogramme auflegen können. Etwas, das zum Zeitpunkt des Abfassens dieser Zeilen als „Sondervermögen" in Höhe von einer Billion (!) Euro vom (alten) Bundestag noch beschlossen wurde. Also ein sehr aktuelles wirtschaftspolitisches Programm auf den Spuren von John Maynard Keynes. Dieser hatte zur Konjunkturbelebung ebenfalls staatliche Investitionsprogramme gefordert, um die Gesamtnachfrage anzukurbeln. In der Summe basiert die Soziale Marktwirtschaft auch heute noch auf einem differenzierten Mix aus marktwirtschaftlichen und sozialpolitischen Elementen.

In Skandinavien ist man noch einen Schritt weiter in Richtung soziale Abfederung von Marktergebnissen gegangen (vgl. Pietsch, 2020, S. 74 ff.). Das Ziel der Gleichheit ist in den skandinavischen Ländern noch viel stärker ausgeprägt als in Deutschland. So möchte niemand proaktiv aus der Gesellschaft herausstechen und nicht seinen oder ihren Reichtum zur Schau stellen. Männer und

Frauen sind eher gleichberechtigt, Kinder werden gemeinsam erzogen, während mehrheitlich beide Elternteile weiter zur Arbeit gehen. Grundlage dafür ist ein umfassendes Netz an staatlichen Kindertagesstätten, den *Dagis*, das beiden Elternteilen ermöglicht, Arbeit, Freizeit und Familie miteinander zu verbinden. Dabei sind die Arbeitstage in der Regel kürzer als in Deutschland. Familie, Gemeinschaft und Solidarität werden in Skandinavien großgeschrieben. Entsprechend gut ist der Sozialstaat und sein dahinterstehender Apparat ausgebaut. Schulen und das einheitliche Gesundheitssystem sind fest in staatlicher Hand. Dennoch landen die skandinavischen Schüler*innen in internationalen Studien regelmäßig auf den oberen Rangplätzen. Zur Finanzierung des überproportional hohen Sozialstaats werden die Steuern herangezogen. Die Staatsquote liegt mehrheitlich über 50 % d. h. das Verhältnis der Staatsausgaben zum Bruttoinlandsprodukt (BIP). Spitzenverdiener*innen werden mit überproportionalen Steuern belegt, die wiederum die unteren und mittleren Einkommen dadurch entlasten. Entsprechend liegen die einzelnen Einkommen auch stärker beieinander als dies in Deutschland der Fall ist. Der Gleichheit der Gesellschaft kommt man auch in ökonomischer Sicht so schrittweise näher.

Wir haben anhand dieser selektiven Beispiele gesehen, dass wirtschaftspolitische Programme vor allem auf den zugrunde liegenden Weltbildern der Gesellschaft aber auch des Einzelnen beruhen. Die Skandinavier verfolgen das Ziel der Gleichheit oder zumindest die Vermeidung von zu großer Ungleichheit. In Deutschland mit seiner Sozialen Marktwirtschaft versucht man zumindest, das was der Markt nicht leisten kann, die Fürsorge für die finanziell Schwächeren in unserer Gesellschaft, staatlich zu leisten. In den USA und in Großbritannien sind die marktwirtschaftlichen Elemente dagegen stärker ausgeprägt, wie man etwa an niedrigeren Steuern, einem deutlich geringer ausgeprägten Sozialstaat und einem ausgebauten privaten Bildungssystem erkennen kann. Jeder ist seines eigenen Glückes Schmied, so könnte man das Prinzip in den USA zusammenfassen. Wer sich nicht selbst helfen kann, finanziell über die Runden zu kommen, der darf nicht allzu sehr auf den Staat vertrauen. Die Freiheit des Einzelnen wird hier stärker betont, sei es auf der privaten oder auf der Unternehmensebene. Wer dann als freie*r Unternehmer*in scheitert, kann wieder aufstehen und erneut ein Unternehmen gründen. Scheitern gilt hier nicht als Schande, sondern als Ansporn es wieder zu versuchen.

Die Schilderungen der einzelnen wirtschaftspolitischen Programme sind auf die Gegenwart gerichtet. Doch auch in der Zukunft werden wir definieren müssen, wohin die Reise geht. Deutschland befindet sich im dritten Jahr der Rezession. Umso wichtiger wird es zu überlegen, mit welchem Konzept wir aus dieser Krise herauskommen. Jede Maßnahme, jedes Ziel, das wirtschaftspolitisch angestrebt wird, unterliegt natürlich der individuellen Bewertung und basiert auf unseren Weltbildern. Bevor wir aber zu den unterschiedlichen Maßnahmen für die Zukunft kommen, lohnt ein Blick darauf, welchen grundlegenden Prinzipien unsere Aktivitäten folgen sollen. Dabei geht es vor allem um diese 5 (vgl. Pietsch, 2025, S. 127 ff.):

1. Vereinbarkeit von Ökologie und Ökonomie
2. Maximaler Wohlstand für möglichst alle Menschen
3. Solidarität, Gerechtigkeit und Leistungsprinzip
4. Glück und Zufriedenheit als Maßstab
5. Das optimale Verhältnis von Markt und Staat

Wir sehen bereits bei dieser Auswahl an Kernprinzipien, dass hier ein bestimmtes Weltbild zugrunde liegt, das den Menschen, sein Glück und seine Zufriedenheit in den

Mittelpunkt rückt. Materielle Absicherung und ein auskömmliches Leben für möglichst alle. Der Klimaschutz
steht ebenso im Zentrum wie die Gemeinschaft und die
gelebte Solidarität. Wenn wir in die einzelnen Maßnahmen gehen, werden wir schnell feststellen, dass unterhalb
dieser halbwegs zustimmungsfähigen Prinzipien die Meinungen zur konkreten Ausgestaltung der Wirtschaftspolitik noch weiter auseinandergehen. Unsere unterschiedlichen Weltbilder sorgen dafür, dass ein *Common Sense*
darüber, wie wir unsere Wirtschaft wieder voranbringen
sollen, kaum zu erzielen sein wird. Versuchen wir uns das
anhand ausgewählter wirtschaftspolitischer Maßnahmen
klar zu machen.

Vereinbarkeit von Ökologie und Ökonomie
Dass das Aufhalten der Klimakatastrophe und die Einhaltung des 1,5 Grad-Ziels zur Menschheitsaufgabe geworden
ist, scheint fast allen Menschen in den letzten Jahren klar
geworden zu sein. Die Frage ist nur, welches der richtige
Weg dahin ist. Manche fordern in diesem Zusammenhang
ein Verbot von klimaschädigenden Handlungen, wollen
Flugreisen, Kreuzfahrten und sogar Autoreisen verbieten
oder drastisch einschränken. Manche fordern eine Abschaffung des kapitalistischen Wirtschaftssystems, das in
einer endlichen Welt nicht unendlich wachsen könne. Zumindest sollte die Wirtschaft schrumpfen, wenn sie nicht
schon in der heutigen Form beseitigt werden könne. Die
Wege zur Erreichung des Klimaziels sind vielfältig. Doch
ein Konsens darüber scheint kaum zu erzielen zu sein.
Die Vorschläge reichen von marktwirtschaftlichen Formen eines CO_2-Zertifikate- bzw. Emissionshandels bis zu
CO_2-Steuern. Ebenso wechseln sich Forderungen nach
alternativen, „grünen" Energien bis hin zu Verboten kli-
maschädlicher Kohlekraftwerke ab mit der Reaktivierung
von Atomkraftwerken. Es wird ferner darüber gestritten,

inwieweit ein „grünes" Wachstum, sprich ein umwelt-
freundliches Wirtschaftswachstum möglich ist oder eher
nicht. Wie deckt man die heute noch existierende Lücke
an erneuerbaren Energien sinnvoll ab? Sind Verbote der
richtige Weg oder sollen es eher marktwirtschaftliche Anreize richten? Das Spektrum an Möglichkeiten ist groß.

Maximaler Wohlstand für möglichst alle Menschen
Sollte nicht jeder und jede in Deutschland ein Minimum
an Grundversorgung mit dem Nötigsten erhalten? Konkret bedeutet dies, ausreichend Nahrungsmittel und Kleidung, ein Dach über den Kopf zu haben, eine gute Bildung zu genießen und vielleicht noch über soviel finanziellen Spielraum zu verfügen, damit man sich ein Hobby
gönnen und ein wenig Urlaub machen kann. Zumindest
diesen der Menschenwürde verpflichteten Grundausstat-
tungen werden wohl hoffentlich (fast) alle zustimmen
können. Doch wie ist das zu erreichen? Es fängt bereits
bei der Grundversorgung an. Wieviel ist genug? Reicht aktuell das Bürgergeld dazu aus? Müsste es erhöht werden?
Wie sieht es darüber hinaus mit einem bedingungslosen
Grundeinkommen aus, das jeder Bürger, jede Bürgerin erhalten sollte? Oder denken wir an das Mindesterbe, die
Idee von Thomas Piketty (s. Kap. 6.2), das jeder junge
Mensch ab 25 erhalten sollte. Welcher Wohlstand ist ausreichend? Gleichzeitig stellt sich hier die Frage, welchen
Beitrag sollten die Reichen und Reichsten unter uns dazu
beitragen? Sollte es sie, im extrem, überhaupt geben? Hier
schlägt meiner Meinung nach die unterschiedliche Bewertung des Einzelnen am stärksten zu Buche. Hier wird es
sicherlich gesellschaftlich nicht zu einem Konsens zu kommen. Wir werden sicherlich die Armen, Schwachen und
Kranken in unserem Land versorgen müssen, nur wie und
begleitet durch welche Sanktionen bei „Arbeitsverweige-
rung" (s. die aktuellen Diskussionen über das Bürgergeld)

unterstützen wir diese Mitbürger*innen konkret? Ein heh-
res Ziel eines maximalen Wohlstands für möglichst alle
Menschen wird sehr kontrovers bewertet.

Solidarität, Gerechtigkeit und Leistungsprinzip
Gleiches gilt für die Frage, wie unsere Solidarität eigentlich aussehen sollte. Was ist gerecht und wie gehen wir
mit den Leistungsträger*innen in unserer Gesellschaft um?
Wenn die Solidarität für alle gilt, dann müssen wir uns die
Frage gefallen lassen, ob es auch für die Reicheren unter
uns gilt? Kann man einfach den Reichsten das Vermögen
sukzessive wegnehmen und an die Ärmeren umverteilen?
Ist das gelebt Solidarität? Es wird immer argumentiert,
dass 70 % der großen bis sehr großen Vermögen sozusagen
„leistungslos" vererbt werden. Sollte man also einen Unterschied machen, ob ein Vermögen selbst erarbeitet oder
„lediglich" geerbt wurde? Ist es denn gerecht, diesen Leu-
ten, die ihr Vermögen geerbt haben, dieses sukzessive zu
besteuern bis kaum noch etwas übrig ist? Gleiches gilt für
die hohen und höchsten Einkommen. Kann man die Einkommen deckeln oder ist es eine Frage von Angebot und
Nachfrage? Und inwieweit sollte sich „Leistung lohnen",
wie man immer so schön sagt. Wer hier behauptet, dass es
ökonomisch klare und belegbare Zahlen, Daten und Fakten gibt, läuft fehl. Letztlich ist es eine Frage der individuellen Bewertung, in welche Richtung man abbiegt.

Tatsache ist, dass alle drei Prinzipien (s. o.) nebenein-
ander existieren und existieren sollten: *Solidarität* mit den
Armen, Schwachen und Kranken etc. Konkret sollte niemand mehr hungern müssen und die Armut in allen Facetten bekämpft werden, vor allem die Kinder- und Altersarmut. *Gerechtigkeit:* Gleiches Entgelt für gleiche Arbeit
und starke Schultern tragen mehr als schwache (s. progressive Besteuerung). Gleichzeitig sollte auch die unterschiedliche *Leistungsfähigkeit* und -bereitschaft der einzelne

Menschen Berücksichtigung finden. Wer mehr leistet und erreicht als andere, sollte auch mehr verdienen können. Allerdings muss man berücksichtigen, dass es auf der Welt leider keine Chancengerechtigkeit z. B. in Form von Bildungsgerechtigkeit gibt.

Glück und Zufriedenheit als Maßstab

Anstelle eines rein sachlichen Wohlstandsmaßes wie das Bruttoinlandsprodukt wird häufig vorgeschlagen, ein sogenanntes „Glücksbarometer" einzuführen wie es das Land Bhutan bereits praktiziert. Man muss nicht so weit gehen, einen solchen Indikator einzuführen. Ziel sollte es sein, dass jeder Mensch bestimmte Grundbedingungen für sein eigenes Glück und seine Zufriedenheit erhalten sollte. Der indische Ökonom und Philosoph, Amartya Sen, hat einen sogenannten *„Human Development Index"* entwickelt, anhand dessen er das Glück und die Zufriedenheit der Bürger*innen eines Landes messen möchte (und auch bereits eingeführt hat). Dies sind im Wesentlichen Gesundheit, gemessen an der Lebenserwartung, Bildung gemessen an Ausbildungsjahren eines 25-Jährigen und schließlich der Lebensstandard, eingefangen im Bruttonationaleinkommen pro Kopf der Bevölkerung. Natürlich sind dies nicht die einzigen Faktoren, die zu Glück und Zufriedenheit der Menschen beitragen. Hinzukommen sicherlich individuelle Faktoren wie ein intaktes soziales Umfeld mit Familie, Freundeskreis, ein interessanter und sinnstiftender Beruf und vieles mehr. Dies kann allerdings im Gegensatz zu den von Sen aufgezählten Faktoren bestenfalls indirekt über die Wirtschaftspolitik erreicht werden.

Das optimale Verhältnis von Markt und Staat

Das mit am meisten diskutierte Thema ist sicherlich, inwieweit sich der Staat in die freie Marktwirtschaft einmischen sollte. Dies ist nicht nur Gegenstand jahrzehntelanger Diskussionen zwischen Ökonom*innen und deren Schulen gewesen (s. die Diskussionen zwischen John Maynard Keynes und Milton Friedman), sondern ist auch heute noch brandaktuell. Was sollte, was kann der Staat in der Wirtschaft erreichen? Wir haben gerade in den vorangegangenen Kapiteln gesehen, dass die Extreme sich klar gegenüberstehen: Einerseits den Staat, der lediglich die rechtlichen Rahmenbedingungen setzt und den Schutz seiner Bürger*innen nach innen und außen sicherstellt. Andererseits ein Staat, der zwar den Markt agieren lässt, allerdings sämtliche Sozialleistungen zuliefert und immer dann in das Marktgeschehen eingreift, um zu große Ungleichheit zu verhindern, den Klimawandel aufzuhalten oder die Konjunktur anzukurbeln. Ein intensiverer Streit zwischen den einzelnen Expert*innen als diese Diskussion ist kaum vorstellbar. Ein schlanker Staat im Vergleich zu einem sehr gut ausgestatteten Sozialstaat im Rahmen der Wirtschaftsform Marktwirtschaft, das sind die Gegensätze. Hier wird man sich auf absehbarer Zeit nicht einig werden. Denn hinter jedem dieser Modelle steht eine konkrete Bewertung basierend auf einem Weltbild. Maximale Freiheit hier, maximale Solidarität und Gleichheit da. Scheinbar unüberbrückbare Gegensätze.

Jenseits dieser einzelnen Prinzipien bleibt festzuhalten, dass jede wirtschaftspolitische Stoßrichtung mit einer menschlich-subjektiven Bewertung verbunden ist. Es kann daher keine objektive und einzig richtige Antwort auf die drängenden ökonomischen Fragen geben. Alleine schon die Frage, wie wir alle aus der wirtschaftlichen Rezession herausfinden, ist keine Frage der ökonomischen Analyse und Expertise alleine, sondern ebenfalls eine Frage unseres Weltbildes und unserer Bewertung. Es ist eine Mär, dass sich ökonomische Lösungen alleine mathematisch-statistisch ableiten lassen. Sie alle sind getragen von unserer eigenen Bewertung der Situation und des Ideals, das wir anstreben. Mehr Freiheit versus mehr Solidarität, mehr oder weniger Staat, mehr oder weniger Markt. Jeder Mensch, ob ökonomischer Experte bzw. Expertin oder nicht, eine objektivierbare Sicht auf die Wirtschaft gibt es so nicht. Das heißt nicht, dass wirtschaftspolitische Ratschläge alle beliebig oder im Zweifel nichts wert seien. Im Gegenteil. Doch wir sollten uns der Tatsache bewusst sein, dass sämtliche ökonomische, vor allem wirtschaftspolitische Fragen, eine implizite Bewertung beinhalten. Wir sind alle nur Menschen. Die Ökonomie ist eine Sozialwissenschaft und keine deterministische Naturwissenschaft, wie uns die Theorie das seit Jahrzehnten vorgaukelt. Gehen wir mit dieser Erkenntnis an wirtschaftliche Sachverhalte heran, dann können wir den Wert ökonomischer Erkenntnisse umso besser einschätzen und stärker differenzieren.

7

Umgang mit der Bewertung

Ökonomische Vorgänge und Handlungen können nicht objektiv gesehen werden, wie wir im Laufe dieses Buches gesehen haben. Wir bauen uns unsere eigene Welt so zusammen wie sie für uns Sinn ergibt. Weltbilder helfen uns dabei, die im Laufe unseres Lebens erworben werden. Dabei spielt eine Rolle, in welcher Umgebung und wie wir aufwachsen, wer oder was uns geprägt hat. Berichte von Menschen darüber, dass sie in Armut oder am Rande der Armut geboren wurden und aufwuchsen, verstärkt die Sensibilität für diese Themen (vgl. die zum Teil berührenden Schilderungen von Anna Mayr und Celsy Dehnert, vgl. Mayr, 2020 und Dehnert, 2024). Menschen, die im Reichtum groß wurden, empfinden diese Sensibilität für die Ärmeren der Gesellschaft, je nachdem wie sie von ihrem Umfeld geprägt wurden: Nur durch harte Leistung haben sich die Eltern z. B. ein Unternehmen aufgebaut, das es dann für die Nachfahren zu bewahren gilt. Andere wiederum engagieren sich von klein auf in sozialen

D. Pietsch, *Bewertung*, https://doi.org/10.1007/978-3-658-49201-4_7

Initiativen, für das Wohl des Klimas, im Kampf gegen die globale Armut oder für Menschen mit Behinderung. Die Genetik, also ererbte Persönlichkeitseigenschaften aber auch Vorbilder spielen ebenfalls eine große Rolle.

Nur so ist es zu verstehen, dass gleich oder ähnlich verlaufene ökonomische Tatsachen unterschiedlich wahrgenommen werden. Die einen kritisieren die zunehmende Ungleichheit an Vermögen und Einkommen, während andere das ziemlich kalt zu lassen scheint. Viele wollen die Ökonomie mit der Ökologie versöhnen, andere weisen dem Thema eine untergeordnete Priorität zu. Manche wollen den Reichen und Mächtigen an den Geldbeutel, deren Macht beschneiden und das gewonnene Geld an die Ärmeren der Gesellschaft umverteilen. Andere wiederum sehen das als Enteignung, da sie ihr Vermögen vielleicht selbst erarbeitet haben und dafür Leistung und Engagement gezeigt haben. Viele fordern einen paternalistischen Staat, der sich wie ein behütender Vater um alle diejenigen kümmert, die sich nicht alleine helfen können. Doch wieweit soll diese Hilfe des Staates gehen? Wie weit soll der Staat in die Speichen der Wirtschaft eingreifen? Sind Subventionen, Zölle oder auch Markteingriffe wie der Mindestlohn oder der Mietendeckel bereits übergriffige Aktivitäten des Staates, vertreten durch ihre politischen und wirtschaftlichen Mandatsträger*innen? Oder stellen sie nicht, ganz im Gegenteil dazu, überfällige Maßnahmen zum Schutz vor allem der unteren und mittleren Schichten eines Landes dar. Die Antwort auf alle Fragen hängt mit der unterschiedlichen Bewertung zusammen. Unserer Bewertung als Menschen mit Blick auf ökonomische Vorgänge.

Wir haben im Laufe dieses Buches erlebt, dass unsere Bewertung verschiedene Facetten aufweist und von unterschiedlichen Faktoren abhängt. Zwei davon, die Sozialisation und Genetik habe ich bereits genannt.

Appraisal-Theorien ordnen unsere subjektiven Bewertungen in einen psychologischen Kontext ein. Die Sozialpsychologie assistiert im Rahmen der *Theorie der Stereotypisierung*, wie es zu unserem „Schubladendenken" kommt. Er symbolisiert einen empirisch nachgewiesenen Zusammenhang zwischen unserer Wahrnehmung, den vorhandenen Informationen und deren Bewertung. Es gibt, um es konkret zu machen, nicht „den Migranten, die Migrantin" *per se*, sondern nur jeweils unterschiedliche Personen mit diversen Herkunftsländern und individuellen Verhaltensweisen. Es gibt auch nicht „den Kapitalismus" mit ausschließlich negativen Seiten. Um eine ausgewogenere Sicht auf die Dinge, aber noch viel wichtiger, auf Menschen zu erhalten, müssen wir uns zusätzliche Informationen einholen und uns kundig machen. Dann werden wir schnell feststellen, dass es den einen Migranten, die eine Migrantin oder den einen Kapitalismus nicht gibt.

Wir versuchen nicht stimmige Gedanken umzuwerten und uns selbst zu belügen. So etwa, wenn wir gerne rauchen, gleichzeitig aber wissen, dass es gesundheitsschädlich ist. Entweder wir hören mit dem Rauchen auf oder suggerieren uns selbst, dass es wohl nicht so schlimm sein kann oder uns nicht so sehr betrifft. Das besagt die Theorie der kognitiven Dissonanz. Wir basteln uns das alles so zusammen, wie es für uns stimmig ist. Wenn es korrekt ist, dass 80 % der Wirtschaft Psychologie ist, wie der Ökonom und Chef des Deutschen Instituts für Wirtschaftsforschung, Marcel Fratzscher behauptet (vgl. Klein, 2024), dann müssen wir auch die Erkenntnisse der Psychologie in unsere ökonomischen Betrachtungen mit einfließen lassen. Darüber hinaus gehört die Wirtschaftswissenschaft zu den Sozialwissenschaften und nicht etwa, wie die zahlreichen Graphen und Optimierungsgleichungen der (Mikro)Ökonomie suggerieren, zur Mathematik oder den Naturwissenschaften. Dazu gehört dann auch, dass wir unser soziales Umfeld, in dem wir leben und an dem wir uns orientieren, ebenfalls in die ökonomische Gleichung mit einbeziehen. Die sogenannten „Sinus-Milieus" versuchen gerade das, eine Kombination aus unserer Einstellung, unserem individuellen Weltbild und der sozialen Schicht. Angehörige konservativer vermögender Kreise verhalten sich auch in ökonomischen Fragen anders als etwa progressiv-liberale wohlhabende Kreise. Diese wiederum unterscheiden sich je nach materieller Ausstattung ebenfalls voneinander.

Die Verhaltensökonomie mit ihren Erkenntnissen der letzten Jahre (vgl. Kahneman, 2012) hat deutlich gezeigt, dass wir ökonomische Entscheidungen unterschiedlich treffen, je nach Kontext, Hintergrund und persönlicher Vorlieben. Wir sind risikoscheu, haben Angst vor Verlusten und verbuchen sie mental unterschiedlich. Wir handeln alles andere als rational. So schlagen wir bei Produkten mit Preisen unterhalb eines gewissen Referenzwertes oder einer bestimmten Preisschwelle eher zu, als wenn das Gegenteil der Fall ist. X,99 Preise oder ein Referenzpreis für die Flugstrecke Frankfurt – New York sind typische Beispiele dafür. Bewertungen hat es in der Geschichte immer schon gegeben. Mal waren Preise für Güter moralisch aufgeladen wie die mittelalterlichen Diskussionen um den „gerechten Preis" von Thomas von Aquin zeigen. Ein anderes Mal spiegelt der Preis die subjektive Wertschätzung des Individuums wider. Kaum etwas ist so intensiv analysiert worden wie die Festsetzung des „richtigen" Preises.

Wir haben gesehen, dass der individuelle Konsum nicht nur eine Frage der persönlichen Präferenzen und des individuellen Haushaltsbudgets ist. Es beginnt bei unserer individuellen Einstellung: Wie viel Konsum ist zu viel? Gibt es hier eine Grenze nach oben? Sind zehn Paar Schuhe zu viel oder zu wenig? Kritik an übermäßigem Konsum gab es schon immer. Wir haben an dieser Stelle vor allem berühmte Kritiker wie Theodor W. Adorno, Jean Baudrillard, John Kenneth Galbraith und andere zu Wort kommen lassen. Für manche ist der Konsum Lebenselixier, es geht nichts über das gepflegte Shoppingerlebnis. Andere wiederum beschränken sich nicht nur aus finanziellen Gründen auf das Nötigste. Sie leben frugal, um im Alter nicht mehr arbeiten zu müssen und genießen das Leben. Oder aber, weil sie an den Klimaschutz denken oder einfach nur genügsam und bescheiden leben wollen. Manche konsumieren scheinbar irrational:

Trotz teilweiser sehr hoher und steigender Preise kaufen sie gerade von diesen Produkten immer mehr. Dies gilt vor allem für Luxusartikel, durch deren Konsum sie sich einen gewissen Status im Vergleich zu ihrer Referenzgruppe versprechen. Manchmal möchte man einfach nur einer bestimmten Gruppe zugehörig sein. Da helfen die richtigen Luxusmarken zur Positionierung, um untereinander auf Augenhöhe zu sein. Der Soziologe Thorstein Veblen hat diesen „Snob-Effekt" deutlich herausgearbeitet. Der Konsum ist zudem schichtabhängig. Mein Konsum hilft mir, mich von anderen Personen außerhalb meiner Schicht zu differenzieren. Die Oberschicht hält sich nicht nur zum Teil für etwas Besseres, sie fährt auch in unterschiedliche Orte in den Urlaub, bevorzugt bestimmte Sportarten oder wohnt in bestimmten Vierteln ausgewählter Städte und Gemeinden. Schließlich wird auch die Werbung, das Marketing ambivalent gesehen. Die einen kritisieren es, weil es Personen zu Käufen von Produkten verleitet werden, die sie eigentlich gar nicht brauchen und vor allem in Mengen, die kein Mensch wirklich benötigt. Jeder kann sich hier selbst vorstellen, welche Produkte gemeint sind. Am Ende steht der an René Descartes angelehnte Spruch, ich kaufe, also bin ich (anstelle von ich denke, also bin ich).

Die gleiche unterschiedliche Bewertungslogik findet sich auch im Geld- und Kapitalmarkt. In der ökonomischen Literatur wird von den unterschiedlichen Funktionen des Geldes gesprochen wie etwa der als Tauschmittel oder in ihrer Wertbewahrungsfunktion. John Maynard Keynes differenzierte weiter in Geld für Spekulationszwecke, für kurzfristige Liquidität und weitere. Milton Friedman untersuchte die Auswirkungen der Geldmengenentwicklung auf die Konjunktur und vor allem auf die Inflation. Zudem werden Instrumente zur Beeinflussung der Geldmenge entwickelt wie etwa die Offenmarktpolitik oder die Mindestreservehaltung. Doch Geld ist auch in ökonomische Fragen mehr als das. Auch hier lohnt ein Blick aus sozialwissenschaftlicher Sicht.

Der Soziologe und Philosoph Georg Simmel hat die Wirkung des Geldes auf die Menschen aus kultureller und soziologischer Sicht untersucht. Seine Erkenntnisse auf der Schwelle zum 20. Jahrhundert sind auch heute noch aktuell, vor allem wie Geld auf Menschen wirkt. Zwar hat Geld in seinen unterschiedlichen Funktionen im täglichen Umgang das Leben der meisten Menschen erleichtert. Doch das Geld sei im Laufe der Zeit immer mehr vom Tauschmittel zu einem Selbstzweck verkommen. Geld wird jetzt nicht mehr gehalten, um die Dinge des täglichen Lebens zu erwerben, sondern zur Demonstration von Reichtum, Macht und Erfolg. Je mehr Geld, desto besser. Geld sei sogar zu einer Art Ersatzreligion geworden. Der Konsum und das Verlangen, die Bedürfnisse mit Geld zu stillen, hätten überhandgenommen und Auswirkungen auf den Lebensstil der Menschen.

Diese Diskussionen rund um den Besitz von Geld und das Vermögen generell haben in den letzten Jahrzehnten deutlich zugenommen und an Schärfe zugelegt. So entsteht mit der „Limitarismus"-Bewegung eine Strömung innerhalb der ökonomischen Ethik, die sich massiv gegen die unbegrenzte Vermehrung vor allem großer Vermögen richtet. Von der rigorosen Begrenzung von Milliarden- und Millionenvermögen oberhalb einer gewissen, scheinbar willkürlich definierten Grenze ist hier die Rede. Es soll, so die Anhänger*innen dieser Denkrichtung – man könnte auch sagen, dieses ökonomischen Weltbildes – kein Mensch mehr Geld haben als maximal zehn Millionen Euro. Am besten nicht mehr als eine Million Euro pro Person. Diese Position findet anscheinend immer mehr Fans, wenn man den Bucherfolg der Autorin Ingrid Robeyns zum Maßstab nimmt (vgl. Robeyns, 2024). Andere Autoren wie Sebastian Klein prangern Menschen mit einem zu hohen Vermögen als „toxisch reich" an. Mit zu hohen Vermögen gingen eine zu hohe Machtkonzentration einher und wäre dem Gemeinwohl nicht zuträglich. Nicht alleine deshalb hat er selbst 90 % seines einstelligen Millionenvermögens an wohltätige Organisationen gespendet und der Gesellschaft somit „zurückgegeben".

Auch die Profitorientierung von Unternehmen wird zunehmend kritisch gesehen, da sie auf dem Rücken der Mitarbeitenden ausgetragen würde. Dagegen stellt die ökonomische Theorie ihre Effizienzüberlegungen einer Produktions- und Kostenfunktion, die es im Sinne der Produktivitätserhöhung zu optimieren gilt. Dies erscheint zu eindimensional, berücksichtigt man, dass die permanente Suche nach Effizienz auch zu Lasten von enormem Druck auf die Mitarbeitenden geht, die sich nicht selten am Rande der physischen und psychischen Kapazitäten bewegen. Generell ist die Bedeutung von Profitabilität den meisten Menschen einleuchtend, vor allem das damit verbundene permanente Wachstum eines Unternehmens und der Volkswirtschaft. Doch regen sich vor allem in dem jüngeren Teil der Bevölkerung Zweifel, ob das Streben nach immer mehr, höher und weiter zum Teil auf Kosten der Gesundheit der Beteiligten der Weisheit letzter Schluss ist. Alles eine Frage der individuellen Bewertung. Schließlich ist das Ziel der meisten Menschen nicht die Ansammlung von möglichst viel Geld im Laufe des Lebens, sondern viel mehr Glück, Zufriedenheit und Sinn. Und das ist nicht (nur) eine Frage des Geldes. Zunehmend wird auch die Rolle des Kapitalmarktes kritisch hinterfragt. Seine Bedeutung ist sicherlich unstrittig, finanzieren Unternehmen vor allem ihre Investitionen daraus, vor allem wenn das Eigenkapital nicht ausreicht. Doch geraten spekulative Transaktionen wie die Wette auf fallende Kurse oder auf Lebensmittel, die in ärmeren Ländern dringend benötigt werden und dadurch zu teuer werden, zunehmend ins Fadenkreuz kritischer Beobachter*innen des Kapitalmarktes.

Am Arbeitsmarkt spielt die individuelle Bewertung in zunehmendem Maße eine große Rolle. Es beginnt bereits damit, ob es einen sogenannten „Mindestlohn" geben sollte. Dies bestimmte die ökonomische und gesellschaftliche Diskussion vor einigen Jahren. Mittlerweile ist es weniger strittig, ob es einen solchen geben sollte, sondern vor allem, wie hoch er ausfallen sollte. Die einen wollen durch den Mindestlohn die Existenz der hart arbeitenden Menschen sichern. Den anderen geht es darum, die Lohn- und Personalkosten für die Unternehmen nicht künstlich zu erhöhen. Zudem handelt es sich aus Sicht der liberalen Ökonom*innen um einen proaktiven Eingriff des Staates in den Markt, bestehend aus Angebot und Nachfrage. Häufig wird auch die Diskussion über gerechte Löhne aufgebracht. Was aber sind in diesem Zusammenhang gerechte Löhne? Unstrittig scheint zu sein, dass es für gleiche Arbeit auch gleiche Bezahlung geben sollte, unabhängig vom Geschlecht. Diskriminierung und ungleiche Bezahlung aufgrund unterschiedlicher Nationalitäten, Religion, sexueller Orientierung, Alter etc. sollte es generell nicht geben. Spricht man über den Wert der Arbeit, muss man sich auch mit den Folgen der Arbeitslosigkeit beschäftigen. Was eine andauernde Arbeitslosigkeit mit Menschen macht, hat die Studie von Jahoda und Lazarsfeld eindrücklich aufgezeigt.

Doch auch Arbeit wird unterschiedlich bewertet. Manche halten die Gehälter von Top Manager*innen und Investmentbanker*innen für deutlich überzogen und wollen diese in Relation zu dem am geringsten verdienenden Mitarbeitenden deckeln. Stattdessen sollte man nicht nur den betriebswirtschaftlichen Nutzen der Arbeit als Gradmesser zur Lohn- und Gehaltsfindung nutzen, sondern auch die *gesellschaftliche Relevanz*. Das zumindest fordern einige Beobachter des Marktgeschehens. Generell lassen sich die Fragen auf dem Arbeitsmarkt nicht mehr unisono in ein ökonomisches Raster zwängen. Es geht also nicht nur um Löhne, Lohnnebenkosten oder Gehälter und Boni. Der Arbeitsmarkt besteht nicht nur aus Angebot und Nachfrage nach Arbeitskräften und dem sich daraus ergebenden (Gleichgewichts)Lohn. Stattdessen spielen gerade in der jüngeren Generation die Fragen nach der ausgeglichenen Balance zwischen Arbeit und Freizeit eine zunehmend wichtigere Rolle. So nehmen viele jüngere Menschen Auszeiten, um sich ihrer Familie zu widmen, die Kinder gemeinsam großzuziehen oder schlicht ihren Lebensträumen und Hobbies nachzugehen. Die Arbeit an sich wird neu definiert, von einer Arbeitsgesellschaft hin zu einer Sinngesellschaft (vgl. Precht, 2022, S. 292). Arbeit soll motivieren, in Gemeinschaft passieren, weiterqualifizieren und vor allem Sinn stiften.

In dieser Hinsicht unterscheiden sich vor allem die Generationen voneinander. Während die Baby Boomer sich tendenziell eher krummlegten, um etwas aufzubauen und der Leistungsdruck mehr oder minder in Kauf genommen wurde, lehnt die nachwachsende Generation Z dies zunehmend ab. Rufe nach einer Viertage-Woche werden immer lauter (vgl. Verdi, 2024). Gleiches gilt allerdings auch für die negativen Bewertungen dieser Idee (vgl. Spiegel, 2025/Kretschmann). Die neueste Shell-Jugendstudie bestätigt diesen Trend wie wir gesehen haben. Philosophen (Martin Hägglund, vgl. Hägglund, 2024) schreiben Weltbestseller darüber, was es für die Arbeit bedeutet, wenn man sich vergegenwärtigt, nur ein einziges Leben zu haben? Wie sähe dann die Verteilung von Arbeit und Freizeit und der Sinn des Lebens aus? Die ökonomischen Fragen enden nicht bei der Lohn- und Gehaltsfindung und der Frage nach der Arbeitslosenquote. Es geht um viel mehr, nämlich um uns Menschen und unsere Einstellung und daraus resultierend unser Verhalten bei der Arbeit.

Schließlich haben wir gesehen, dass die unterschiedlichen Weltbilder vor allem bei der Frage der Wirtschaftsordnung und Wirtschaftspolitik zuschlagen. Da stehen sich scheinbar unversöhnlich die Kernidee des Liberalismus mit seinen ökonomischen Werten des freien, vom Staat weitgehend unbehelligten Marktes, und der Sozialismus in Form der Planwirtschaft gegenüber. Die Konzepte der ordoliberalen aber auch der Österreichischen Schule hinsichtlich einer liberalen Wirtschaftsauffassung werden heutzutage von der Partei der FDP im Wesentlichen weitergeführt. Dahinter verbirgt sich der Gedanke, jeder solle seines eigenen Glückes Schmieds sein. Der Staat solle sich aus dem freien Marktgeschehen aus Angebot und Nachfrage weitestgehend heraushalten. Neben dem rechtlichen Rahmen, der Sicherung der inneren und äußeren Sicherheit eines Landes solle er sich lediglich um die Menschen kümmern, die sich nicht alleine helfen können. Die Leistungsfähigkeit und -bereitschaft des Einzelnen wird hochgehalten und gefördert. Den Rest regelt der Markt von alleine, unterstellt, der Wettbewerb kann sich frei entfalten. Beste Beispiele für eine solche (neo)liberale Agenda finden sich in den USA und Großbritannien der 1980er Jahre unter Präsident Ronald Reagan und Margaret Thatcher.

Auch sozialistische Wirtschaftsordnungen hat es in der Vergangenheit gegeben. Sie sind alle ausnahmslos gescheitert, sei es die Planwirtschaft in der DDR oder die Zentralverwaltungswirtschaft in der Sowjetunion. Dennoch ist ein Wiederaufleben sozialistischen Gedankengutes in der Ökonomie festzustellen. Der französische Ökonom Thomas Piketty landete eine Weltbestseller mit seinem Buch über das Kapital im 21. Jahrhundert (vgl. Piketty, 2014). Seine These, dass der Kapitalertrag über die Jahrzehnte eine deutlich höhere Rendite erbrachte als die Lohnsteigerungen, wurde zwar aufgrund der Daten später kritisch gesehen, traf aber die Stimmung vieler auf den Punkt. Derjenige, der über das nötige Kapital und Vermögen verfügte, konnte dieses deutlich stärker vermehren als die Lohnempfänger*innen. In seinen neueren Überlegungen spielt der „partizipative Sozialismus" (vgl. Piketty, 2020) eine stärkere Rolle. Er knüpft an die Überlegungen der Frühsozialisten an, die die Gleichheit stärker in den Mittelpunkt ökonomischer Überlegungen rückten.

In die gleiche Richtung gehen die Überlegungen des japanischen Philosophen und Mitherausgebers der Marx-Engels-Gesamtausgabe, Kohei Saito. Dieser geht sogar noch einen Schritt weiter und spricht von einem „Degrowth-Kommunismus" (vgl. Saito, 2023). Also einem schrumpfenden Kommunismus. Überlegungen in Richtung eines ausgewogenen Mixes dieser beiden Konzepte, Sozialismus und Liberalismus, etwa in Form der Sozialen Marktwirtschaft unterliegen ebenfalls der individuellen Bewertung. Gleiches gilt für die Frage, ob ich die Ökonomie mit der Ökologie versöhnen möchte und wie dies konkret geschehen sollte. Darüber hinaus stehen Fragen nach einem neuen Wohlstand für alle genauso im Raum wie die zunehmend vor allem von der Jugend eingeforderte Solidarität. Nur die Gemeinschaft zählt und nicht der Einzelne und seine oder ihre Profitorientierung. Zwar sind Leistung und Erfolg ebenfalls wichtig, doch wird dies zunehmend unter dem Gesichtspunkt des Glücks und der Zufriedenheit im Leben gesehen. Schließlich wird zunehmend wirtschaftspolitisch die Frage erwogen, inwieweit der Staat in der Wirtschaft eine Rolle spielen sollte. Gerade hier prallen die Positionen von Liberalismus und Sozialismus nahezu unversöhnlich aufeinander.

Am Ende dieses Buches können wir festhalten, dass bei der Bewertung ökonomischer Vorgänge unterschiedliche Weltbilder die entscheidende Rolle spielen. Ich hoffe, ich konnte aufzeigen, warum wir Menschen in der Wirtschaft den Unterschied ausmachen und nicht etwa mathematische Ableitungen und Grafiken. Das heißt nicht, dass es keine ökonomischen Gesetze gäbe und alles relativ wäre. Dies ist sicherlich so nicht der Fall. Stattdessen sollten wir uns alle bewusstwerden, dass hinter den scheinbar so eindeutigen mathematischen Ableitungen oder Theorien zur Ökonomie mehrheitlich menschliche Vorstellungen darüber vorherrschen, wie die Welt da draußen sein sollte. Wenn es noch eines Beispiels bedurft hätte, dann sehen wir das an der zum Zeitpunkt des Abfassens dieser Zeilen entwickelten Zollpolitik in den USA. Die Frage, inwiefern Zölle einem Land schaden oder nicht, ist sicherlich nicht unabhängig vom jeweiligen ökonomischen Weltbild zu beantworten. Dass Zölle allerdings keinem Land helfen und den freien Welthandel gefährden, scheint unter den einflussreichsten Ökonom*innen *Common Sense* zu sein (vgl. Knuchel, 2025). Wir müssen uns nur vergegenwärtigen, dass in die ökonomische Logik auch immer die Logik des Betrachters mit einfließt.

Wir müssen also künftig bei der Beurteilung ökonomischer Sachverhalte immer berücksichtigen, dass wir nicht frei sind von unseren erworbenen Weltbildern.

Uneingeschränkt und zu jeder Gelegenheit wirksame wirtschaftspolitische Maßnahmen, etwa zur Ankurbelung der Konjunktur, existieren so nicht. Das beste Beispiel dafür sind die Sondervermögen für die Infrastruktur und die Verteidigung. Hier wird der Wirtschaftspolitik von John Maynard Keynes gefolgt, der die fehlende gesamtwirtschaftliche Nachfrage durch die des Staates ausgleichen möchte. Ein Eingriff des Staates in die Wirtschaft also zur Belebung der Konjunktur. Milton Friedman, Verfechter des freien Spiels der Marktkräfte, hätte sich im Grab herumgedreht. Eine objektive Bewertung solcher Initiativen existiert nicht. Die Ökonomie bleibt eine Sozialwissenschaft und damit der menschlichen Bewertung unterworfen. Alles andere wäre reine Mathematik. Und die will niemand über eine Wirtschaft für den Menschen dominieren lassen.

Literatur

Adorno, T. W. (1951). *Minima Moralia. Reflexionen aus dem beschädigten Leben.* Frankfurt a. M.: Suhrkamp. 31. Auflage 2020.

Aristoteles (2006). *77 Tricks zur Steigerung der Staatseinnahmen. Oikonomika II. Griechisch/Deutsch.* Stuttgart: Reclam jun.

Assinger, P. (2013). *Die Macht des Konsumismus. Eine Analyse der Strukturen und Auswirkungen des Konsumismus.* Masterarbeit Universität Graz. Online unter https://unipub.uni-graz.at/obvugrhs/download/pdf/234082 Zugegriffen am 10.01.2025.

Baudrillard, J. (1970/2015). *La société de consommation: Ses mythes, ses structures.* Paris: Gallimard. Deutsch: *Die Konsumgesellschaft. Ihre Mythen. Ihre Strukturen.* Wiesbaden: Springer VS.

Blome, N. (2025). *Falsche Wahrheiten. 12 linke Glaubenssätze, die unser Land in die Irre führen.* München: DVA.

Bock, H.M. (1991). *Pierre-Joseph Proudhon (1809–1865),* in: Euchner, W. (Hrsg.). Klassiker des Sozialismus Band I, S. 97–109.

© Der/die Herausgeber bzw. der/die Autor(en), exklusiv lizenziert an Springer Fachmedien Wiesbaden GmbH, ein Teil von Springer Nature 2025
D. Pietsch, *Bewertung*, https://doi.org/10.1007/978-3-658-49201-4

281

Bohne, H. (2019). *Ökonomie ist politisch,* in: Frankfurter Rundschau online vom 03.02.2019, https://www.fr.de/wirtschaft/oekonomie-politisch-11692674.html Zugegriffen am 26.02.2025.

Bourdieu, P. (1979/2023). *Die feinen Unterschiede. Kritik der gesellschaftlichen Urteilskraft.* (Original: La distinction. Critique sociale du jugement. Paris: Les Editions de Minuit 1979.) 29. Auflage, Frankfurt a. M.: Suhrkamp.

Bourdieu, P.; Passeron, J.-C. (1964/2007). *Die Erben: Studenten, Bildung und Kultur.* München und Tübingen: UVK. (Original: Les Héritiers: Les étudiants et la culture. Paris: Les Éditions de Minuit).

Brandes, L. (2024). *Bewerten – Prinzip und Funktion in der Psychologie und Philosophie,* in: Juraforum online vom 09.02.2024 basierend auf dem Artikel im Angelika Lenz Verlag 2003. https://www.juraforum.de/lexikon/bewerten Zugegriffen am 03.03.2024.

Brandt, H. (Hrsg. 2014). *Disziplinen der Philosophie. Ein Kompendium.* Hamburg: Felix Meiner.

Bundeszentrale für politische Bildung (2025). *Liberalismus,* in: Bpb online https://www.bpb.de/kurz-knapp/lexika/politiklexikon/17794/liberalismus/ Zugegriffen am 26.03.2025.

Bundeszentrale für politische Bildung (2025). *Sozialismus,* in: Bpb online https://www.bpb.de/kurz-knapp/lexika/politiklexikon/18235/sozialismus/ Zugegriffen am 01.04.2025.

CDU (2023). *Merz: „Wir müssen zu Leistung ermutigen und befähigen!",* in: CDU online vom 06.09.2023. https://www.cdu.de/artikel/merz-wir-muessen-zu-leistung-ermutigen-und-befaehigen Zugegriffen am 23.10.2024.

Chakkarath, P. (2015). *Welt- und Menschenbilder. Eine sozialwissenschaftliche Annäherung,* in: Bundeszentrale für politische Bildung online vom 02.10.2025. https://www.bpb.de/shop/zeitschriften/apuz/212821/welt-und-menschenbilder/ Zugegriffen am 08.04.2025.

Dehnert, C. (2024). *Das Gefühl von Armut. Über knappe Kohle, geringen Selbstwert und einen Sozialstaat, der uns im Sich lässt.* Igling: Edition Michael Fischer (echt EMF).

Dehnert, C. (2024). *Das Gefühl von Armut. Über knappe Kohle, geringen Selbstwert und einen Sozialstaat, der uns im Stich lässt.* Igling: Edition Michael Fischer.

Die Linke (2025). *Milliardäre abschaffen – wie geht das? 4 Schritte,* in: Die Linke online vom Februar 2025. https://www.die-linke.de/fileadmin/2_Themen/punkt/2025/AdPg_Milliard%C3%A4re_abschaffen.pdf Zugegriffen am 02.03.2025.

Die Linke (2025). *Wahlprogramm Die Linke zur Bundestagswahl 2025,* in: Die Linke online. https://www.die-linke.de/bundestagswahl-2025/wahlprogramm/ Zugegriffen am 06.04.2025.

Diogenes Laertius (1998). *Leben und Meinungen berühmter Philosophen.* Hamburg: Felix Meiner.

Edmonds, D. (2021). *Die Ermordung des Professor Schlick. Der Wiener Kreis und die dunklen Jahre der Philosophie.* München: C.H. Beck.

Ehnts, D. (2022). *Modern Monetary Theory. Eine Einführung.* Wiesbaden: Springer Gabler.

Ellrich, M. (2012). *Infoblatt Die Geschichte des Geldes.* Leipzig: Klett.

Elsässer, M. (1991). *Robert Owen (1771–1858),* in: Euchner, W. (Hrsg.). Klassiker des Sozialismus Band I, S. 50–57.

Engelhorn, M. (2024). *Geld. Über Macht, Vermögen und Ungerechtigkeit.* München: Piper.

Euchner, W. (1991). *Klassiker des Sozialismus, 2 Bände.* München: C.H. Beck.

FDP (2025). *Alles lässt sich ändern. Das Wahlprogramm der FDP zur Bundestagswahl 2025.* Online unter https://www.fdp.de/sites/default/files/2024-12/fdp-wahlprogramm_2025.pdf Zugegriffen am 30.03.2025.

Fend, R.; Ehmann, A. (2024). *Global Wealth Report. Krise? Welche Krise?,* in: Die Zeit online vom 24.09.2024. https://www.zeit.de/wirtschaft/2024-09/global-wealth-report-vermoegen-ungleichheit-kaufkraft-inflation Zugegriffen am 28.02.2025.

Fenske, H. et al. (1991). *Geschichte der politischen Ideen. Von Homer bis zur Gegenwart.* Neuauflage vom März 1991. Frankfurt a. M.: Fischer Taschenbuch.

Festinger, L. (1957). *A theory of cognitive dissonance.* Redwood City: Stanford University Press.

Fetscher, I. (1991). *Charles Fourier (1772–1837),* in: Euchner, W. (Hrsg.). Klassiker des Sozialismus Band I, S. 58–75.

Finanz.de (2025). *Spitzensteuersatz & Höchststeuersatz,* in: Finanz.de https://www.finanz.de/steuern/spitzensteuersatz/ Zugegriffen am 24.01.2025.

Flasch, K. (2013). *Das philosophische Denken im Mittelalter. Von Augustin zu Machiavelli.* 3. Aufl., Stuttgart: Philipp Reclam jun.

Fratzscher, M. (2022). *Geld oder Leben. Wie unser irrationales Verhältnis zum Geld die Gesellschaft spaltet.* Berlin, München: Berlin Verlag.

Fratzscher, M. (2023). *Die Scham des Reichtums,* in: Blog Marcel Fratzscher DIW online vom 04.08.2023. https://www.diw.de/de/diw_01.c.879013.de/nachrichten/die_scham_des_reichtums.html#:~:Text=40%20Prozent%20der%20Deutschen%20dagegen,der%20Ungleichheit%20in%20der%20Gesellschaft. Zugegriffen am 24.01.2025.

Friedman, M. (1962/2016). *Kapitalismus und Freiheit,* 11. Auflage mit einem Geleitwort von Horst Siebert, München: Piper.

Friedrichs, J. (2024). *Crazy Rich. Die geheime Welt der Superreichen.* Berlin, München: Berlin Verlag.

Fuchs-Heinritz, W., & König, A. (2014). *Pierre Bourdieu. Eine Einführung. 3* (Überarbeitete). Konstanz und München: UVK.

Fuest, C. (2016). *Zehn Thesen zur Ungleichheitsdebatte,* in: ZEW online vom 12.02.2016, zugleich Artikel in der Frankfurter Allgemeinen Zeitung vom 12.02.2016. https://www.zew.de/das-zew/aktuelles/clemens-fuest-zehn-thesen-zur-ungleichheitsdebatte Zugegriffen am 02.03.2025.

Fukuyama, F. (2022). *Liberalism and its discontents.* London: Profile Books.

Gabriel, M. (2024). *Gutes tun. Wie der ethische Kapitalismus die Demokratie retten kann.* Berlin: Ullstein.

Galbraith, J.K. (1958/1998). *The Affluent Society.* 40th Anniversary Edition. Boston, New York: Mariner Book (Houghton Mifflin Company).

Gehalt.de (2025). *Vor- und Nachteile des Mindestlohns,* in: Gehalt.de by Stepstone online. https://www.gehalt.de/arbeit/mindestlohn/was-spricht-gegen-mindestlohn Zugegriffen am 10.03.2025.

Gute Frage (2024). *Was tun, wenn ein Gorilla in freier Wildbahn vor mir steht?,* in: Gutefrage online. https://www.gutefrage.net/frage/was-tun-wenn-ein-gorilla-in-freier-wildbahn-vor-mir-steht Zugegriffen am 03.03.2024.

Gutenberg, E. (1983). *Grundlagen der Betriebswirtschaftslehre. Erster Band. Die Produktion. 24* (unveränderte). Berlin/Heidelberg/New York: Springer.

Hägglund, M. (2024). *Dieses eine Leben. Glaube jenseits der Religion. Freiheit jenseits des Kapitalismus.* München: C.H. Beck.

Hägglund, M. (2024). *Dieses eine Leben. Glaube jenseits der Religion. Freiheit jenseits des Kapitalismus.* München: C.H. Beck.

Handelszeitung (2023). Mehr Geld macht doch glücklicher, in: Handelszeitung online vom 12.03.2023. https://www.handelszeitung.ch/panorama/us-studie-geld-macht-tatsachlich-glucklicher-581422 Zugegriffen am 03.03.2025.

Hans Böckler Stiftung (2024). *Mindestlohn in Deutschland und Europa,* in: Hans Böckler Stiftung online vom 16.05.2024. https://www.boeckler.de/de/auf-einen-blick-17945-12-euro-mindestlohn-studien-und-einschaetzungen-41626.htm Zugegriffen am 10.03.2025.

Harnack, K. (2022). *It's the economy, stupid!,* in: Wissenschaft & Frieden, Ausgabe 2022/4 online. https://wissenschaft-und-frieden.de/artikel/its-the-economy-stupid/ Zugegriffen am 25.02.2024.

Haus von Eden (2025). *Konsumverzicht: Weniger Konsum, mehr Lebensqualität,* in: Haus von Eden online. https://www.hausvoneden.de/lifestyle/konsumverzicht/ Zugegriffen am 24.01.2025.

Hayek, F.A (1944/2007). *The road to serfdom. Text and documents.* Nachdruck der Originalversion von 1944. The University of Chicago Press, London

Heinisch, F. et al. (2019). *Der Jugendrat der Generationenstiftung. Ihr habt keinen Plan. Darum machen wir einen. 10 Bedingungen für die Rettung unserer Zukunft.* München: Blessing.

Herrberg, A. (2024). *Sparkurs von Präsident Milei. Den Preis zahlt Argentiniens Mittelschicht,* in: Tagesschau online vom 09.05.2024. https://www.tagesschau.de/wirtschaft/weltwirtschaft/argentinien-milei-wirtschaftspolitik-100.html   Zugegriffen am 30.03.2025.

Hoffmann, T. S. (2009). *Wirtschaftsphilosophie. Ansätze und Perspektiven von der Antike bis heute.* Wiesbaden: Matrix.

Homburg, C. (2012a). *Marketingmanagement. Strategie – Instrumente – Umsetzung – Unternehmensführung. 4, überarbeitete und* (erweiterte). Wiesbaden: Springer Gabler.

Homburg, C. (2012b). *Marketingmanagement. Strategie – Instrumente – Umsetzung – Unternehmensführung* (4. Aufl.). Wiesbaden: Springer Gabler.

Kaczmarczyk, P. (2023). *Raus aus dem Ego-Kapitalismus! Für eine Wirtschaft im Dienste des Menschen.* Frankfurt a. M.: Westend.

Kahneman, D. (2012a). *Schnelles Denken, langsames Denken.* München: Siedler.

Kahneman, D. (2012). *Schnelles Denken, langsames Denken.* München: Siedler.

Kahneman, D. (2012). *Schnelles Denken, langsames Denken.* Siedler.

Kahneman, D.; Sibony, O.; Sunstein, C.R. (2023). *Noise. Was unsere Entscheidungen verzerrt – und wie wir sie verbessern können.* München: Pantheon.

Katz, D., & Braly, K. (1933). Racial stereotypes in one hundred college students. *Journal of Abnormal and Social Psychology, 28,* 280–290.

Kaufmann, S. (2019). *Das gescheiterte Weltbild der Wirtschaft,* in: Frankfurter Rundschau online vom 21.01.2029. https://www.fr.de/wirtschaft/gescheiterte-weltbild-wirtschaft-11377834.html Zugegriffen am 08.04.2025.

Keller, B. (2025). *Mindestlohn,* in: Gabler Wirtschaftslexikon online. https://wirtschaftslexikon.gabler.de/definition/mindest-lohn-37240 Zugegriffen am 10.03.2025.

Keller, B.; Henneberger, F. (2025). *Arbeitsmarkttheorien,* in: Gabler Wirtschaftslexikon online. https://wirtschaftslexikon. gabler.de/definition/arbeitsmarkttheorien-31119 Zugegriffen am 12.03.2025.

Keynes, J. M. (1919/2024). *Krieg und Frieden. Die wirtschaftlichen Folgen des Vertrags von Versailles.* Berlin: Berenberg.

Keynes, J. M. (1936/2017). *Allgemeine Theorie der Beschäftigung, des Zinses und des Geldes.* Neuübersetzung von Nicola Liebert. Berlin: Duncker & Humblot.

Keynes, J. M. (2017). *Allgemeine Theorie der Beschäftigung, des Zinses und des Geldes.* Berlin: Duncker & Humblot.

Kieselbach, J. (2019). *Advent, Advent, die Erde brennt. Unheiliger Kaufrausch,* im Gespräch mit Marketingforscher Willy Schneider, in: Spiegel online vom 21.12.2019. https://www.spiegel.de/wissenschaft/mensch/weihnachten-warum-verfallen-wir-jedes-jahr-in-den-kaufrausch-a-1298501.html Zugegriffen am 12.01.2025.

Kintrup, S. (2025). *Finanzielle Freiheit: Wie viel Vermögen brauchst du, um nicht mehr arbeiten gehen zu müssen?,* in: T3n digital pioneers online vom 09.02.2025. https://t3n. de/news/wie-viel-vermoegen-brauchst-du-um-nicht-mehr-arbeiten-gehen-zu-muessen-1646895/ Zugegriffen am 03.03.2025.

Kirchgeorg, M. (2024). *Kognitive Dissonanz,* in: Gabler Wirtschaftslexikon. https://wirtschaftslexikon.gabler.de/definition/kognitive-dissonanz-37371#:~:Text=Kognitionen%20 sind%20Erkenntnisse%20des%20Individuums,Kognitionen%20einander%20widersprechen%20oder%20ausschlie-%C3%9Fen. Zugegriffen am 01.12.2024.

Klein, B. (2024). *Ökonom Fratzscher: Stimmung ist schlechter als die Realität,* in: Deutschlandfunk online vom 28.10.2024. https://www.deutschlandfunk.de/wirtschafts-krise-marcel-fratzscher-diw-100.html#:~:Text=Wirt-schaftskrise-,%C3%96konom%20Fratzscher%3A%20

Stimmung%20ist%20schlechter%20als%20die%20Realit%C3%A4t,immer%20zu%2080%20Prozent%20Psychologie. Zugegriffen am 09.04.2025.

Klein, S. (2025). *Toxisch reich. Warum extremer Reichtum unsere Demokratie gefährdet.* München: Oekom.

Klein, S. (2025). *Toxisch reich. Warum extremer Reichtum unsere Demokratie gefährdet.* München: Oekom.

Kluy, A. (2024). *Ingrid Robeyns philosophiert über Gerechtigkeit und exzessiv viel Geld,* in: Der Standard vom 15.06.2024. https://www.derstandard.de/story/3000000224354/ingrid-robeyns-philosophiert-ueber-gerechtigkeit-und-exzessiv-viel-geld Zugegriffen am 07.03.2024.

Knuchel, L. (2025). *„Das wird sehr, sehr hässlich" – das sagt die Ökonomen-Elite zum neuen Zoll-Zeitalter,* in: Watson online vom 04.04.2025. https://www.watson.ch/wirtschaft/usa/620104105-einschaetzung-zu-trump-zoellen-das-sagen-die-besten-oekonomen-der-welt Zugegriffen am 16.04.2025.

Kotler, P.; Kartajaya, H.; Setiawan, I. (2024). *Marketing 6.0. The future is immersive.* Hoboken, New Jersey: John Wiley & Sons.

Krebs, T. (2024). *Fehldiagnose. Wie Ökonomen die Wirtschaft ruinieren und die Gesellschaft spalten.* Neu-Isenburg: Westend.

Krebs, T. (2024). *Fehldiagnose. Wie Ökonomen die Wirtschaft ruinieren und die Gesellschaft spalten.* Neu-Isenburg: Westend.

Kubina, M. (2025). *Die Linke ist zurück. Das sind die Gründe für den Wahlerfolg,* in: BR24 online vom 25.02.2025. https://www.br.de/nachrichten/deutschland-welt/die-linke-ist-zurueck-das-sind-die-gruende-fuer-den-wahlerfolg,UdkFt7Q Zugegriffen am 19.03.2025.

Küng, H. (2010). *Anständig wirtschaften. Warum Ökonomie Moral braucht.* München: Piper.

Kurz, H. (2018). *Der Homo oeconomicus – eine bedrohte Spezies?,* in: Die Volkswirtschaft online vom 24.09.2018. https://dievolkswirtschaft.ch/de/2018/09/verhaltensoekonomie-kurz-10-2018/ Zugegriffen am 15.12.2024.

Lazarus, R. S., & Folkman, S. (1984). *Stress, Appraisal, and Coping.* New York: Springer.

Lebedew, A. (2023). *Folgen des Israel-Kriegs. „Der Großteil der Deals im arabischen Raum ist eingefroren.“*, in: Wirtschafts-Woche online vom 19.10.2023. https://www.wiwo.de/unternehmen/handel/folgen-des-israel-kriegs-der-grossteil-der-deals-im-arabischen-raum-ist-eingefroren/29450868.html Zugegriffen am 19.02.2024.#

Lehmann, A. (2025). *Ergebnis der Sondierungen. Auf dem Rücken der Schwächsten,* in: Taz online vom 09.03.2025. https://taz.de/Ergebnis-der-Sondierungen/!6074196/ Zugegriffen am 10.03.2025.

Lück, H.E. (2016). *Die psychologische Hintertreppe. Die bedeutenden Psychologinnen und Psychologen in Leben und Werk.* Freiburg i.B.: Herder.

Lück, H.E. (2016). *Die psychologische Hintertreppe. Die bedeutenden Psychologinnen und Psychologen in Leben und Werk.* Freiburg i.B.: Herder.

Mankiw, N. G., & Taylor, M. P. (2012). *Grundzüge der Volkswirtschaftslehre. 5, überarbeitete und* (erweiterte). Stuttgart: Schäffer-Poeschel.

Mankiw, N. G., & Taylor, M. P. (2012). *Grundzüge der Volkswirtschaftslehre. 5, überarbeitete und* (erweiterte). Stuttgart: Schäffer-Poeschel.

Mankiw, N. G., & Taylor, M. P. (2012). *Grundzüge der Volkswirtschaftslehre. 5, überarbeitete und* (erweiterte). Stuttgart: Schäffer-Poeschel.

Maylein, K.F. (2006). *Die Jagd: Funktion und Raum. Ursachen, Prozesse und Wirkungen funktionalen Wandels der Jagd.* Dissertation an der Universität Konstanz.

Mayr, A. (2020). *Die Elenden. Warum unsere Gesellschaft Arbeitslose verachtet und sie dennoch braucht.* Berlin: Hanser.

Mec, I.; Scheuring, S. (2021). *Konsum und Glück. Ich shoppe, also bin ich,* in: Tagesschau online vom 13.06.2021. https://www.tagesschau.de/wirtschaft/verbraucher/konsumverhalten-verzicht-glueck-101.html Zugegriffen am 12.01.2025.

Meffert, H. (1998). *Grundlagen marktorientierter Unternehmensführung. Konzepte – Instrumente – Praxisbeispiele* (8. Aufl.). Wiesbaden: Dr. Th. Gabler.

Michler, A.F. (2025). *Kapitalmarkt*, in: Gabler Wirtschaftslexikon online. https://wirtschaftslexikon.gabler.de/defini-
tion/kapitalmarkt-40664 Zugegriffen am 19.02.2025.

Müller-Armack, A. (1946/1990). *Wirtschaftslenkung und Marktwirtschaft.* München: Kastell.

Müller-Armack, A. (1946/1990). *Wirtschaftslenkung und Marktwirtschaft.* München: Kastell.

Neuhäuser, C. (2023). *Limitarismus: Reichtum als sozial-
politisches Problem,* in: Sozialpolitikblog, Deutsches Institut
für Interdisziplinäre Sozialpolitikforschung (DIFIS) online vom 16.03.2023. https://difis.org/blog/?blog=54 Zugegriffen am 05.03.2025.

Nickel, R. (2024). *Xenophon. Oikonomikos, Symposion, Apologie.
Eine Lektürehilfe.* Göttingen: Vandenhoeck & Ruprecht.

North, M. (2009). *Kleine Geschichte des Geldes: Vom Mittelalter
bis heute.* München: C.H. Beck.

Oldenburg, F. (2025). *Der gefesselte Wohlstand. Wo die Milliarden liegen, mit denen wir die Welt verbessern können.* Berlin:
Econ.

Oxfam (2025). *Nahrungsmittelspekulation,* in: Oxfam online.

Parrique, T. (2024). *Wachstum bremsen oder untergehen. Wie wir
mit Degrowth die Welt retten.* Frankfurt a. M.: S. Fischer.

Parrique, T. (2024). *Wachstum bremsen oder untergehen. Wie wir
mit Degrowth die Welt retten.* Frankfurt a. M.: S. Fischer.

Perkams, M. (2023). *Grundriss Philosophie in der Antike. Von
den Vorsokratikern bis zur Schule von Nisibis.* Hamburg: Felix
Meiner.

Pfitzer, N. (2024). *Bewertung,* in: Gabler Wirtschaftslexikon
online. https://wirtschaftslexikon.gabler.de/definition/be-
wertung-27780 Zugegriffen am 25.02.2024.

Philosophie Lexikon der Argumente (2025). *Weltbilder,* in:
Wirtschaft Lexikon der Argumente online. https://www.
philosophie-wissenschaft-kontroversen.de/details_wirt-
schaft_politik.php?id=1388155&a=t&autor=Weber&vor-
name=Max&thema=Weltbilder Zugegriffen am 08.04.2025.

Piekenbrock, D. (2024). *Preistheorie,* in: Gabler Wirtschaftslexikon online. https://wirtschaftslexikon.gabler.de/defini-
tion/preistheorie-45660 Zugegriffen am 04.12.2024.

Piekenbrock, D. (2025). *Nachfragetheorie des Haushalts,* in: Gabler Wirtschaftslexikon online. https://wirtschaftslexikon. gabler.de/definition/nachfragetheorie-des-haushalts-38130 Zugegriffen am 08.01.2025.

Pietsch, D. (2014). *Mensch und Welt. Versuch einer Gesamtbetrachtung.* Lohmar/Köln: Eul.

Pietsch, D. (2017). *Grenzen des ökonomischen Denkens. Wo bleibt der Mensch in der Ökonomie?* Köln/Lohmar: Eul.

Pietsch, D. (2017). *Grenzen des ökonomischen Denkens. Wo bleibt der Mensch in der Ökonomie?* Köln/Lohmar: Eul.

Pietsch, D. (2020). *Prinzipien moderner Ökonomie. Ökologisch, ethisch, digital.* Wiesbaden: Springer.

Pietsch, D. (2020). *Prinzipien moderner Ökonomie. Ökologisch, ethisch, digital.* Wiesbaden: Springer.

Pietsch, D. (2020). *Prinzipien moderner Ökonomie. Ökologisch, ethisch, digital.* Wiesbaden: Springer.

Pietsch, D. (2021). *Die Ökonomie und das Nichts. Warum Wirtschaft ohne Moral wertlos ist.* Wiesbaden: Springer.

Pietsch, D. (2021). *Die Ökonomie und das Nichts. Warum Wirtschaft ohne Moral wertlos ist.* Wiesbaden: Springer.

Pietsch, D. (2021). *Die Ökonomie und das Nichts. Warum Wirtschaft ohne Moral wertlos ist.* Wiesbaden: Springer.

Pietsch, D. (2021). *Die Ökonomie und das Nichts. Warum Wirtschaft ohne Moral wertlos ist.* Wiesbaden: Springer.

Pietsch, D. (2022). *Eine Reise durch die Ökonomie. Über Wohlstand, Digitalisierung und Gerechtigkeit* (2. Aufl.). Wiesbaden: Springer.

Pietsch, D. (2022). *Eine Reise durch die Ökonomie. Über Wohlstand, Digitalisierung und Gerechtigkeit* (2. Aufl.). Wiesbaden: Springer.

Pietsch, D. (2022). *Eine Reise durch die Ökonomie. Über Wohlstand, Digitalisierung und Gerechtigkeit* (2. Aufl.). Wiesbaden: Springer.

Pietsch, D. (2022). *Eine Reise durch die Ökonomie. Über Wohlstand, Digitalisierung und Gerechtigkeit* (2. Aufl.). Wiesbaden: Springer.

Pietsch, D. (2023). *Das Ende des Wohlstands? Über ökologische und ökonomische Krisen.* Wiesbaden: Springer.

Pietsch, D. (2024). *Die kapitalismuskritische Gesellschaft. Warum ein erfolgreiches Wirtschaftsmodell infrage gestellt wird.* Wiesbaden: Springer.

Pietsch, D. (2024). *Die kapitalismuskritische Gesellschaft. Warum ein erfolgreiches Wirtschaftsmodell infrage gestellt wird.* Wiesbaden: Springer.

Pietsch, D. (2024). *Die kapitalismuskritische Gesellschaft. Warum ein erfolgreiches Wirtschaftsmodell infrage gestellt wird.* Wiesbaden: Springer.

Pietsch, D. (2024). *Die kapitalismuskritische Gesellschaft. Warum ein erfolgreiches Wirtschaftsmodell infrage gestellt wird.* Wiesbaden: Springer.

Pietsch, D. (2024). *Die kapitalismuskritische Gesellschaft. Warum ein erfolgreiches Wirtschaftsmodell infrage gestellt wird.* Wiesbaden: Springer.

Pietsch, D. (2025). *Ende eines Wirtschaftssystems? Warum der Kapitalismus dennoch überleben wird.* Wiesbaden: Springer.

Pietsch, D. (2025). *Ende eines Wirtschaftssystems? Warum der Kapitalismus dennoch überleben wird.* Wiesbaden: Springer.

Pietsch, D. (2025). *Ende eines Wirtschaftssystems? Warum der Kapitalismus dennoch überleben wird.* Wiesbaden: Springer.

Pietsch, D. (2025). *Ende eines Wirtschaftssystems? Warum der Kapitalismus dennoch überleben wird.* Wiesbaden: Springer.

Pietsch, D. (2025). *Ende eines Wirtschaftssystems? Warum der Kapitalismus dennoch überleben wird.* Wiesbaden: Springer.

Piketty, T. (2014). *Das Kapital im 21. Jahrhundert.* München: C.H. Beck.

Piketty, T. (2014). *Das Kapital im 21. Jahrhundert.* München: C.H. Beck.

Piketty, T. (2020). *Kapital und Ideologie.* München: C.H. Beck.

Piketty, T. (2020). *Kapital und Ideologie.* München: C.H. Beck.

Piketty, T; Sandel, M.J. (2025). *Die Kämpfe der Zukunft. Gleichheit und Gerechtigkeit im 21. Jahrhundert.* München: C.H. Beck.

Piketty, T; Sandel, M.J. (2025). *Die Kämpfe der Zukunft. Gleichheit und Gerechtigkeit im 21. Jahrhundert.* München: C.H. Beck.

Platon (1991). *Nomoi.* Sämtliche Werke Band IX. Griechisch und Deutsch. Hrsg. Von K. Hülser. Frankfurt a. M. und Leipzig: Insel.

Precht, R. D. (2015). *Erkenne die Welt. Eine Geschichte der Philosophie I.* Band 1. München: Goldmann.

Precht, R. D. (2015). *Erkenne die Welt. Eine Geschichte der Philosophie I.* Band 1. München: Goldmann.

Precht, R. D. (2019). *Sei Du selbst. Geschichte der Philosophie III.* Band 3. München: Goldmann.

Precht, R. D. (2019). *Sei Du selbst. Geschichte der Philosophie III.* Band 3. München: Goldmann.

Precht, R. D. (2022). *Freiheit für alle. Das Ende der Arbeit wie wir sie kannten.* München: Goldmann.

Precht, R.D. (2017). *Erkenne dich selbst. Eine Geschichte der Philosophie II.* Band 2. München: Goldmann.

Precht, R.D. (2017). *Erkenne dich selbst. Eine Geschichte der Philosophie II.* Band 2. München: Goldmann.

Precht, R. D. (2021). *Von der Pflicht. Eine Betrachtung.* München: Goldmann.

Precht, R. D. (2022). *Freiheit für alle. Das Ende der Arbeit wie wir sie kannten.* München: Goldmann.

Precht, R. D. (2022). *Freiheit für alle. Das Ende der Arbeit wie wir sie kannten.* München: Goldmann.

Precht, R.D. (2023). *Mache die Welt. Eine Geschichte der Philosophie IV.* Band 4. München: Goldmann.

Precht, R.D. (2023). *Mache die Welt. Eine Geschichte der Philosophie IV.* Band 4. München: Goldmann.

Randstad (2025). *Arbeitsbarometer 2025: Eine neue Stimmung in der Arbeitswelt,* in: Randstad online https://www.randstad.de/s3fs-media/de/public/2025-01/randstad-arbeitsbarome-ter-2025.pdf Zugegriffen am 12.03.2025.

Reinecke, C. (2017). *Der (damalige) Geschmack der Bourgeoisie. Eine historische Re-Lektüre von Pierre Bourdieus „Die feinen Unterschiede" (1979),* in: Zeithistorische Forschungen, Heft

02/2017 online https://zeithistorische-forschungen.de/2-2017/5499 Zugegriffen am 17.01.2025.

Robeyns, I. (2024). *Limitarismus. Warum Reichtum begrenzt werden muss.* Frankfurt a. M.: S. Fischer.

Robeyns, I. (2024). *Limitarismus. Warum Reichtum begrenzt werden muss.* Frankfurt a. M.: S. Fischer.

Rosa, H. (2013). *Beschleunigung und Entfremdung. Entwurf einer Kritischen Theorie spätmoderner Zeitlichkeit.* Berlin: Suhrkamp.

Saito, K. (2023). *Systemsturz. Der Sieg der Natur über den Kapitalismus.* München: Dtv.

Saito, K. (2023). *Systemsturz. Der Sieg der Natur über den Kapitalismus.* München: Dtv.

Saito, K. (2023). *Systemsturz. Der Sieg der Natur über den Kapitalismus.* München: Dtv.

Schlitte, A. (2011). *Die Symbolik des Geldes – Das philosophische Erkenntnisinteresse von Georg Simmels Philosophie des Geldes,* online unter https://epub.ub.uni-muenchen.de/12588/1/Vortrag_DGPhil_Schlitte.pdf Zugegriffen am 17.02.2025.

Schneider, G.; Toyka-Seid, C. (2025). *Schuldenbremse,* in: Bundeszentrale für politische Bildung online. https://www.bpb.de/kurz-knapp/lexika/das-junge-politik-lexikon/321093/schuldenbremse/ Zugegriffen am 16.02.2025.

Simmel, G. (1900/2009). *Philosophie des Geldes.* Köln: Anaconda.

Sinus Institut Deutschland (2024). *Was sind Sinus-Milieus?,* in: Sinus Institut Deutschland online. https://www.sinus-institut.de/sinus-milieus Zugegriffen am 01.12.2024.

Sinus-Milieus Deutschland (2024). *Sinus-Milieus Deutschland,* in: Sinus Institut Deutschland. https://www.sinus-institut.de/sinus-milieus/sinus-milieus-deutschland Zugegriffen am 01.12.2024.

Six-Materna, I.; Six, B. (2000). *Stereotype,* in Lexikon der Psychologie. Heidelberg: Spektrum. Online unter https://www.spektrum.de/lexikon/psychologie/stereotype/14836 Zugegriffen am 24.11.2024.

Smith, A (2009) *Wohlstand der Nationen.* Nach der Übersetzung von Max Stirner, herausgegeben von Heinrich Schmidt. Köln: Anaconda.

Smith, A (2010). *Theorie der ethischen Gefühle.* Philosophische Bibliothek Felix Meiner Band 605, übersetzt von Eckstein, W. und herausgegeben von Brandt, H.D., Hamburg: Felix Meiner.

Specht, D. (2024). *Wert,* in: Gabler Wirtschaftslexikon online. https://wirtschaftslexikon.gabler.de/definition/wert-49005#head1 Zugegriffen am 25.02.2024.

Spiegel (2025). *Bundestagswahl 2025. Die Jungen wählen links, die Alten die Union,* in: Spiegel online vom 23.02.2025. https://www.spiegel.de/politik/deutschland/bundestags-wahl-2025-die-jungen-waehlen-links-die-alten-die-union-a-ba4b0053-732b-4a2d-9579-43ac8367e828 Zugegriffen am 06.04.2025.

Spiegel (2025). *Kretschmann fordert Ausweitung der Arbeits-zeit,* in: Spiegel online vom 09.04.2025. https://www.spie-gel.de/politik/deutschland/winfried-kretschmann-gruene-wir-muessen-mehr-arbeiten-a-2ee5d830-304c-4be0-861a-b0283724f7b3 Zugegriffen am 09.04.2025.

Spiegel (2025). *Schwindende Kaufkraft. Wie Milei Argenti-nien zum teuersten Land Südamerikas macht,* in: Spiegel on-line vom 28.03.2025. https://www.spiegel.de/wirtschaft/javier-milei-wie-der-praesident-argentinien-zum-teuers-ten-land-suedamerikas-macht-a-7e6818a7-b33c-4e2b-8043-3cf68d1a139f Zugegriffen am 30.03.2025.

Stangl, W. (2024). *Selektive Wahrnehmung,* in: Online Lexikon für Psychologie & Pädagogik. https://lexikon.stangl.eu/1708/selektive-wahrnehmung Zugegriffen am 25.11.2024.

Steinmeier, F.-W. (2024). *Wir.* Berlin: Suhrkamp.

Strehle, S. (2015). *Die Konsumgesellschaft. Jean Baudrillard er-klärt ihre Mythen und Strukturen.* Rezension in Soziopolis. Gesellschaft beobachten online vom 15.12.2015. https://www.soziopolis.de/die-konsumgesellschaft.pdf Zugegriffen am 10.01.2025.

Tagesschau (2025). *Bundestagswahl 2025. Wen wählten Jüngere und Ältere?*, in: Tagesschau online vom 24.02.2025. https://www.tagesschau.de/wahl/archiv/2025-02-23-BT-DE/umfrage-alter.shtml Zugegriffen am 02.03.2025.

Taz (2025). *Nach Einigung mit den Grünen. Wie sich das Billionen-Paket zusammensetzt,* in: Taz online vom 16.03.2025. https://taz.de/Nach-Einigung-mit-den-Gruenen/!6075921/ Zugegriffen am 26.03.2025.

Thaler, R. (2019). *Misbehaving. Was uns die Verhaltensökonomik über unsere Entscheidungen verrät.* München: Siedler.

Thieme, S. (2024). *Wohlstand. Ideengeschichtliche Positionen von der Frühgeschichte bis heute.* Opladen und Toronto: Budrich.

Tillessen, C. (2023). *Konsum. Warum wir kaufen, was wir nicht brauchen* (8. Aufl.). Hamburg: HarperCollins.

Veblen, T.B. (1899/2009). *The Theory of the Leisure Class. An Economic Study of Institutions.* Oxford: Oxford University Press.

Verdi (2024). *Vier-Tage-Woche gewünscht,* in: Verdi online vom 26.06.2024. https://gesundheit-soziales-bildung.verdi.de/service/mittendrin/mittendrin-nr-8/++co++0282cbc2-3229-11ef-b68a-bbea1e1328dc Zugegriffen am 09.04.2025.

Wagner, F. (2019). *Rente mit 40. Finanzielle Freiheit und Glück durch Frugalismus.* Berlin: Econ.

Wagner, F. (2019b). *Rente mit 40: Finanzielle Freiheit und Glück durch Frugalismus.* Berlin: Econ.

Weber, M. (1920/2013). *Die protestantische Ethik und der Geist des Kapitalismus.* 4. Aufl. Hrsg. und eingeleitet von Dirk Kaesler. München: C.H. Beck.

Weinheimer, P. (2023). *„Systemsturz" von Kohei Saito: Kapitalismuskritik auf Japanisch,* in: Der Freitag online vom 29.08.2023. https://www.freitag.de/autoren/der-freitag/systemsturz-von-kohei-saito-kapitalismuskritik-auf-japanisch Zugegriffen am 02.04.2025.

Welt online (2025). *Studie schätzt Kosten für Ukraine-Wiederaufbau auf mehr als 500 Milliarden Dollar,* in: Welt online vom 25.02.2025. https://www.welt.de/politik/ausland/article255533096/Ukraine-Wiederaufbau-kostet-mehr-als-500-Milliarden-Dollar.html Zugegriffen am 11.04.2025.

Weltsparen (2025). *Frugalismus. Was steckt hinter dem Konzept der Frugalität?*, in: Weltsparen by raisin online. https://www.weltsparen.de/sparen/frugalismus/ Zugegriffen am 27.01.2025.

Wiktionary (2024). *Bewertung*, in: Wiktionary online. https://de.wiktionary.org/wiki/Bewertung#:~:Text=Herkunft%3A,Ranking%2C%20Wertung%2C%20Zensierung%2C%20Zensur zugegriffen am 25.02.2024.

Wirtschaftslexikon24 (2024). *Veblen-Effekt*, in: Wirtschaftslexikon24, Ausgabe 2024 online. https://www.wirtschaftslexikon24.com/d/veblen-effekt/veblen-effekt.htm Zugegriffen am 13.01.2025.

Xenophon (2013). *Memorabilia. Oeconomicus. Symposium. Apology.* Loeb Classical Library. Cambridge (Mass.)/London: Harvard University Press.

Yeboah, H. (2025). *Lebenshaltungskosten: Wie viel Geld braucht man zum Leben?*, in: Stepstone online vom 08.01.2025. https://www.stepstone.de/magazin/artikel/wie-viel-geld-braucht-man-zum-leben#:~:Text=Wie%20viel%20Geld%20du%20tats%C3%A4chlich,destatis%20bei%20etwa%202.850%20€. Zugegriffen am 03.03.2025.

Zimmermann, J. (2025). *Neue Phase der Koalitionsverhandlungen: Was ist schon bekannt?*, in: BR24 online vom 26.03.2025. https://www.br.de/nachrichten/deutschland-welt/neue-phase-der-koalitionsverhandlungen-was-ist-schon-bekannt,UgZ5Dyc Zugegriffen am 08.04.2025.

Zeitfracht Medien GmbH
Ferdinand-Jühlke-Straße 7
99095 Erfurt, Deutschland
produktsicherheit@kolibri360.de